刑事庭前程序研究

STUDY ON THE CRIMINAL PRETRIAL PROCEDURE

刘　晶◎著

中国社会科学出版社

图书在版编目(CIP)数据

刑事庭前程序研究 / 刘晶著. —北京：中国社会科学出版社，
2016.12
ISBN 978 – 7 – 5161 – 9368 – 6

Ⅰ.①刑…　Ⅱ.①刘…　Ⅲ.①刑事诉讼 – 审判 – 研究 – 中国
Ⅳ.①D925.218.24

中国版本图书馆 CIP 数据核字(2016)第 273063 号

出 版 人	赵剑英
责任编辑	任　明
特约编辑	乔继堂
责任校对	周　昊
责任印制	李寡寡

出　　版	中国社会科学出版社
社　　址	北京鼓楼西大街甲 158 号
邮　　编	100720
网　　址	http://www.csspw.cn
发 行 部	010 – 84083685
门 市 部	010 – 84029450
经　　销	新华书店及其他书店

印刷装订	北京市兴怀印刷厂
版　　次	2016 年 12 月第 1 版
印　　次	2016 年 12 月第 1 次印刷

开　　本	710×1000　1/16
印　　张	13
插　　页	2
字　　数	201 千字
定　　价	58.00 元

凡购买中国社会科学出版社图书，如有质量问题请与本社营销中心联系调换
电话：010 – 84083683

前　言

　　刑事庭前程序起始于检察官向法官提出公诉之时，终结于审判正式开启之日，在公诉程序和审判程序之间搭起了一座桥梁。该程序的主要内容包括开庭前法官对公诉材料合法性的审查、控辩双方的证据展示和争点整理、轻罪重罪案件的程序分流、认罪交易、审判对象的确定以及各种常规性庭审事项的提前安排等问题。可以说，庭前程序的运作效果将会影响到整个庭审程序是否能够集中、高效和公正地进行，进而影响到以审判为中心的诉讼制度的实现。但是，令人遗憾的是，我国法律学界和实务界对庭前程序功能的认识一直较为单一、片面，管中窥豹，认为其应当附属于正式的庭审程序，主要功能在于提高效率，即通过必要的准备为顺利进行庭审创造条件，没有什么独特的价值。故而，我国的刑事司法改革长期将其边缘化，庭前程序沦为公诉材料呈递的形式化进程，过于集中于合议庭的组成、送达相关的法律文书、传唤当事人等一些基础性、手续性内容。庭前程序的形式化造成了诸多弊端：导致审判的大门一律向公诉敞开，有诉必审，为公诉滥用现象和冤假错案的产生创造了条件；不该进入审判程序的案件进入审判程序，且有诉必判，增加了被告人的诉讼成本，造成了不必要的物质损失和精神折磨；庭前程序中被指控人缺乏维权的有效途径，没有对相关事项提出异议申请的权利；庭前案件没有得到合理地筛选，证据筛选和评价少有进行，争点没有确立，确立了也没有法律效力，导致正式的开庭审理不能集中有效地进行，进而影响到"以审判为中心的诉讼制度"的实现。

　　事实上，除了单一的庭前准备功能之外，刑事庭前程序兼具有规制公诉权、保障辩护方的人权、实现司法公正和提高诉讼效率的功能。自2003年以来，笔者就开始对刑事庭前程序的相关问题进行关注。笔者发现我国司法实践中屡有检察机关滥用公诉权的现象发生，我国学者陈瑞华教授指出，从1996年到2003年全国一共有近300名辩护律师因为辩护导致被追究刑事责任，其中 90% 以上最后被无罪释放，真正被定罪的不到"5%"。① 另据司法统计数据，从 2001 年到 2005 年，全国共计 7112 余件刑事公诉案件被撤回起诉，相继有 10 余万被告人曾经被不合法或不合理地送上法庭接受审判而后又撤回起诉。② 继而，笔者开始对我国刑事庭前程序的公诉审查功能进行研究，特别是当今社会刑事冤案迭出的背景下更应当对此加以着重研究。例如，根据我国检察机关内部现行的绩效考评标准，出现"捕后不诉"与"诉后判决无罪"结果后，检察机关与办案人员的绩效将因此受损。故而，一方面，检察官审查起诉时即使发现已批捕的被告人有罪证据不足，也会在"闯关"心理下将案件交付法院；另一方面，因无罪判决会严重影响检察官的考评结果，一旦法院以证据不足作为无罪判决，检察机关则马上会因之提起抗诉，由此对法院产生反作用力导致无罪判决率极低。况且，即使卷宗内证据不足以达到"排除合理怀疑"或"犯罪事实清楚、证据确实充分"的证明程度，多数被告人在法庭上往往"以认罪换取低量刑"，依此弥补卷宗内公诉证据的不足。最终，法院仍宣告其有罪，有罪判决的结果也不影响检察机关的绩效考评。所以，必须设置科学合理的庭前审查程序。立足于这一研究起点，笔者接下来又发现我国的刑事庭前审查程序和庭前准备程序通常由案件的主审法官主导进行，且二者没有明显的阶段划分。如此，如何界定我国刑事庭前程序覆盖的诉讼阶段，并区别于英美国家的审前程序，这都是该项研究亟待解决的问题。随着研究的深入，笔者尝试着构建一个系统完整的刑事庭前程序，对刑事庭前程序的概念、功能、构造和原则等基本理论进行研究，特别分析刑事庭前程序中的各种诉讼关系类型以及其主体、客体和行为。同时，还必须对英、美、德、法、日等域外国家以及我国台湾地区的该项制度进行理论的梳理和实践方面的探讨，以使得他山之石，真正攻玉，真正解决我国庭前程序虚置化所带来的一系列问题。

　　本书的内容结构安排如下：第一章为刑事庭前程序概述。介绍了刑事庭前程序的概念及适用背景，以及庭前准备程序、审前程序的概念及各自的适用背景；刑事庭前程序的公诉审查、庭前准备、保障审判公正和人权

---

　　① 陈瑞华：《刑事诉讼制度改革的若干问题》，载《国家检察官学院学报》2007 年第 6 期。

　　② 郝银钟：《"撤回起诉"现象应予废止——兼谈司法解释越权无效原则》，载《法制日报》2006 年 9 月 28 日。

以及提高诉讼效率的功能；刑事庭前程序的构造、类型；刑事庭前程序中的诉讼关系，包括庭前诉讼关系的概念和类型、主体、客体、内容以及诉讼行为。第二章为刑事庭前程序的原则。包括排除庭前预断原则、控辩平等原则、司法审查原则和诉讼经济原则。第三章为刑事庭前程序的域内外比较。包括英美国家刑事庭前程序简介与制度分析、大陆法系国家刑事庭前程序的简介与制度分析、我国台湾地区的刑事庭前程序以及这些类型的刑事庭前程序比较之启示与热点问题分析。庭前程序的独立设置在刑事程序中已成必然的趋势。刑事庭前程序包括丰富的公诉审查、证据展示和争点整理、认罪分流、审前裁决等内容。现代法治国家和地区的立法对庭前审查的内容、时间和标准、审查法官的独立设置、审查中的公诉变更、庭前卷宗移送的规律、证据筛选和评价、庭前程序的法律效力和人权保障等问题都有明确的规定和成熟的实践经验。第四章为我国刑事庭前程序的现状与反思。第一节分析了我国刑事庭前程序之现状，包括恢复全案移送制度后仍然无法克服庭前预断，公诉审查程序流于形式，法院没有制约非法公诉的权力，不合法的公诉一律进入审判的大门，造成公诉滥用现象以及庭前会议存在着立法上的重大缺陷，"一步到庭式"的庭审模式使准备程序虚置化，以及庭前分流机制没有发挥应当具有的程序分流作用；第二节是我国刑事庭前程序之反思。该部分指出我国卷宗移送制度无法避免庭前预断的根本原因在于庭前程序及相关配套制度的缺失；公诉审查程序一直流于形式的原因在于理论界和实务界对于公诉审查程序的必要性认识不足，立法没有赋予法官、检察官驳回公诉的权力以及庭审程序中的公诉变更消弭了公诉审查的功能；庭审程序不能集中、高效、公正地进行的主要原因在于庭前准备程序的主要内容缺失、立法理念滞后以及庭前会议没有实现预期的功能；庭前分流机制没有发挥作用的原因是不起诉程序的繁琐和现有检察机关绩效考核指标设置的不合理；第三节对我国刑事庭前程序作了一个整体评价。包括其程序定位较低、不能排除庭前预断、主要内容缺失、庭前会议的立法定位较低和缺陷明显以及实务运作流于形式等。第五章为我国刑事庭前程序之完善。完善路径：立足本土司法资源，采用温和、渐进化的改革路线，庭前程序由助理审判员主持进行，与庭审法官分离，真正地避免庭前预断。案件必须先经过庭前法官的公诉审查，之后才能为正式的庭审准备活动筛选出真正需要开庭审理的案件，所以公诉审查阶段和庭前准备阶段要互相分离。只有如此的制度设计，才有可能彻底割断庭前预断，保障审判公正，同时，庭前程序中所包含的若干必要内容诸如证据调查、证据展示、庭前认罪、庭前裁断等又使得正式的庭审程序集中高效地进行。当然，为了避免庭审法官无法有效组织庭审过程，助理审判员在庭前程序结束后应当以书面方式列出庭前程序取得的成果，主要包括案件争点、认罪协商结果、证据和证人名单等庭审程序运作的关键性问题。具体建议：由助理审判员主持进行公诉审查和庭前准备程序，采用全案移送制度，赋予助理审判员驳回公诉和合理变更公诉的权力、完善庭前会议的相关内容和规范其程序运作以及构建庭前认罪机制等。同时，未来我国刑事庭前程序的完善还需要进一步规范其相关制度，包括规范起诉书记载的方式和内容、限制公诉变更、规范媒体庭前报道案件的范围以及优化刑事司法整体运作场景。结语部分对我国刑事庭前程序完善的路径及具体措施做了系统的总结，并且主张将控辩平等、人权保障、司法审查等现代刑事诉讼理念全面地贯彻到庭前阶段中，实现以审判为中心的诉讼模式。附录部分是笔者在反思我国刑事庭前程序的基础上，结合我国认罪认罚从宽制度所撰写的一篇论文。之所以将它收录至此，旨在说明"庭前会议"、卷宗移送等庭前制度对我国刑事诉讼司法实践潜在的影响，以使得对庭前程序相关问题的阐述更加清晰与明了。

2014年10月23日，中国共产党十八届中央委员会第四次会议审议通过了《中共中央关于全面推进依法治国若干重大问题的决定》（以下简称《决定》）提出，要推进以审判为中心的诉讼制度改革。围绕该项决定，我国学界和实务界对"以审判为中心"的解读各抒己见，甚至有人主张在法律全球化的背景下，英美国家的"审判中心主义"或许为我国刑事司法改革的发展方向。到底如何正确理解中央的决定，"以审判为中心"究竟是要仿效"审判中心主义"还是在现有政治和司法体制框架内实现"实质化的庭审"，限于本书研究主旨的需要，笔者暂不详述。但是，我们可以从其中看出党中央落实审判公开、防止冤假错案、保障人权和维护司法公正的决心。一直以来，我国的刑事审判书面化，侦查阶段的刑事卷宗往往阶梯式地呈递到正式的开庭程序中，为了有效地掌控庭审进程，案件的主审法官普遍在开庭前全面查阅案卷，基本上已经对整个案情和适用法律形成了大概的认识和判断，加上我国证人的出庭率极低，以及检察官和法官天然的司法同僚关系和互相的认同感，刑事审判往往"先入为主""先定后审"，这也是导致冤假错案发生的一个非常重要的因素。

要真正实现以审判为中心，让审理者裁判，让裁判者负责，就必须在审判程序的入口把好关，赋予法官驳回公诉的权利，从源头上防止事实不清、证据不足的案件或者违反法律程序的案件"带病"进入审判程序。同时，案件的主审法官不能参与庭前程序，庭前审查和庭前准备由专门的庭前法官主持，充分发挥庭前程序审查公诉、认罪协商、证据展示和争点整理的作用。如此，既克服了我国刑事审判庭前预断的顽疾，又能够使得正式的庭审程序集中高效地进行。也正是基于上述认识，笔者先后对刑事庭前程序的一系列问题进行了研究，其中一些研究成果已经在《法学评论》、《河北法学》、《东方法学》等核心学术期刊上发表。

贤者识其大，钝者识其小。笔者就像一个岸边拾贝壳的孩子，偶尔领悟到学术的生命。囿于眼界、学识、经验、偏好与资源的影响，还不能对整个刑事司法体制改革的大方向和具体内容有所把握，但是，倘若透过该论著能够对我国刑事司法体制改革"识其小"，笔者将非常欣慰。本研究是站在前人的肩膀上进行的，在形成此书的过程中，笔者参阅了前辈们大量的文献与资料，在此谨向所有相关作者致以最诚挚的谢意！

书中疏误难免，恳请各位读者与同仁不吝批评与指正，以使其更加丰富和完善。

目　　录

引言 ……………………………………………………………………（1）

第一章　刑事庭前程序概述 ……………………………………………（4）

第一节　刑事庭前程序的概念 ………………………………………（4）

一　刑事庭前程序的相关概念 ……………………………………（5）

二　刑事庭前程序的概念 …………………………………………（13）

第二节　刑事庭前程序的功能 ………………………………………（14）

一　审查公诉 …………………………………………………………（14）

二　庭前准备 …………………………………………………………（17）

三　促进审判公正 ……………………………………………………（20）

四　保障人权 …………………………………………………………（23）

五　提高诉讼效率 ……………………………………………………（26）

第三节　刑事庭前程序之构造 ………………………………………（30）

一　刑事庭前程序构造之概念 ……………………………………（30）

二　刑事庭前程序构造之类型 ……………………………………（31）

第四节　刑事庭前程序之诉讼关系 …………………………………（33）

一　刑事庭前程序诉讼关系之概念和类型 ………………………（33）

二　刑事庭前程序诉讼关系之主体 ………………………………（35）

三　刑事庭前程序诉讼关系之客体 ………………………………（36）

四　刑事庭前程序诉讼关系之内容 ………………………………（37）

五　刑事庭前诉讼行为的概念和类型 ……………………………（39）

第二章　刑事庭前程序的原则 …………………………………………（43）

第一节　排除庭前预断原则 …………………………………………（43）

一　公诉审查阶段检察官需要移送全部卷宗材料 ……………（43）

　　二　设置独立的庭前审查法官主持庭前程序 …………………（44）

　　三　庭前准备阶段的卷宗移送方式视诉讼构造而定 …………（48）

第二节　维护控辩平等原则 ……………………………………（49）

　　一　证据展示制度 ………………………………………………（49）

　　二　证据调查和争点整理制度 …………………………………（50）

　　三　赋予辩护方广泛的庭前活动参与权 ………………………（52）

第三节　司法审查原则 …………………………………………（53）

　　一　司法审查原则的含义和正当性基础 ………………………（53）

　　二　司法审查原则在刑事庭前程序中的必要性 ………………（54）

第四节　诉讼经济原则 …………………………………………（55）

　　一　诉讼经济原则的含义及要求 ………………………………（55）

　　二　诉讼经济原则在刑事庭前程序中的凸显 …………………（55）

第三章　刑事庭前程序的域内外比较 …………………………（58）

第一节　英美国家的刑事庭前程序 ……………………………（58）

　　一　英国刑事庭前程序简介 ……………………………………（58）

　　二　美国刑事庭前程序简介 ……………………………………（62）

　　三　英美国家刑事庭前程序的制度分析 ………………………（68）

第二节　大陆法系国家的刑事庭前程序 ………………………（71）

　　一　德国刑事庭前程序简介 ……………………………………（71）

　　二　法国刑事庭前程序简介 ……………………………………（74）

　　三　大陆法系国家刑事庭前程序的制度分析 …………………（78）

第三节　日本的刑事庭前程序 …………………………………（82）

　　一　日本刑事庭前程序简介 ……………………………………（83）

　　二　日本刑事庭前程序的制度分析 ……………………………（85）

第四节　我国台湾地区的刑事庭前程序 ………………………（86）

　　一　台湾地区刑事庭前程序简介 ………………………………（87）

　　二　台湾地区刑事庭前程序的制度分析 ………………………（89）

第五节　刑事庭前程序比较之启示与热点问题分析 …………（94）

　　一　刑事庭前程序比较之启示 …………………………………（94）

　　二　刑事庭前程序中的热点问题分析 …………………………（95）

第四章　我国刑事庭前程序的现状与反思 ………………………（101）

　第一节　我国刑事庭前程序之现状 …………………………（101）

　　一　卷宗移送制度的轮回性改革之评价 …………………（101）

　　二　公诉审查程序之现状 …………………………………（104）

　　三　刑事庭前准备程序之现状 ……………………………（106）

　　四　庭前分流机制之现状 …………………………………（107）

　第二节　我国刑事庭前程序之反思 …………………………（116）

　　一　卷宗移送制度之反思 …………………………………（116）

　　二　公诉审查程序之反思 …………………………………（119）

　　三　庭前准备程序之反思 …………………………………（121）

　　四　庭前分流机制之反思 …………………………………（122）

　第三节　我国刑事庭前程序之评价 …………………………（126）

　　一　刑事庭前程序定位较低 ………………………………（126）

　　二　不能排除庭前预断 ……………………………………（127）

　　三　主要内容缺失 …………………………………………（128）

　　四　刑事庭前会议的立法定位较低和缺陷明显 …………（128）

　　五　实务运作形式化 ………………………………………（130）

　　六　相关配套制度不完善 …………………………………（131）

第五章　我国刑事庭前程序的完善 ………………………………（133）

　第一节　我国刑事庭前程序的完善路径 ……………………（133）

　　一　我国刑事庭前程序完善之背景 ………………………（133）

　　二　我国刑事庭前程序完善之路径 ………………………（137）

　第二节　我国刑事庭前程序完善的具体建议 ………………（144）

　　一　助理审判员主持公诉审查和庭前准备程序 …………（144）

　　二　全案移送主义下的公诉审查程序之完善 ……………（144）

　　三　以庭前会议的既有内容为基础，进一步完善其相关

　　　　内容 ……………………………………………………（147）

　　四　庭前认罪机制之构建 …………………………………（149）

　第三节　我国刑事庭前程序相关制度之完善 ………………（153）

　　一　规范公诉书的记载方式和内容 ………………………（153）

　　二　严格限制庭审中的公诉变更 ……………………………… （156）

　　三　规范媒体的庭前案件报道范围 …………………………… （158）

结语 ………………………………………………………………… （161）

附录　认罪认罚从宽制度应当缓行 ……………………………… （163）

主要参考文献 ……………………………………………………… （183）

后记 ………………………………………………………………… （198）

引　言

　　我国 2013 年适用的新《刑事诉讼法》对庭前程序的内容做出了较大幅度的修改，主要集中在如下三方面：庭前卷宗移送方式重回全案移送主义；只要起诉书中有明确的指控犯罪事实，法院就得开庭审判，公诉审查虚置化；增设刑事庭前会议制度。基于此，庭前程序开始引起学界和实务界的关注。但是，客观地说，刑事庭前程序的研究在我国学界和实务界尚属于冷门话题，相关的论文和专著并不多见，我国刑事司法改革的热门话题一直集中在侦查、起诉、审判等几个关键的刑事诉讼节点上。学界和实务界对庭前程序的认识往往是零碎的、片段式的，研究视角较为狭窄，往往局限于公诉审查、证据展示、庭前准备等单一的问题。新《刑事诉讼法》实施后，刑事庭前程序制度发生了较大的变动，学者开始对其中的卷宗移送、庭前会议等问题进行关注，但是并没有将上述问题的研究放在整个庭前程序的框架中去理解，解决问题不系统。

　　在域外国家和地区，理论界和实务界对刑事庭前程序的功能和价值则具有充分的认识，相关的研究成果较多和实践经验也较为成熟。以美国的刑事庭前程序为例，学者 Rhoda B. Billings（1974）一文中专门对庭前程序的价值和目标做了探讨，肯定了庭前程序对消除一些浪费公民时间的程序，比如无效率的陪审团、目击证人和被害人频繁出庭作证，以及确定听证程序的日程，安排好预审程序的其他事项，以保证听证程序的持续进行的作用。Peter Arenella（1980）、Gary L. Adnerson（1970）对刑事庭前预审程序作了深刻的分析；Leonard Dieden 和 Chris Gasparic（1964）、Richard C. Donnellyt（1954）、Suzanne Roe Neely（2002）、John W. Gergacz（2011）对庭前的证据展示作了详细的研究；Anne M. Heinz 和 Wayne A. Kerstetter（1979）、Honorable Bruce M. Van Sickle（1973）、University of Florida Law Review（1955，［comments］）对刑事庭前会议的理论和实践进行了研究；

Stephen J. Schulhofer（1984）、Robert E. Scott 和 William J. Stuntz（1992）、John H. Langbein（1978）等经典论文对刑事庭前程序中的辩诉交易作了探讨；Timothy V. Coffey（1979）对庭前程序中新闻媒体的报道限度做了探讨。迄今为止，美国最高法院对庭前案件情况的报道持有限制性态度。P. Raymond Lamonica（1979）对庭前程序中违法侦查措施以及违法口供的认定做了探讨。

实务中，1973 年，美国北卡罗来纳州专门成立一个由法官、律师、学者、非法律人士、执法者构成的刑事法律委员会，该委员会对州司法部长提出了修改刑事庭前程序的立法建议。北卡罗莱纳州在 1974 年最终通过了关于刑事庭前程序诉讼法案，这些法案在 1975 年 6 月 1 日成为北卡罗莱纳州刑事法的第 15 章。美国联邦最高法院先后在 1910 年的侯尔特诉美国案①和 1956 年的科斯特罗诉美国案②中，联邦最高法院对庭前程序能否审查证据的合法性以及是否可以采用传闻证据做了广泛地探讨；在 1961 年的马普诉俄亥俄案③和 1977 年的路易斯安那州诉富兰克林案④两个案件中，明确庭前听证程序中违法搜查和逮捕的举证责任由控方承担。在 1982 年的美国诉古德温⑤一案中，联邦上诉法院撤消了检察官的恶意公诉。在 1932 年的鲍威尔诉阿拉巴马州⑥和 1999 年的科尔曼诉阿拉巴马州⑦两个案例中，美国最高法院对庭前预先听证阶段被指控人的辩护权的保障做了说明。

刑事庭前程序的理论和实务研究不仅在英美国家成果颇丰，在大陆法系国家也是成果累累。以德国为例，德国刑事诉讼程序历来非常重视庭前程序的作用，将其刑事程序分为侦查程序、中间程序和主审程序。中间程序起始于检察官提起公诉，终止于正式的庭审程序开启之前。虽然中间程序的法官和案件的主审法官历来为同一人，在理论界和实务界引起了广泛的批评，但是对于中间程序规制公诉权、保障人权的功能，理论和实务界

---

① Holt v. United States, 218 U. S. 245 (1910).

② Costello v. United States, 350 U. S. 359 (1956).

③ Mapp v. Ohio, 367 U. S. 643 (1961).

④ State v. Franklin, 353 So. 2d 1315 (1977).

⑤ United States v. Goodwin, 687 F. 2d 44 (1982).

⑥ Powell v. Alabama, 287 U. S. 45 (1932).

⑦ Coleman v. Alabama, 527 U. S. 1008 (1999).

普遍肯定其正面作用。从实证数字来分析，目前德国约有两成的案件获得无罪判决，显示预断有罪的看法言过其实。① 除了中间程序，德国的刑事案件在正式的审判程序开启之前还要经过庭前准备程序，特别是审辩协商制度在德国刑事庭前准备程序中的地位非常重要，该制度在庭前程序中分流了德国 25% 左右的刑事案件，大大节省了诉讼成本，提高了诉讼效率。② 该制度 20 世纪 70 年代在德国首先适用于轻微罪行，80 年代得到蓬勃的发展。2009 年 5 月 28 日德国联邦议会通过了名为《刑事程序中的协商规定》的议案，正式确立了刑事协商的合法性。

　　混合刑事诉讼模式的日本在 1948 年的《刑事诉讼法》中，废除了庭前预审制度。但是随着公诉权滥用现象的大量出现，日本学界也进行了深入的探讨。认为起诉状一本主义的卷宗移送方式和庭前预审制度的缺乏是导致日本刑事诉讼程序效率低下的主要原因。针对该问题，日本 2004 年颁布的第 62 号法律《修改刑事诉讼法等部分条文的法律》在庭前准备程序中增设了争点和证据整理程序。该程序在非审判法官的主持下进行，需要当事人双方共同参与庭前的证据整理和确立争点活动，以保障刑事庭审程序的集中运行。③ 上述修法措施在一定程度上也反映了日本学界和实务界对刑事庭前程序独特价值和功能的重视。

　　综上所述，域外国家关于刑事庭前程序的理论研究已经非常透彻，实务运作也相对娴熟。究其原因：一是因为在法律全球化的背景下，自由、平等、人性尊严的理念以及控辩平等、无罪推定、直接言词等刑事司法原则在欧美国家中得以彻底地实现，从而在一定程度上丰富了刑事庭前程序的相关研究内容；二是因为相较于我国而言，欧陆国家的立法、判例与制度相对成熟，欧美学者在研究时有得天独厚的条件。

---

① 林钰雄：《论中间程序——德国起诉审查制的目的、运作及立法论》，载《月旦法学杂志》2002 年总第 88 期。

② Joachim Herrmann, Bargaining Justice —A Bargain for German Criminal Justice? 53 *University of Pittsburgh Law Review* （1992）, pp. 755 – 776.

③ 参见宋英辉《日本刑事诉讼制度最新改革评析》，载《河北法学》2007 年第 1 期。

第一章

刑事庭前程序概述

第一节　刑事庭前程序的概念

刑事庭前程序上承正式的庭审程序，下启公诉程序，是公诉和审判程序之间的桥梁。毋庸置疑，桥梁的结构设计和性能发挥将会直接影响到公诉材料的筛选与分流、控辩双方的诉讼策略以及正式的庭审程序的公正和效率，进而影响到新《刑事诉讼法》"尊重和保障人权"的诉讼价值是否真正地实现。比如，以庭前程序中公诉材料的审查为例，形式化的程序性审查将会助长公诉滥用现象的发生、增加无辜者的讼累和拖延法庭审判的周期等；而实质化的全面审查则会对检察机关的起诉是否达到了公诉的证明标准进行严格的审查。如果公诉方的证据材料不足，经过严格和规范的公诉审查程序，案件在庭前就会被剔除出去，从而避免无辜者受到后续错误的刑事追诉，较早实现审判正义，与此同时，法院能够集中优势资源审理案件，既保证了审判效率又能为正式审理的案件提高公正审理的概率。再比如，庭前程序是控、辩、审三方在刑事诉讼程序中的第一次正式会面，在庭前法官的主持下，控辩双方开始全面地会晤，平等地展示各自的证据材料、确立庭前双方对案件事实和适用法律的争议焦点，庭前法官则能够了解控辩双方的证据范围和争议的焦点，以及对涉嫌以非法方法取证的证据材料居中裁断或者监督控辩双方执行庭前协议，从而使得正式的庭审程序集中、高效和公正地进行。

域外法治国家均认为刑事程序的良性运作离不开庭前程序，因为庭前程序包含着丰富的庭前审查、证据展示、非法证据排除、认罪协商、案件分流、庭前纠纷解决、庭前准备和争点整理等内容，所有这些内容不仅是庭审程序集中、高效、公正进行的前提条件，而且还会对公诉权的行使形成强有力的制约，以及赋予犯罪嫌疑人、被告人更多的庭前对抗公权力的机会和能力，从而保障刑事诉讼程序在既定的法制轨道上实现预期的公正和效率的价值目标。鉴此，域外法治国家的庭前程序一般均独立设置，并有其独特的功能和价值。美国北卡罗来纳州在 1974 年就已经通过了关于刑事庭前程序的诉讼法案。该法案对庭前传讯和听证、传闻证据规则在庭前程序中的适用情形、庭前的证据展示做了专门的规定。[1] 我国 2013 年适用的新《刑事诉讼法》对庭前程序做出了相当大的修改，主要集中在庭前卷宗移送方式、公诉审查方式和庭前准备程序。（1）关于案卷移送。根据其第 172 条的规定，检察机关在提起公诉时必须向法院移送所有的"案卷材料与证据"，从而在案卷移送方式上从"主要证据复印件主义"重回 1979 年刑事诉讼法的"全案移送主义"；（2）关于公诉审查。根据其第 181 条的规定，只要起诉书中指控犯罪事实明确，法院就得照单全收，开庭审判。如此形式化的审查，庭前预断似乎成为必然；（3）关于庭前准备程序。新刑事诉讼法第 182 条第 2 款新增加了庭前会议，规定在开庭前，审判人员可以召集控辩双方对回避、非法证据排除、证人名单等与审判相关的问题，了解情况，听取意见。上述三个方面环环相扣，牵涉到我国刑事庭前程序是否能够从源头上防止公诉机关的案件"带病"进入审判程序，排除庭前预断，实现司法公正和保障人权，进而影响到以审判为中心的诉讼制度改革目标的实现。

一　刑事庭前程序的相关概念

在刑事司法制度中，以案件被法院受理和决定开庭审理为分水岭，庭前程序的概念和适用阶段与庭前准备程序、审前程序、预审程序存在一定的交叉范围。故而，首先必须对前述三种程序的概念及产生背景做出阐明，才能避免三者概念上的混同。

（一）刑事庭前准备程序的概念

刑事庭前准备程序的概念有狭义和广义之分。两种观点都认为刑事庭前准备程序的适用期间起始于法院对公诉案件受理后，终止于法官为正式的开庭审判做好各项准备工作之时。区别在于狭义的刑事庭前准备程序仅

---

[1] Rhoda B. Billings, Pretrial Criminal Procedure Act: Scope and Objectives. *Wake Forest Law Review*, Vol. 10, Issue 3 (1974), pp. 354 – 356.

仅指法官在正式开庭前的准备性工作，不包括控辩双方当事人的庭前活动。该观点在德国刑事法律界占据着主导地位，其主要原因在于德国将刑事诉讼分为三个阶段，侦查程序、中间程序和主审程序。中间程序开始于检察机关向管辖法院提交起诉书以及卷宗时，之后法官裁定案件进入主审程序，由案件的主审法官对庭审中涉及的程序性和实体性事项作好准备。德国刑事诉讼法第五章"准备审判部分"专门规定了法官在正式开庭前的准备工作。大致包括：（1）确定审判期日；（2）传唤被告人及其辩护人；（3）依职权调取和搜集证据；（4）宣布法庭的组成和告知证人姓名及住所；（5）审判前变更管辖权。① 我国台湾地区的学者林山田认为"审判之准备乃指公开法庭审判之前的准备工作，只是审判程序前之准备程序，包括：讯问被告对被起诉事实是否为认罪之答辩、调取证物、命为鉴定及通译或搜索或扣押及勘验、请求有关机关报告、整理待证事实与案件有关法律问题之争议点、安排审判期日调查证据之次序、范围及方法等等"。② 根据台湾地区刑事诉讼法第271—278条的规定，审判期日前的准备工作，主要包括补正起诉程式、指定审判期日、传唤并通知诉讼参与者、整理争点以及例外情形下的调查证据前置程序等等。③

广义的刑事庭前准备程序认为除了上述法院为开庭审理所作的准备活动之外，还包括控辩双方各自的证据交换、辩诉交易等庭前准备活动以及在法院的主持下所为的证据开示、争点整理和认罪协商等诉讼活动。广义的刑事庭前准备程序的概念以日本为典型，其庭前准备程序事实上涵盖了整个庭前程序的适用阶段。原因在于日本在二战后废除了预审制，只要检察官起诉，法院会一概受理，法院不会在正式的案件开庭审理之前对公诉材料进行任何形式的审查，只进行开庭前的必要准备性工作。故而，日本的庭前准备程序就是控、辩、审三方开庭前的准备程序。例如，松尾浩也教授将日本《刑事诉讼法》中的庭前"准备"内容分为三种：一是开庭前准备程序，主要是指检察官与辩护人在第一次开庭审理以前的准备活动；二是准备程序，是指法院（或者受命法官）在第一次开庭日后，在当事人参与的情况下进行的程序，而且主要限制在"复杂的案件"中；

---

① 李昌珂：《德国刑事诉讼法典》，中国政法大学出版社1995年版，第91—95页。

② 林山田：《刑事程序法》，五南图书出版股份有限公司2004年版，第572页。

③ 参见林钰雄《刑事诉讼法》（下），中国人民大学出版社2005年版，第151—157页。

三是审判准备，指法院（或者受命法官、受托法官）收集证据的活动。[①]根据广义的庭前准备程序概念，日本学者田口守一认为刑事庭前程序就是为了保障正式开庭审理程序的集中顺利进行，法官和当事人进行的庭前准备活动，包括庭前准备和整理程序。通常的准备程序包括检察官和辩护人各自和双方的关于案件的准备活动以及法院的事前准备（包括送达起诉书副本、告知对方姓名和事先与检察官、辩护人协商、指定审判期日等）程序。庭前整理程序则是在法院的主持下，通过当事人互相开示证据，请求法院对证据进行调查，从而确定庭审中关于犯罪事实和适用法律的辩论焦点，以使当事人双方在案件开庭前能够拟定详细的审理计划的程序。该程序比一般性的庭前准备程序更加严密和周全。[②]鉴于我国台湾地区的庭前准备程序与公诉审查程序适用阶段交叉重合，并无明显的界限。故而，学者林俊益也持广义说，认为刑事庭前准备程序就是在尊重当事人、代理人、辩护人或者辅佐人意思的前提下，将审判期日调查证据的次序、范围及方法，事先予以决定，使得审判程序得以集中有效地进行，以达"疑案慎断"的目的。以重罪案件（三年以上的有期徒刑案件为主）为例，庭前准备程序包括检察官陈述起诉要旨、被告为无罪答辩、检察官指出证明方法、当事人申请调查证据、法院决定调查证据的范围、次序及方法，另外，被告若做有罪答辩的，可以进行认罪协商或者罪行较轻的转为简式审判程序。[③]上述观点实际上将公诉审查放在广义的庭前准备程序中，将庭前准备程序等同于整个刑事庭前程序，这是由于我国台湾地区 2002 年以来司法改革对庭前程序的独立性和功能认识还不全面造成的。

（二）刑事审前程序的概念

刑事审前程序的概念来源于欧美国家。在欧美国家，随着民主、人权等现代法治理念的融合，各国均认识到了审判程序乃是刑事司法制度的中心，在此之前的一切程序不过是为审判的公正打下坚实的基础，可以被统称为审前程序。不过，鉴于英美国家和大陆法系国家在诉讼模式和理念上

---

① 参见［日］松尾浩也《日本刑事诉讼法》（上册），丁相顺、张凌译，中国人民大学出版社 2005 年版，第 322 页。

② 参见［日］田口守一《刑事诉讼法》，张凌、于秀峰译，中国政法大学出版社 2010 年版，第 200—212 页。

③ 参见林俊益《刑事诉讼法概论》（下册），新学林出版股份有限公司 2009 年版，第 234—235 页。

的天然差别，两大法系国家的刑事审前程序的范围有所不同。在大陆法系国家，基于一事不再理原则，认为只要检察官提起公诉或者公诉被法院受理就意味着案件系属于法院，正式的审判程序就已经开启，之前的刑事程序的运作都被认为是为正式的庭审程序的进行作准备，被称为审前程序。故而，在这些国家大致有两种关于审前程序的划分界限：一种观点认为审前程序的终点在检察官提起公诉之时，比如德国学者托马斯·魏根特在其2003年出版的论著《德国刑事诉讼程序》中，将"审前程序"单独列为第三章（包括审前对犯罪人的羁押、搜查、身体检查、私人通讯的秘密监控以及扣押其物品），第四章则论述了"公诉、审判和判决"程序；另一种观点认为审前程序终止于法院受理案件之时，从侦查机关发现犯罪事实、检察官提起公诉一直到案件被法院受理，之前的刑事程序的运作都被认为是为正式的庭审程序的进行作准备，被称为审前程序。比如德国学者罗科信在其1995年所著的《刑事诉讼法》教科书中，将侦查程序、起诉程序、强制起诉程序以及中间程序合为第七章，第八章则为第一审程序。其中，中间程序主要的功能在于审查检察官公诉的合法性，即审查检察官的证据材料是否达到了提起公诉的证明标准。经过中间程序之后，案件才正式被法院受理，案件的主审法官随后进行庭前准备以及主持开庭活动。1957年的《法国刑事诉讼法典》第一卷为"提起公诉及预审"（预审程序的主要功能之一即是审查公诉），第二卷为"审判法庭"（包括庭前准备和正式开庭），也持有该观点。在英美国家，基于当事人主义不告不理和控审分立的刑事诉讼原则，检察官起诉意味着案件正式被国家公权力追究，刑事程序才正式开启，之前的警察侦查行为传统上被视为行政行为。审前程序特指检察官起诉之后法庭对案件正式进行审理前的准备程序，此阶段的所有诉讼活动都是为庭审程序的集中进行服务的。具体包括检察官起诉之后的公诉审查程序以及案件被法院受理之后的证据展示和争点整理、审前裁决机制。

　　关于审前程序，在我国刑事司法的研究中尚不是一个成熟的法律概念，原因在于我国现行的刑事诉讼立法并无审前程序一体化的规定，立案、侦查和起诉各自为三个相互独立的诉讼阶段。① 但是，基于长期以来

---

① 参见叶青《刑事审前程序诉讼化问题研究》，博士学位论文，中国政法大学，2008年，第1页。

案卷笔录中心主义审判现实的影响，侦查和起诉阶段搜集的证据材料往往会顺利地呈递到正式的庭审程序。故而还是有人以案件系属法院为分界点，将法院受理刑事案件之前的诉讼阶段统称为审前程序。我国学者陈卫东教授认为："刑事审前程序，特指刑事公诉案件自刑事诉讼启动至审判机关受理案件前的程序，即刑事诉讼中审判阶段以前的程序。"[①] 也有学者认为刑事审前程序指的是"大审前程序"，即刑事案件在正式开庭审理之前必经的所有程序：不仅包括刑事案件起诉至法院后开庭审理前的阶段，还包括刑事案件起诉至法院前的所有程序，即开庭审理前的立案、侦查和审查起诉、提起公诉、法院开庭审理前的准备等各个阶段。[②]

（三）刑事预审程序的概念

刑事预审程序的概念来源于欧美国家。在这些国家，根据预审功能的多寡，可以将预审程序分为简单型和复合型。以此为基础，欧美国家预审程序的概念也大致分为以下两类。一是简单型的预审程序，其功能较为单一，仅仅限于公诉审查功能。如英国和美国的预审程序，其功能仅仅定位于审查公诉材料的合法性和是否达到了公诉的标准。[③] 以英国为例，根据罪行的轻重，其刑事法律将犯罪分为三个等级：简易罪（Summary offences）、混合罪和可诉罪（Either - way offences）。简易罪性质相对最轻，主要包括违章驾驶、轻伤犯罪以及 18 岁以下的未成年人犯罪等，可以用简易程序审理。混合罪则是罪行严重程度中等的犯罪，包括盗窃、非法伤害以及可能判处 5000 以上英镑罚金的案件。可诉罪是性质最为严重的犯罪，包括谋杀、杀人、抢劫、强奸、乱伦等。[④] 在英国的刑事审判体系中，治安法院只能对轻罪案件做出判决，最多可以判处 6 个月以下的刑罚或者5000 英镑以下的罚款。因此，一部分混合罪或者可诉罪就必须由上级刑

---

① 陈卫东：《刑事审前程序研究》，中国人民大学出版社 2004 年版，第 3 页。

② 种松志：《中国刑事审前程序制度构建》，中国人民公安大学出版社 2009 年版，第 4 页。

③ 在英国，根据《1980 年治安法院法》的规定，案件在移交刑事法院之前，治安法院要进行预审证据收集调查，而《1994 年刑事审判和公共秩序法》废除了治安法院的预审调查职能，使预审成为真正的公诉审查程序。在美国，大陪审团审查起诉，过去检察官一般都会利用大陪审团的调查取证权获取控方证据，现在大陪审团一般不进行证据收集调查，成为真正的公诉审查机构。韩红兴：《我国刑事公诉审查程序的反思与重构》，载《法学家》2011 年第 2 期。

④ 参见赵朝、李忠诚、岳礼玲、陈瑞华《英国刑事诉讼制度的新发展——赴英考察报告》，载《诉讼法论丛》1998 年第 2 期，第 334—339 页。

事法院审判。① 上级法院正式受理这两类案件之前，必须先由治安法院对案件进行公诉审查，以确定其是否有移交刑事法院审判的必要，然后由治安法官将其移交到刑事法院审判；该程序在英国被称为移交程序（committal proceedings）或者被通俗地称为预审程序（Preliminary inquiry）。由此可见，在英国，预审程序一般适用于较为严重的可诉罪，而且，其功能仅限于公诉审查。根据《1996 年刑事诉讼与侦查法》的规定，当起诉书表明案件复杂，或者审判时间可能很长，以至于实质利益需要通过预审来保护的案件才需要进行预审。现在，如果控方的证据材料确实充分，被指控者有为其服务的事务律师或者法律顾问，治安法官可以不审查针对他的证据而直接将案件移交审判，从而节省司法资源。在美国，重罪案件的预审程序采用双轨制，即大陪审团审查起诉（indict）和治安法官的预先听证程序（a preliminary hearing）并存，目的在于分析重罪指控是否有充足的证据而需要进一步的法庭审理，其主要的功能还是在于审查公诉材料的合法性，即是否达到了公诉的标准。目前，大约只有 20 多个州仍要求大陪审团审查起诉，一些州检察官可以直接起诉。实践中，由于陪审团成员过于依靠检察官的建议，使得大陪审团拒绝签发公诉书的情况只占全部审查案件的 3%，因此，其人权保障功能逐步衰弱，而有沦为检察官的橡皮图章之讥。② 所以，美国庭前对公诉材料合法性的审查大都是通过治安法官的预先听证程序进行的。该程序可能产生三种结果：（1）根据提交预审的证据，治安法官有合理根据相信被告人犯有被指控的罪名，应当裁定将案件移送初审法院，或在必要时移送大陪审团审查；（2）若证据表明被告人仅仅犯有指控的轻罪而非重罪时，可以驳回重罪指控，允许检察官以轻罪指控取代原指控，并裁定将案件交付治安法院审理；（3）无合理根据相信被告人犯有被指控之重罪，也没有根据证明被告人犯有轻罪的，应当驳回指控并且立即释放被告人。英美国家采用简单型的预审程序，预审程序的主要功能定位于审查公诉材料的合法性，因此，其预审程序和庭前准备程序的阶段划分非常明显，预审程序专门进行公诉审查，庭前准备阶

---

① 英国的刑事法院由治安法院（Magistrate's Court）、刑事法院（Crown Court）、上诉法院刑事庭（Court of Appeal Criminal Division）、高等法院王座法庭（Queen's Bench Division of the High Court）和最高法院（Supreme Court）五级组成。参见何荣功《英国刑事法院的体系与构造》，载《中国审判》2013 年第 5 期。

② 王志峰：《起诉审查制度研究》，硕士学位论文，内蒙古大学，2009 年，第 11 页。

段专门对庭审中的证据范围、辩论争点、认罪协商甚至是证据的可采性做出裁断。简单型的预审程序侧重于规制公诉权，保障嫌疑人的人权。

复合型的预审程序功能不仅限于公诉审查，兼有庭前准备甚至侦查功能。该类型的预审程序以大陆法系的法国和德国为典型。在法国，预审法官起源于弗朗西斯一世国王时期。1808 年的拿破仑时代，法国制定了《刑事审判法典》（又称"拿破仑刑事诉讼法典"或者重罪审理法典），该法典规定了具有浓厚纠问色彩的预审制度。该法典规定，预审是预审法官的专有权力。预审采用书面审理和非对席的方式秘密进行，不允许律师和其他诉讼协助人在预审阶段为被指控人提供任何法律帮助。① 预审法官负责案件侦查并且做出司法权性质的决定，一方面，预审法官拥有侦查权，他必须和警察一样，收集所有的证据以查明案件的事实真相；另一方面，预审法官又有司法裁判权，要审查提起公诉的重罪案件是否有开启审判程序的必要。而且，在预审程序中，预审法官对双方当事人的争议可以居中裁判，并且决定对被告人是否采取刑事强制措施以及审查强制措施的必要性，② 其活动具有很大的独立性，有"超级警察"的称号。由于预审法官具有侦查者和裁判者的双重身份，也就成了"最具争议的法官"。2000 年乌特罗冤案③发生后，引发法国社会整体对预审制度的反思，特别

---

① 潘金贵：《预审法官制度考察与评价》，载《河南师范大学学报》（社会科学版）2008年第 2 期。

② 法国刑事诉讼法律 2000 年 6 月 15 日，创设了自由与羁押法官，刑事羁押有该法官决定。根据法国《刑事诉讼法典》第 139 条第 1 款的规定，自由与羁押法官不管在学识上、资历上抑或在司法经验上均强于预审法官，由其行使先行羁押措施的决定权可在一定程度上减少权力滥用的风险及降低司法错案的概率。

③ 2000 年 12 月 5 日，乌特罗镇（Outreau）一对夫妇被指控曾对自己的儿子进行性虐待。经调查，警方怀疑该夫妇的一些邻居及朋友也涉嫌性侵害儿童的罪行。这一起刑事案件由预审法官比尔戈（Burgaud）负责。由于社会影响较大，所涉人员较多，案件的预审竟持续三年半时间，共传讯几十名犯罪嫌疑人或证人。在整个预审过程中，比尔戈法官始终固执地认为相关犯罪嫌疑人犯有性侵害的罪行，对于辩方的意见不予理睬。随后，18 名犯罪嫌疑人分别以聚奸、狎亵和毒害儿童等罪名被提起公诉。2004 年 7 月 2 日，圣·奥梅尔（Saint - Omer）重罪法院做出一审判决，除 1 名犯罪嫌疑人在审前先行羁押阶段因不堪重负自杀外，有 7 名被告人被无罪释放，10名被告人被判有罪。2005 年 12 月 1 日，巴黎重罪法院做出二审判决，撤销了一审判决中对 6 名被告人的有罪判决。至此，除 4 名被告人被最终判定有罪之外，其余 13 名被告人均被无罪释放。这便是被法国媒体称为二战后法国最大司法冤案的"乌特罗案件"。在该案件长达四十多个月的预审期限中，14 名无辜者除 1 人自杀、1 人因怀孕得保外候审外，其余都长期被先行羁押。不少

是 2000 年 6 月 15 日《关于加强无罪推定及被害人权利保护的法律》的通过，使得法国预审法官的权力被大幅度削弱，比如将庭前羁押等刑事强制措施的决定权赋予自由与羁押法官，取消了重罪案件原来的二级预审制度。① 但是，目前在法国，预审程序仍有侦查和庭前准备的功能。预审法官一旦受理案件，即可作为侦查人员，实施所有必要的侦查活动，例如讯问受审查人、听取证人证言以及听取有律师协助的证人的证词、责令进行对质、进行搜查、扣押物证、实行电话监听，等等。德国与法国的司法制度具有天然的近似性，原因在于其与法国均是公元 843 年法兰克王国被查理曼大帝的三个孙子瓜分的产物：法兰克王国被分为西法兰克王国（演变为后来的法国）、东法兰克王国（演变为后来的德国）和中法兰克王国（演变为后来的意大利）。德国 1879 年 10 月生效的《帝国刑事诉讼法》直接借鉴了法国 1808 年的《刑事诉讼法典》，规定了预审法官和预审制度。不过，德国学界对于预审法官兼具侦查与司法裁判的双重角色也一直争议不断，因此其在 1975 年废除了预审法官制度。但是，其 1994 年适用的《德国刑事诉讼法典》仍然存在着事实上的预审制度——中间程序。德国刑事诉讼程序分为三个阶段，准备程序（侦查程序）（vorverfahren）、中间程序（zwischenverfahren）和主要审判程序（hauptver handlung）。准备程序和中间程序的划分以检察官提起公诉为限。侦查程序结束后即进入中间程序。中间程序的法官由案件的主审法官担任，该法官除了审查公诉的合法性之外，还具有一定的侦查功能。根据现行《德国刑事诉讼法典》第 201 条的规定，中间程序的法官仍然具有证据调查的权力。② 基于惩罚犯罪和追求事实真相的诉讼传统，采用复合型预审程序的国家在庭前准备阶段仍然可以进行证据调查工作，甚至把这项工作仍然委托给预审法官进行，故而，其预审程序与庭前准备程序的阶段划分并不明显，存在一定程度上的覆盖或者重合。可以看出，防止公诉权的滥用只是复合型的预审程序的一部分价值，该类型的程序还兼有全面查清案件事实，追究犯罪的价

（接上页）犯罪嫌疑人因此而蒙受了巨大的精神痛苦，妻离子散、众叛亲离。施鹏鹏：《法国有一套严格的司法官惩戒程序》，载《检察日报》2015 年 1 月 20 日。

　① 2000 年 6 月 15 日法律通过以前，法国对重罪案件采取的是二级预审制度，即除了初级预审（正式侦查）制度以外，重罪案件还要经过重罪法院刑事审查庭预审法官的再次审查，而且，重罪判决一经做出，被告人不得上诉。

　② 李昌珂：《德国刑事诉讼法典》，中国政法大学出版社 1995 年版，第 88 页。

值目标。

二　刑事庭前程序的概念

刑事庭前程序是指检察官对案件提起公诉之后至正式的庭审程序开始之前，控辩双方和人民法院为保证庭审的顺利进行而进行的相关准备活动。这种准备活动分为两个阶段：一是公诉审查阶段，是指正式的公诉被法院受理前，需要由专门的预审法官对公诉材料的合法性进行全面细致的审查，判断案件是否达到了提起公诉的标准，法院不受理达不到公诉标准的案件。二是庭前准备阶段，即案件通过预审法官[①]主持的公诉审查程序之后，法院和控辩双方当事人进行的准备活动。我国学者宋英辉教授和吴宏耀教授认为庭前程序应包括法官对有关材料的审查和由控、辩、审共同进行庭前准备活动的两个环节。检察官提起公诉以后，应当由独立的庭前法官对公诉材料的合法性进行审查。审查公诉期间，控辩双方都可以就案件的程序和实体问题发表意见。该程序结束后，法官应当确定控辩双方到庭进行准备的时间，主持一个由双方当事人同时参加的庭前会议，决定是否将案件交付审判、改变管辖、证据排除问题，以及其他一般性庭前准备活动等与庭审程序密切相关的诸多事项问题。[②] 我国学者闵春雷认为刑事庭前程序是指检察机关提起公诉之后至法院开庭审判之前，由专职的法官对案件进行审查，以决定是否将被告人交付审判以及进行必要的庭审预备活动的程序。[③] 龙宗智教授认为庭前程序主要指的是法院的审前程序，包括庭前公诉审查、庭审准备等。[④]

刑事庭前程序的概念产生与独立的庭前公诉审查机制有着密切的联系。就世界范围而言，由于庭前审查程序独特的人权保障和程序分流功能，各法治国一般均将公诉审查程序独立设置。公诉审查程序一般由预审

---

① 与我国不同，域外法治国家均在其庭前程序中设置了独立的公诉审查程序，该程序的主要目的在于审查公诉是否达到了法定的起诉标准，从而在庭前阶段过滤公诉，保障人权。一般该程序由专门的预审法官或者陪审团主持进行，公诉审查法官与正式的庭审法官分开设置，各行其职能。

② 参见宋英辉、吴宏耀《刑事审判前程序研究》，中国政法大学出版社 2001 年版，第 319—320 页。

③ 闵春雷：《刑事庭前程序研究》，载《中外法学》2007 年第 2 期。

④ 参见龙宗智《刑事庭审制度研究》，中国政法大学出版社 2001 年版，第 145 页。

法官主持，为了证明公诉的合法性，检察官需要将所有的卷宗材料呈交给预审法官审查，控辩双方均可以参加该程序并提出异议，预审法官对案件的事实或者适用法律进行一定范围的调查。所以，广义而言，公诉审查程序也是在为案件正式的开庭程序做准备，可以与之后法院和当事人双方的庭前准备程序统称为刑事庭前程序。

综上，所谓刑事庭前程序，就是指检察官决定对案件提起公诉之后至开庭审理之前，法官和诉讼关系人（主要是控辩双方）为了促进正式审判程序的集中进行而进行的庭前审查和相关准备活动以及由此产生的各种诉讼关系。

第二节　刑事庭前程序的功能

庭前程序的适用时间起始于检察官向预审法官提出公诉之时，终止于正式的审判程序开始审理之前。此阶段，检察机关往往已经掌握足够的犯罪事实和证据材料，决定对犯罪嫌疑人提起公诉。从提起公诉到正式的开庭审判这一段时间对控辩审三方的意义非同寻常。正是在这一阶段，控方的起诉材料受到审查，法院的庭审范围得以确定，辩护方根据庭前程序中证据展示的结果制定可行的诉讼策略和方案。可以说，庭前程序相当于公诉和审判程序之间的关节耦合点，耦合机制的运作好坏将会直接影响到下一步的审判进程。当代欧美法治国家普遍规定了完善的庭前程序立法，除了公诉审查程序之外，其庭前程序还涵盖证据展示、证据调查、争点整理、有罪答辩、程序分流等内容，这些立法内容在实务运作中成效也非常突出。事实上，在公正、自愿、合法的前提下，这些国家几乎一半以上的案件都是在庭前程序中就被过滤掉的。透过现象看本质，如果对庭前程序功能进行深层次的探讨和分析，我们可能会发现其独具的优秀品性。

一　审查公诉

刑事庭前程序上承公诉程序，下接开庭程序。为了保证正式庭审程序的公正进行，刑事庭前程序首先就要对控方公诉材料的合法性进行审查，依此来对公诉权的行使进行规制，最大限度地维护控辩双方力量均等的刑事诉讼理想状态。设立公诉审查机制的正当性主要来源于权力制衡原则，从刑事诉讼发展的国际趋势来看，正当程序、权力制衡、保障人权等功能均已经成为现代法治国家的主要内容。阿克顿勋爵说过："权力一旦缺乏监督，就会滥用到极限。"权力制衡之属性从公诉权产生之日即已经具备。作为连接着侦查程序与审判程序的法律居间官，检察官一直难以与政治绝缘，公诉权力极易被滥用。从 14 世纪检察制度在法国诞生以来，检察机关的角色先被定位为"国王的代理人"，到资产阶级大革命的"国家的代理人"，拿破仑时代的"政府的眼睛"，再到列宁的国家监督原则，检察制度与政治机缘巧合绝非偶然，公诉制度极易受不当势力干涉，成为权力寻租的传声筒。况且，检察机关垄断大部分刑事案件的公诉权，同时又兼具有预审、批准逮捕以及诉讼监督权，检察机关稍有不当利益的考量，整个审前程序就有可能沦为检察王国，刑事司法就会成为检察机关滥用权力的工具。公诉权滥用的现象在东西方实践中屡有发生。在美国，1963—1999 年，因为检察官隐藏被追诉人无罪的证据或者故意出示一些错误的证据，联邦最高法院最终裁决重新审判或者撤销 381 个杀人有罪判决，这其中有 67 名被告人已经被判处了死刑。而且，这些案件仅仅是大量公诉权滥用现象的冰山一角。[1] 英国 Runciman 委员会所进行的研究当中，Block 等人考察了一百个经过编排的刑事法院的无罪判决。至少有1/4的无罪判决是可以预见的，另外有 1/4 的无罪判决可能是可以预见的。[2] 另外，检察机关自身的内部设置也存在权力滥用的倾向。我国台湾学者林山田先生认为检察官具有双重性格：就组织上之隶属及其本身组织体系而言，检察机关具有行政机关之性质；唯就功能而言，检察机关系具有司法功能之司法机关。但是，检察机关虽然是刑事司法机关，但是欠缺实质上的司法裁判权与司法独立性，与法院的性质迥然有别。因此，检察机关的本质应当是介于行政机关与司法机关间的中间组织。[3] 基于检察一体原则与有效追诉犯罪的需要，最高检察院的检察总长和各级检察长对隶属于其部门的检察官具有行政监督权（预算经费的编列与分配、人事的任命、考核、升迁及惩戒等），还可以对侦查、起诉、不起诉等检察事务发布指令，从而整个检察体系都是上命下从的。似乎唯有如此，检察机关

---

① Ken Armstrong & Maurice Possley, The Verdict：Dishonor, 1/10 *Chi. Trib* (1999), p. 2.

② ［英］安德鲁·桑达斯、［英］瑞恰德·扬：《起诉》，载江礼华、［加拿大］杨诚主编《外国刑事诉讼制度探微》，法律出版社 2000 年版，第 148 页。

③ 林山田：《刑事程序法》，五南图书出版股份有限公司 2004 年版，第 150 页。

方能上下一体，同心协力，迅速而有效地从事犯罪的侦查和控诉工作。然而基于追究犯罪是天然使命，许多检察官自命为打击犯罪的急先锋，而又往往负担过重，不能面面俱到的情况下，公诉权力的滥用几乎成为必然。尤其在台湾实务上，所谓"起诉不要理由（因无审查制），不起诉才要理由（因有再议制）"，许多检察官不堪上级频频发回再议之累，只求将案件"脱手"（起诉），不但与为被告利益之义务有违，更混淆侦查、审判的根本分际。①

　　就我国而言，我国检察机关上下级并不独立，上级指导下级，下级检察机关维持运行的关键资源诸如人、财、物等使用权限都掌握在当地政府和上级检察机关手中，检察机关能否完全与政治绝缘颇成问题。实务中，我国检察机关兼有公诉权与诉讼监督权。一方面，检察机关垄断了我国大部分刑事案件的起诉，并且在我国，从刑事诉讼法1996年第一次修订以来，只要检察机关的起诉书中有明确的指控犯罪事实，法院就得无条件地受理，② 新《刑事诉讼法》没有赋予法官退回补充侦查或者驳回公诉的权力。故而在证据材料和案卷存在明显缺陷的情况下，法官也只能对案件受理进而做出有罪与否的判决，这样的立法规定无疑大量滋生了我国司法实践中的公诉滥用现象。从福建黄亚斌、昆明王一冰等律师伪证案，到殷新生记者诬告陷害案，再到阜阳"白宫"举报人案、"曹县帖案"等，一度将公诉机关置于社会舆论的"风口浪尖"，提起公诉变成了检察机关打击行使正当法律权利的公民的手段；③ 另一方面，检察机关对法院的整个审判过程包括审判结果的正确与否还享有诉讼监督的权力，如果检察机关认为法院的裁判结果不合理抑或不公正，可以抗诉。与此同时，检察机关对法官的职务犯罪还享有独立侦查的权力，理论上检察机关似乎可以以法官涉嫌滥用职权罪、渎职罪和贪污受贿罪等罪名对其立案侦查，检察机关几

---

① 林钰雄：《检察官论》，法律出版社2008年版，第24页。

② 我国1996年《刑事诉讼法》第150条规定："民法院对提起公诉的案件进行审查后，对于起诉书中有明确的指控犯罪事实并且附有证据目录、证人名单和主要证据复印件或者照片的，应当决定开庭审判。"2013年《刑事诉讼法》第181条规定："人民法院对提起公诉的案件进行审查后，对于起诉书中有明确的指控犯罪事实的，应当决定开庭审判。"

③ 参见闫召华《报复性起诉的法律规制——以美国法为借鉴》，载《法学论坛》2010年第2期。近年来，为我国媒体广为报道的赵作海冤案、浙江叔侄冤案等，无疑不显现出公诉权滥用的影踪。

乎成为不受监督的无冕之王。故而必须在正式的审判程序开启前设置公诉审查机制，以过滤不当公诉，刑事庭前程序的首要功能即在于审查公诉，成为控制法官裁判人口的把关者，肩担大任。如果正式的审判程序是一辆运作良好的汽车，庭前审查程序便是引擎，再好的车子，如果没有引擎的带动，也只是中看不中用的废铁；庭前审查程序担当控制法官裁判人口的功能，就如同引擎发动车子一样，无法想象其不存在。欧美法治国家均在庭前程序中设置了独立的公诉审查制度，对提起公诉的必要性做严格的审查。日本在1948年的刑事诉讼法修改中，废除了庭前审查机制，审判程序完全由检察官发动，法院有诉必审，造成一些无理由、无根据的公诉一概涌入审判程序，既侵犯了被告人的人权又浪费了司法资源。

二　庭前准备

刑事庭前程序下接正式的庭审程序，对公诉材料的合法性完成庭前审查之后，必然要为正式的庭审程序做好开庭准备，提前将一些可能影响庭审进程的问题解决，以使得正式的庭审程序公正和有效地进行。刑事庭前程序除了一些常规性的传唤当事人、确定合议庭成员和审判期日等庭审准备事项之外，还提前解决了一些关系到审判进程的关键性问题，比如庭前的证据展示和证据整理活动放在正式的庭审程序中解决就完全没有必要，也会造成正式的庭审程序无的放矢，审判期间旷日持久。具体来说，刑事庭前程序主要通过以下制度切实解决了影响庭审程序集中进行的因素。

（一）庭前必要的证据调查和证据排除

在英美国家，检察官在提起公诉时，只提交一纸起诉书，除此之外，法官无法获知案件有关的任何信息，正式的庭审程序完全由控辩双方的辩论所主导，自然法官也没有庭前调查证据的必要性。不过，为了避免非法的证据污染陪审团的自由心证，英美国家的刑事庭前程序允许法官庭前对涉嫌非法的证据资料进行排除。美国的审前动议、英国的审前裁决制度均可以在庭前对证据的可采性做出裁决。相较而言，大陆法系国家职权主义查明事实真相的诉讼原则一直贯穿整个刑事诉讼进程中，自然而然，庭前程序中的法官被赋予广泛的证据调查权力，甚至法国的预审法官还指挥案件的侦查程序。预审法官一经受理案件，即可作为侦查人员，实施所有必要的侦查活动，例如讯问受审查人、听取证人证言以及听取有律师协助的证人的证词、责令进行对质、进行搜查、扣押物证、实行电话监听，等等。这些国家的法官在庭前程序中往往全面阅读刑事卷宗，只要认为证据调查确有必要，或者的确有利于正式庭审程序的顺利进行，往往会对控辩双方提交的证据调查申请予以受理或者自己依职权进行调查，进而在庭前程序中就对各种证据的证明力有了一定程度的判断。不过，对于证据的可采性，这些国家的刑事庭前程序一般不会作出判断，目的还是为了使审判结论建立在全面查明案件事实真相的基础上。哪怕这些证据资料的确是非法证据，也要经过庭审程序的质证。

(二) 庭前的证据展示和争点整理

为了保障正式审判程序的集中有效地进行，控辩双方在庭审程序中必须有辩论的焦点，庭审辩论不能无的放矢，最好在案件开庭前控辩双方能够平等地获取对方的证据资料并且充分地就证据使用和案件事实发表意见。刑事庭前程序中的证据展示和争点整理机制恰恰可以满足上述需要。首先，在实行言词辩论的公诉审查程序中，控辩双方均需到庭，辩护律师也可以到庭，并且控诉方要积极举证，辩护方则可以在反询问的同时获得控方的证据信息，制订合理可行的庭审策略。其中，美国和我国澳门地区的庭前审查机制就是言词辩论的典型代表。美国联邦最高法院大法官约翰·保罗·斯蒂文斯（John Paul Stevens）新闻出版集团诉高级法院一案中，强调公诉审查程序应当向公众公开，同时被告人有权亲自或者委托律师参加预审程序，对控方的证人进行质证以及要求排除非法的证据。[①] 美国治安法官进行的预审正是言词型的。我国澳门特别行政区刑事诉讼法典第三编第三章专门规定了"预审辩论"程序，要求控辩双方在预审程序中到庭以口头辩论的形式，就侦查及预审过程中得到之事实迹象及法律资料是否足以支持将嫌犯提交审判进行辩论。[②] 当然，也有很多国家的庭前审查机制采用书面方式不公开进行，比如1996年之后英国的公诉审查程序就

① Press – Enterprise Co. v. Superior Court, 478 U. S. 1 (1986)。1985 年，美国加利福尼亚检方就一名护士用过量的心脏病药物谋杀 12 名被害人的案件提起公诉。该州法院否认了公众对预审程序的监督和报道的权利。该案被新闻公司上诉到联邦最高法院。最高法院裁决宪法第一修正案所保证的公民言论自由权应当适用于预审程序，并对媒体庭前报道的限度以及是否会造成庭前预断进而违背被告人公正受审的权利进行了说明。Philip E. Johson, Cases and Materials on Criminal Procedure, West Group, 1993. p. 653.

② 赵秉志：《澳门刑法典、澳门刑事诉讼法典》，中国人民大学出版社 1999 年版，第242 页。

不再公开，法国的重罪案件由重罪法庭在评议室对案卷进行书面化的、保密的、非对抗式的审查。不过，这些国家均有完善的辩护方阅卷权保障机制；其次，现代法治国家普遍在其刑事庭前程序中设置了专门的证据展示程序。比如英国刑事审判的一大特色就是设立公诉方向辩护方开示证据的强制义务。根据英国2003年颁布的《刑事审判法》，控方披露的证据范围大于辩护方披露的范围，其不准备在庭审程序中使用的证据也有义务向辩护方开示。当然，辩护方也有向控诉方开示证据的义务，不过一般而言，辩护方可以开示的证据资料的范围较小，限于不在犯罪现场或者不负刑事责任的证据。法国刑事诉讼法第279条、281条则规定检察官要无偿告知被告人其搜集的有罪材料，控辩双方在庭前程序中要互相开示证人名单①等，不一而足；最后，在控辩双方充分地展示证据资料的过程中，双方均可以就案件事实和证据使用发表意见，反驳对方证据资料的漏洞，从而，控辩双方在刑事庭前程序中就已经确立庭审争论的焦点，庭审程序可以围绕着这些问题集中深入地进行交叉询问。

（三）庭前的法官裁决机制

任何一项程序性规则的设计必须具有法律效力，刑事庭前程序为庭审准备的相关事项也必须具有一裁终局的效果，否则该程序就会成为镜中花、水中月，流于形式。刑事庭前程序在经历公诉审查阶段之后，庭前准备阶段为了节省司法成本和保障人权，采取当事人意思自治原则，只要是控辩双方自愿合法地达成的庭前协议，庭前程序中的法官均不会加以干涉。问题是，控辩双方庭前达成的协议必须得到法官的认可，以及有些问题也可能双方无法达成一致意见，比如案件的回避、管辖以及非法证据排除等涉及审判程序顺利进行的关键问题。如此，必须由一个超然于双方当事人之上的司法官员做出裁断，庭前准备程序中的法官无疑是合适的人选。庭前准备阶段的法官可以对双方当事人异议的事项做出合法合理的裁断，以及确认控辩双方庭前协议的有效性。在这一方面，美国的审前动议、英国的审前裁决制度、答辩和指令听审制度均为典型的法官庭前裁决机制。我国2013年新刑事诉讼法增加庭前会议以来，实践中适用的案件极少，也存在着庭前会议已经展示的证据和形成的争点在正式的庭审过程中还要再重新质证的情况，这与其庭前裁断机制的缺失不无关系。

---

① 参见罗结珍《法国刑事诉讼法典》，中国法制出版社2006年版，第227、228页。

三　促进审判公正

公正审判是世界各国刑事审判制度的最佳价值选择，也是人类有史以来，关于司法审判问题中的一个永恒话题。公正审判的思想渊源最早可以追溯到古罗马时代关于自然正义的两项原则，即"nemo judex in causa sua（nobody can be a judge in his own cause）——任何人都不能成为自己案件的法官 audi alteram partem（hear the other side）——应当听取另一当事人的陈述和意见"，这两项原则长期以来被视为公正审判的最低限度标准。近现代社会，随着正当程序理念在欧美国家的普及，特别是美国宪法正当程序条款中的广泛规定①，公正审判开始成为普适的刑事审判准则。如美国宪法修正案第5条、第6条关于正当程序的条款本身蕴含着公正审判必然要素，诸如诉审分离原则、禁止重复追究原则、不得自证其罪规则、正当程序原则、控辩平等原则、人权保障原则等现代社会实现审判公正的普遍原则。而且由于自然正义、人权保障、自然法等构成正当程序理论基础的启蒙思想在整个欧洲大陆的普及，大陆法系国家也不可避免地接受了公正审判的理念。如法国1789年通过的《人权宣言》规定了诸如平等审判、起诉法定、正当程序、罪刑法定、罪刑均衡、无罪推定、禁止刑讯逼供等现代社会实现审判公正的必然要素。② 二战后，世界各国开始对

---

① 如美国宪法修正案第5条规定："非经大陪审团提出报告或起诉，任何人不受死罪或其他重罪的惩罚……任何人不得因同一犯罪行为而两次遭受生命或身体伤残的危害；不得在任何刑事案件中被迫自证其罪；未经正当法律程序，不得剥夺任何人的生命、自由或财产；非有恰当补偿，不得将私有财产充作公用。"修正案第6条规定："在一切刑事诉讼中，被告应享受下列权利：由犯罪行为发生地的州或地区的公正陪审团予以迅速和公开的审判，该地区应事先已由法律确定；获知控告的性质和原因；同原告证人对质；以强制程序取得有利于自己的证据；并取得律师帮助为其辩护。"

② 法国《人权宣言》第6条规定："法律是公共意志的表现。全国公民都有权亲身或经由其代表参与法律的制定。法律对于所有的人，无论是施行保护或处罚都是一样的。在法律面前，所有的公民都是平等的，故他们都能平等地按其能力担任一切官职，公共职位和职务，除德行和才能上的差别外不得有其他差别"；第7条规定："除非在法律所规定的情况下并按照法律所指示的手续，不得控告、逮捕或拘留任何人。凡动议、发布、执行或令人执行专断命令者应受处罚；但根据法律而被传唤或被扣押的公民应立即服从；抗拒则构成犯罪"；第8条规定："法律只应规定确实需要和显然不可少的刑罚，而且除非根据在犯法前已经制定和公布的且系依法施行的法律以外，不得处罚任何人"；第9条规定："任何人在其未被宣告为犯罪以前应被定无罪，即使认为必须予以逮捕，但为扣留其人身所不需要的各种残酷行为都应受到法律的严厉制裁"。

战争中任意践踏公民权利与自由的现象进行反思，联合国 1948 年颁布的《世界人权宣言》第 10 条也规定了公正审判原则，即任何人都要由一个独立和无偏倚的法庭进行公正的和公开的审判。之后，公正审判原则在一系列的全球性和区域性的人权公约中得到认可。[①]

不可否认的是，正式的庭审程序是证据调查和质证的主要阶段，决定着被告人最终的罪名和量刑，故而庭审程序是否公正有序地进行将会在很大程度上影响到审判公正的实现。但是，庭审程序中证据的调查范围、控辩双方各自的防御能力、辩论策略与技巧、庭前法官对案件的初步印象以及庭审法官作出的审判方案均是在庭前程序中形成的，庭前程序的制度设计和实务运作效果关系到正式的庭审程序能否高效而又集中地进行，进而关乎审判公正的实现。具体来说，庭前程序就是在公诉和审判之间设置了一个桥梁式的中间程序，该程序通过庭前法官的独立设置，切断了庭前预断和庭审程序的联系，实现了审判公正所要求的控审分离原则；通过赋予检察官举证责任以及被告方实体方面的证据知悉权、非法证据排除申请权以及程序性方面的异议权等权力，切实地维护了审判公正所需的控辩平等原则；通过庭前程序中被告方广泛地参与权，实现了审判公正所必需的人权保障原则和正当程序原则；另外，不合法的公诉案件在庭前程序中的排除更是降低了刑事冤假错案的发生率，既保障了人权也是为真正实现庭审程序的公正性而奠定基础。具体而言，刑事庭前程序的下列制度设计切实地保障了审判公正：

（一）公诉审查程序促进审判公正

公诉审查程序设立的主要目的在于规制公诉权的行使，同时该程序还具有证据开示等作用，以此为后续的公正审判奠定坚实的基础。一方面，公诉审查程序通过对公诉材料的合法性进行全面细致的审查，有效

---

① 其中，1976 年生效的《公民权利和政治权利国际公约》关于公正审判的规定最全面和最详细。根据其第 14 条的规定，公正审判由一系列诉讼权利或者程序规则所构成，如：（1）法庭面前一律平等；（2）公民获得合法的、合格的、独立的、无偏私的法庭进行公正、公开审判的权利；（3）无罪推定原则；（4）告知被指控性质和原因的权利；（5）准备辩护与联络律师的权利；（6）获得迅速审判的权利；（7）出席受审、辩护和得到法律援助的权利；（8）与证人对质、传唤与讯问证人的权利；（9）获得译员帮助的权利；（10）不被强迫自证其罪的权利；（11）特殊的少年司法程序；（12）复审权；（13）获得刑事赔偿的权利；（14）禁止双重危险原则；等等。该公约关于公正审判制度的规定已经成为衡量一个国家的审判程序公正性的最权威和最易接受的标准。

防止了滥用公诉现象的发生，避免无辜者受到错误的刑事审判，较早实现真正的司法公正；另一方面，庭前审查程序是控辩审三方第一次正面的接触，也是被告方知悉公诉方指控根据及其他材料的有效途径之一。庭前审查程序中，检察官对公诉的合法性负举证责任，有些国家的被告方或者其辩护人可以申请参加，针对检察官的指控作出驳斥，即使是庭前法官最后批准了检察官的公诉，至少在该阶段被告方可以了解控方的相关证据材料及其证明力，制定好下一个阶段的诉讼策略，从而真正地从每一个诉讼阶段切实地保障控辩双方平等和实现真正的司法公正。以美国为例，其庭前审查程序一般在案件发生地的地区法院进行，由治安法官或者其他司法官主持进行，又称为预审程序。预审程序的开启具有任意性，被告人可以选择，而且以言辞方式公开进行，控辩双方平等对抗，辩护律师应当出庭。辩护方在通常情况下仅仅对控方证人进行反询问，而不提供本方证据。检察官则应当将准备在法庭上使用的证据目录、证人名单提供给法庭及辩护方，传唤控方关键证人出庭作证，对指控存在合理根据承担举证责任。①

（二）庭前准备程序促进审判公正

庭前准备程序的主要内容包含诸如证据展示、证据调查、被告人认罪协商及庭前会议等程序，正是这些内容避免了"一步到庭"的尴尬现象，为公正审判打下厚实的地基。首先，为了保障控辩双方庭前程序中实质上的平等防御权，实现真正的公正审判，现代法治国家均在庭前准备程序中正式地设立了专门的双向证据展示和证据调查程序。通过证据展示和调查程序，控辩双方的争点得以确立，辩护方在庭前程序中就可以提出排除非法证据的申请，如果司法机关的非法采证行为被证明情况属实或者双方达成协议，该非法证据根本就不会进入正式的庭审程序，污染正式庭审程序中的法官或者陪审团，从而从另一个侧面保障了审判公正。其次，控辩双方在充分地展示和交换证据之后，如果在辩护人在场的情况下，检察官证明被告人犯罪的案件事实清楚和证据材料确实充分，则辩护方可以自愿地认罪，并就应当适用的法定刑与检察官或者庭前法官进行磋商。认罪协商达成，庭审程序就可以大大简化，减轻了当事人的讼累，与此同时也实现

---

① ［美］爱伦·豪切斯泰勒·斯黛丽、南希·弗兰克：《美国刑事法院诉讼程序》，陈卫东、许美君译，中国人民大学出版社 2002 年版，第 399 页。

了真正的司法公正。再次，正式的开庭程序进行之前，控辩审三方往往要正式地见面，就证据展示、证据适用和争点整理交换意见，同时辩护方可以针对庭前程序中控诉方的违反正当程序原则的行为（比如非法羁押、非法采证等）提出申请，要求法官作出裁断，实现司法的公正性。该程序在美国被称为审前动议（ Pretrial Motions），类似于我国刑事诉讼中的庭前会议制度。审前动议是被告人在案件开庭审判前争取自身权利，做好审判准备的一项重要工具。

四　保障人权

"如果说刑法是犯罪人的大宪章，那么，刑事诉讼法则可以被看做是被告人的大宪章。"[①] 保障被告人的人权应当是刑事程序设计和适用的首要和基本目标，庭前程序也不例外。审判前的滥用公诉行为、关键证据不展示的行为、认罪逼迫行为和不合理的庭审方案本身在某种情况下都可能会侵害被告人的权利，以致刑事程序的人权保障价值部分或者完全受到挫败。

（一）公诉权滥用与人权保障

我国台湾学者王兆鹏指出，"草率、恶意、政治或宗教迫害的起诉，非但浪费国家公帑，又使人民遭受无谓的财产损失，蒙受不必要的羞辱与焦虑"[②]。就检察机关的公诉滥用而言，首先，因为等待审判，被告人要遭受审前羁押。一人羁押，十人在途。不必要的审前羁押将会额外增加其家属的心理和物质上的损失。特别是对于被告人来说，审前羁押往往剥夺了被告人的人身自由，被告人的收集证据和联系证人的能力以及其他准备辩护的能力都受到阻碍，对其是不利的。虽然被告人在审前阶段有申请保释的权利，但是鉴于司法机关追究犯罪的天然使命感与心理上的互相认同，司法机关往往附加了诸多的限制性条件，比如在美国，至 2014 年 2 月为止，法官一般不会批准被告人在审前阶段获得保释，[③] 美国第六巡回法院认为庭前保释应当以民事案件为主，较少适用

---

① 左卫民、周长军：《刑事诉讼的理念》，法律出版社 1999 年版，第 184 页。

② 王兆鹏：《当事人进行主义之刑事诉讼》，元照出版有限公司 2002 年版，第 180 页。

③ 除非存在非常明显和确定的证据证明犯罪人不会逃跑或者对社会和公众造成危险；保释不存在撤销庭前羁押、重新审判或者监禁刑的法律和事实上的争议以及犯罪人有可能减轻处罚后的刑期少于已经被羁押的时间。18 U. S. C. A. § 3143.

于刑事案件。[①] 根据我国《刑事诉讼法》第 65 条的规定，适用取保候审的重要条件之一是采取取保候审不致发生社会危险性，该条规定最不乐观。实践中，有关"社会危险性"的解释掌握在办案人员手中，办案人员可以根据自己的主观判断决定是否适用取保候审。基于惩罚和打击犯罪的天然使命，为了便于侦查和起诉，司法人员往往对该取保候审的被告人直接羁押，并且不需要提供任何理由和根据。其次，在等待审判期间，被告人往往要承受非常大的生活压力和心理压力。鉴于其身份是受到公权力追究的刑事被告人，随时可能被司法机关传唤、拘传或者采取取保候审等强制措施，大部分单位基于工作效率或者安全、名誉的考虑均会与之解除劳动关系，如果被追诉人是企业主的，其企业可能在审判前被没收财物或者强制破产。1972 年在巴科诉温果一案中，美国联邦最高法院鲍威尔（Powell）大法官指出，审前羁押对嫌疑人具有广泛的消极影响，它通常意味着嫌疑人失去工作、正常的家庭生活秩序被打乱，在狱中无所事事、虚度光阴，并且始终处于焦虑、怀疑和敌意的状态。[②] 最后，基于积习已深的敌人刑法意识，无辜的公民一旦被卷入刑事诉讼程序，就可能会被置于多数人民的对立面，面临着社会公众舆论的审判，往往被形容成为一位违反公共道德和行为规范的"坏人"形象。2006 年 11 月 11 日 TVBS 举办台北市市长参选人电视辩论会，国民党参选人郝龙斌以民进党参选人谢长廷在高捷弊案被提起公诉为由，攻击谢长廷的清廉性，其幕僚国民党政策会副执行长郑丽文亦表示，台北市民不能容许民进党推出谢长廷这样的候选人来羞辱台北市民。[③] 最终，郝龙斌胜出。可见，起诉对政治人物命运之影响。

（二）证据突袭与人权保障

控辩双方对等是实现诉讼公正的起码要求。但是在庭前程序中控辩双方获取证据能力实际上存在明显悬殊的对比。公安机关、检察机关除了公权力的支持，拥有专业的侦查、审查批捕、起诉队伍，而且往往还拥有先进的技术设备和手段，相较而言，辩护方的取证能力则非常有限。一方面

---

① Lissa Griffin. , Federal Criminal Appeals § 2：6：Orders that are immediately appealable—Release and bail, *Federal Criminal Appeals Database*, 2（2014），p. 5.

② 参见李学军《美国刑事诉讼规则》，中国检察出版社 2003 年版，第 333 页。

③ 邵文、华厦：《北高市长选举追踪——台联党参选人称遭谢长廷威胁》，载《福建日报》2006 年 11 月 26 日第 7 版。

在人力、财力、物力方面只能望尘莫及，另一方面立法和实践均设置了诸多门槛来限制辩护方的调查取证活动。特别是一些关键的证据材料，司法机关往往会以各种借口而不让辩护方的辩护律师看到，以此试图在法庭上搞"证据突袭"。以我国为例，涉嫌证据突袭的条款并不少见。最高人民法院关于适用《中华人民共和国刑事诉讼法》的解释第 184 条第 3 项规定庭前会议中被告方可以申请调取公安机关、人民检察院收集但未随案移送的对被告人有利的证据材料。但是，最高人民检察院关于适用《中华人民共和国刑事诉讼法》的解释第 52 条第 2 款却规定此类证据是否需要收集、调取，由检察院自己决定。① 更糟糕的是，根据最高人民法院的司法解释第 221 条，公诉人在庭审程序中还可以出示新的有罪证据，只要说明理由即可。如此，庭前会议和庭审程序中的证据调查和质证根本没有存在的意义，这种情形显然违背了新《刑事诉讼法》尊重和保障人权诉讼原则。任何国家，如果要实现真正的公正审判，就必须保障庭前程序中辩护方的证据知悉权，进而需要制定完整而又规范的庭前证据展示程序，以实现现代刑事诉讼的人权保障价值。以法国为例，其庭前证据展示的内容就相当完备。被告人的辩护律师可以在预审法官处当场查阅所有的案卷材料。控辩双方在庭前准备程序中要相互开示双方的证人名单。②

（三）辩护方的庭前诉讼策略与人权保障

除了庭前的公诉审查、证据展示能够保障犯罪人的人权之外，庭前程序对于传唤被告人、证据调查、非法证据排除和司法机关的程序违法行为等问题都有专门的规定，从而使得辩护方在正式的审判程序开始之前就能制定出合理的诉讼策略，以此来保障自己的诉讼权益。比如，在庭前传唤被告人的活动中，法官往往要告知被告人所享有的诉讼权利，如果是贫穷或者有可能被判重罪的被告人，法院还要为其指定律师免费辩护。③ 被告

---

① 《最高人民检察院关于〈适用中华人民共和国刑事诉讼法〉的解释》第 52 条："案件移送审查起诉后，辩护律师依据刑事诉讼法第四十一条第一款的规定申请人民检察院收集、调取证据的，人民检察院案件管理部门应当及时将申请材料移送公诉部门办理。人民检察院认为需要收集、调取证据的，应当决定收集、调取并制作笔录附卷；决定不予收集、调取的，应当书面说明理由。"

② 参见［法］贝尔纳·布洛克《法国刑事诉讼法》，罗结珍译，中国政法大学出版社 2009 年版，第 227 页。

③ 参见［美］爱伦·豪切斯泰勒·斯黛丽、南希·弗兰克《美国刑事法院诉讼程序》，陈卫东、许美君译，中国人民大学出版社 2002 年版，第 448 页。

人在到庭后可以就相关的程序问题发表异议，还可以请求法院代为调查相关难以取得的证据，为了避免非法的证据提前影响法官的自由心证，被告人甚至可以要求法官将非法证据在该阶段排除。而且被告方可以提出证据展示的请求，控方要对等地展示证据，控辩双方就庭审事宜达成相关协议以及形成争点。另外，如果庭前程序中被告人的诉讼权利受到侵犯，其可以在审前会议中要求救济，由法官居中裁断。可以说，庭前程序把正式庭审程序可能涉及的每一个问题都在该阶段进行了提前预演，并且很公正地尽可能在庭审程序开启前将这些问题解决好，既保障了被告人的人权，又为随后的公正审判打下了坚实的基础。

五　提高诉讼效率

（一）诉讼效率的概念及其在庭前程序中的衡量方法

美国法学家贝利斯认为经济分析方法一直在寻求经济效率的最大化，效率问题是对法律程序进行评价时所要考虑的一项重要因素。法律程序往往耗费巨大的成本，因而在其他条件相同的情况下，立法的目的在于选择成本较低的程序。[1] 就诉讼成本而言，经济分析法学派的代表人物波斯纳认为，诉讼成本可以分为法律纠纷解决机制运作的直接成本（律师、法官和其他诉讼参与人）和错误成本（司法系统不能有效配置资源和发挥各种社会功能给整个社会所增加的成本）。[2] 诉讼程序的设计就应当追求错误成本与直接成本之和的最小化。

以波斯纳的观点为基础，刑事庭前程序的成本也可以分为直接成本和错误成本。前者指国家设立刑事庭前程序以及其运作过程中产生的各种成本，包括设置独立的预审法庭和法官的费用、控辩双方参与庭前程序的各项费用、庭前证据调查的成本、辩护律师的费用等。后者是指当预审法官做出错误的裁定或者决定时，给社会、个人所造成的损失，包括社会为错误的庭前强制措施、检察机关的滥诉行为、不必要或者不合理的审判程序所增加的开支，以及个人由于错误的公诉行为而遭受的直接物质损失，庭前会议不合理的制度设计而额外增加的诉讼成本。当然，除了有形的物质

---

[1]　Micheal D. Bayles, Principles for Legal Procedure, *Law and Philosophy*, D. Reidel Publishing Company, 5 (1986), p. 41.

[2]　Richard A. Posner, An Economic Approach to Legal Procedure and Judicial Administration, *Journal of Legal Studies*, Vol. 2, Issue 2 (1973), p. 400.

损失，刑事庭前程序的错误成本还包括不良的社会效果，比如错误的刑事追究程序给被告人所带来的精神折磨，司法的公信力的降低等。综上分析，刑事庭前程序的"效率"就在于最大化地利用其各种司法资源、在司法公正的前提下最大限度地降低其运作成本，保障审判程序集中高效地进行，从而达到除去各项成本后使法律资源使用价值最优化的目标。具体而言，诉讼效率对庭前程序的要求可以通过其所包含的主要内容，诸如公诉审查、认罪协商、证据展示与争点整理、认罪答辩、庭前会议等庭前程序的成本与收益进行。

（二）公诉审查程序提高了诉讼效率

公诉审查程序在诉讼效率方面的价值主要通过以下两方面的功能实现，即：一方面采用全案移送制度，对公诉案件的合法性进行全面的审查，将达不到公诉标准的案件在庭前审查程序中排除掉，避免无端的审判程序的开启，节省诉讼成本，另外还要实现重罪与轻罪案件的分流，以提高诉讼效率，另一方面，在公诉审查程序的进行中，庭前法官往往要对案件的事实和证据进行一定程度上的审查，辩方拥有一定的参与权、知情权以及异议权，从而为正式审判程序的集中有效的进行奠定一定的基础。日本在1948年为了避免庭前预断，取消了庭前预审程序，公诉材料在庭前程序中没有受到任何审查而直接涌向审判程序，导致正式的庭审程序还需要对一些存在问题的公诉材料进行不必要的审查，既浪费了宝贵的审判资源，也造成了审判效率的低下。

（三）认罪协商程序分流案件，提高了诉讼效率

当今世界，刑事案件呈现出爆炸式增长的趋势，虽然刑事诉讼制度本身负有惩罚犯罪的任务，但是现有的司法资源远远不能满足查清事实真相的需要。有资料表明，1998年财政年度，美国50个州的各级法院共办理各类案件8905.5万件，然而各州法院系统共有法官16000余名，还有9000余名非职业的治安法官，法院年人均办案3500余件。这一年，联邦地区法院共办理各类案件181.6万件，而全美国仅有1131名各级联邦法官（此尚含359名可以享受退休待遇但仍在办案的资深法官），以及837名事务性法官，每个法官年均办案千件。[1]因此，如果能够在庭前程序中

----

① 参见冀祥德《借鉴域外经验，建立控辩协商制度——兼与陈国庆先生商榷》，载《环球法律评论》2007年第4期。

分流掉一部分案件，将会非常有利于法官集中精力审理那些重要、复杂和疑难的案件，减轻整个刑事司法体系的成本。在这一问题上，两大法系国家不约而同地设立了庭前认罪协商机制。不过，其认罪协商机制又各有特色，与其长期的诉讼模式和传统有关。就美国人而言，其长期信奉当事人主义的诉讼理念，控辩双方在刑事诉讼中均处于当事人的诉讼地位，特别是犯罪人拥有刑事程序的选择权和处分权，能够以自己的诉讼行为影响诉讼进程。同时，法官在正式的庭审程序中消极中立，只有量刑权，定罪由完全空白心证状态下的陪审团消极听审来完成。当然，完善的辩护律师帮助制度也为犯罪人的各项诉讼权利提供切实的保障。在这种诉讼构造下，控辩双方有了"讨价还价"的余地，认罪协商有了可能，被告人在指控事实清楚，也了解有罪答辩的性质和后果的情况下，可以自愿和理智的在庭前程序中选择有罪答辩。① 1970 年，美国首席大法官沃伦·厄尔·伯格在其对美国律师协会的一篇有影响的演讲中提到："认罪协商比率一小部分的改变影响巨大。如果有罪答辩率从 90% 降到 80%，美国司法系统将要增加两倍的法官、书记官、法警、办事员、陪审员来对付。降低到70% 相应地会增加三倍的上述资源。"② 大陆法系国家的认罪协商制度的适用则掌握在法院手中，被称为"审辩协商"，这与其长期以来的职权主义的诉讼构造有关。法国从 20 世纪 90 年代开始，也尝试在刑事司法中引入"合意"或"交易"机制，形成了独具特色的刑事调解、刑事和解和庭前认罪答辩制度。③根据 2009 年维基百科的统计，在 673，700 件案件中，占其比例 11.5% 的 77，500 件案件采用了庭前认罪机制。④ 另外，1999 年，日本宣布司法交易是司法改革的内容之一。可以说，庭前的认罪协商制度在一定程度上已呈现出普遍性发展的趋势，是提高刑事诉讼制度整体效率的重要环节之一。

（四）庭前的证据展示提高了审判效率

在刑事诉讼中，相较于拥有专业的司法队伍、较强的技术侦查设施以

---

① 参见李学军《美国刑事诉讼规则》，中国检察出版社 2003 年版，第 398 页。

② Warren E. Burger，State of the Judiciary—1970，*American Bar Association Journal*，Vol. 56，Issue 10（1970），p. 931.

③ 参见魏晓娜《辩诉交易：对抗制的"特洛伊木马"》，载《比较法研究》2011 年第 2 期。

④ From Wikipedia，the free encyclopedia，last modified on 20 April 2014，http：//en. wikipedia. org/wiki/Plea_ bargain#Germany.

及充足的经费支持的检察机关而言，辩护方在证据调查和举证能力方面与其存在着巨大的反差，控辩力量先天失衡。如果刑事诉讼制度的设计不能保障被告方与原告同等的证据知悉权，即使辩护律师拥有全面的阅卷权意义也不大，原因在于如果检察机关基于打击犯罪的考量借口不予提供其掌握的关键证据，而是在正式的庭审程序中实施"伏击审判"，必然会导致被告方根据阅卷情况制定的辩护策略整体失效。虽然基于司法公正的考量，法官要给予辩护方重新准备辩护的时间或者对突袭证据进行调查核实而暂时休庭，但是，这无疑会增加案件的审理期限，进而增加辩护方和司法体系的成本，导致刑事审判无法集中有效地进行。美国最高法院大法官威廉·布伦南也曾说过："警察在刑事侦查中有可能会滥用审讯手段，并且控方掌握着强大的现代刑事技术装备，只有证据展示才能使辩护方了解控方的证据来源，避免庭前的不利预断和证据欺骗。"[①] 鉴于控辩双方对胜诉都有着强烈的渴望，都有着隐匿关键证据的心理趋势，现代法治国家的刑事诉讼法均规定了双向的证据开示的义务。庭前的证据展示环节能够使控辩双方对拟在法庭审判中使用的证据材料进行整理，确立庭审的争点，从而保障正式的庭审程序集中高效地进行。特别是在最能体现效率追求的庭前认罪程序中，只有证据展示能够保证被告人公正有效地利用法律事实进行认罪交易，整个刑事诉讼程序更加有效率。

（五）庭前不必要的强制措施的解除降低了司法成本

在刑事庭前程序启动以前，基于侦查的需要和具体的事实情况，往往要对犯罪人采取搜查、司法管制（如监视居住、取保候审等）以及具体的羁押措施（拘传、拘留、逮捕等）。问题是，如果根据案件事实和犯罪人的具体情况，强制措施的适用不具有必要性或者不合法，如何保障犯罪人的人权？在这一点上，现代法治国家均有清醒的认识并且对大部分刑事强制措施的适用采取"令状主义"，强制措施的决定权被赋予庭前法官，如果强制措施的适用不当，庭前法官可以撤销。根据德国刑事诉讼法第125 条的规定，行使羁押命令的法官为在各该诉讼阶段有管辖功能的法官；亦即在调查程序中就是区法院的法官，在中间程序中（即检察机关提起公诉后，至尚未做出是否开启审判程序的裁定之前的这段程序）即

---

① Brennan, William J. Jr, Criminal Prosecution: Sporting Event or Quest for Truth? 3. *Wash. U. L. Q.* （1963）, pp. 291 - 292.

为该裁定之法院，在正式的审判程序中则为该审判法院。当提起上诉第三审时，则非由第三审法院，而是由原判决的法院决定之。相应地，只有法官才得撤销羁押命令，但是此法官并非必须是为此羁押命令之法官，而是在各个不同的诉讼阶段有管辖权的法官（包括中间程序的预审法官）。① 在法国，预审法官或者预审法庭仍然要对双方当事人关于羁押、搜查以及司法管制等强制措施申请的救济作出解除与否的决定。② 预审法官在正式开庭审理前可以解除不必要的强制措施，从而既保障了人权，又降低了刑事司法的成本。

第三节　刑事庭前程序之构造

一　刑事庭前程序构造之概念

若要研究刑事庭前构造的概念，必须从刑事诉讼构造的概念出发。李心鉴博士认为"结构指组成部分的搭配、排列。构造指各个组成部分的安排、组织和相互关系。刑事诉讼学者研究的课题，不应当仅仅是刑诉中各个程序的搭配或者安排，更重要的是各主要诉讼参见者之间的相互关系。"③ 联邦德国刑事诉讼法学家埃贝哈德·斯密特在《德国刑事诉讼法典》的导论中倾注了大量笔墨论述了联邦德国的刑事诉讼构造。④ 该导论清楚地反映出他对诉讼构造概念的认识：第一，他所论述的刑事诉讼构造的范围是侦查、起诉、审判三大程序，这反映出他所理解的刑事诉讼构造存在于这三大程序之中；第二，他关注的是警察、检察官、被告人及其辩护人和法官，对被害人和证人等诉讼参与人并不重视，这种认识反映了他所认为的刑事诉讼构造的主体是前者，不是后者；第三，他着重论述了刑事诉讼构造的主体——控、辩、裁三方的法律地位和相互关系，这表明他

---

① 参见［德］克劳思·罗克信著《刑事诉讼法》，吴丽琪译，法律出版社 2003 年版，第288、298 页。

② 参见施鹏鹏《不日而亡——以法国预审法官的权力变迁为主线》，载《中国刑事法杂志》2012 年第 7 期。

③ 李心鉴：《刑事诉讼构造论》，中国政法大学出版社 1992 年版，第 2 页。

④ 参见埃贝哈德·斯密特《西德刑事诉讼程序概述》，载《法学译丛》1979 年第 5 期。

认为这种诉讼主体的法律地位和相互关系是刑事诉讼构造的内容。在一定的程度上可以承认，传统的诉讼构造划分为侦查、起诉、审判三大构造；构造的诉讼主体是警察、检察官、法官、被告人及其辩护人；内容是诉讼主体的法律地位和相互关系。鉴此，所谓刑事诉讼构造，是指由惩罚犯罪和保障人权目的所决定的，通过刑事程序运作和证据规则适用所体现的控、辩、审三方的诉讼地位和相互关系。

庭前程序是控辩审三方在刑事诉讼进程中的第一次全面接触，控辩双方都力争掌握更多的证据信息，了解对方的诉讼策略和方法，确立正式庭审程序质证的焦点，而庭前法官则在阅读卷宗和了解双方当事人意见的基础上，内心已经为主持正式的开庭程序做好了预演。显然，刑事庭前程序构造的主体应当是检察官、法官、被告人及其辩护人，内容也应当是控辩审三方的法律地位和相互关系。并且，与刑事诉讼中的三大程序类似，刑事庭前程序也有其独特的诉讼目的，除了附属于正式的庭审程序，保障审判程序集中高效地进行之外，还有过滤公诉、认罪协商、程序分流、控辩平等等诉讼目的。故而，所谓刑事庭前构造，就是由公正审判和提高诉讼效率所决定的，通过庭前程序的进行和证据规则的适用所体现出的控、辩、审三方的诉讼地位和相互关系。

二　刑事庭前程序构造之类型

(一)　当事人主义的刑事庭前构造

在世界范围内，刑事庭前程序构造之研究离不开两大法系国家刑事诉讼制度运作的整体场景。英美国家历来信奉真正的自由主义，反对一步到位的保守式的家长作风和国家干涉主义，主张修正一般的法律规则激励个人自生自发的努力。"一个民主政府必须以一种尽可能最大限度地保护每个公民选择自由的方式去实施它的经济计划。"[①] 但是，自由放任主义下的社会纠纷仍然不能避免，为此必须有一个消极、中立的机构对社会纠纷居中做出裁决。此种情势下，司法公正成为社会正义的最后一道防线，诉讼程序偏重于解决当事人不能解决的社会纠纷。这种刑事庭前构造采用陪审团定罪制度，法官只有消极听审的权利和量刑权，诉讼程序采用控辩平

---

① 〔英〕冯·哈耶克：《作为一种发现过程的竞争》，邓正来译，首都经济贸易大学出版社2014年版，第65页。

等、对抗式辩论的诉讼构造，法官可以发挥的作用相对较小。与此同时，其庭前程序遵循当事人意思自治原则，证据展示的范围、证据争点的确立和辩诉交易等庭前程序的具体进程由当事人主导。由上所述，可以看出英美国家刑事庭前程序的构造和运作与其纠纷解决式的诉讼模式有着很大的关系，可以归为当事人主义的诉讼构造。

（二）职权主义的刑事庭前构造

相比较而言，大陆法系国家的社会运作方式则偏重于行政控制，强调国家直接控制的福利型社会。为了国家机器自上而下的政策或者制度推行，其司法官僚体系由金字塔型的等级分明的司法官员组成。与此同时，长期以来传统社会遗留下来的民族主义或者集体主义的思潮使其民族品格中本身就包含着对国家权威的信任，认为司法机关是公民权利的守护人，尊崇和相信司法的公正性。但是，对于破坏社会秩序的犯罪分子，则具有敌人主义的刑法意识，要求国家打击、控制犯罪方面的不遗余力，以维护社会成员的整体秩序。故而，其诉讼程序偏重于执行国家维护社会稳定的刑事政策，是"政策执行模式的诉讼程序"[①]。以德国刑事诉讼中的庭前程序为例，其开启采用强制职权主义，由法官依职权开启，并且是案件的必经程序，当事人双方均无开启程序的权利。庭审法官往往参与整个庭前程序，在庭前程序和正式的审判程序中均处于主导地位，庭前的公诉审查由庭审法官主持，庭前准备程序中控辩双方的证据交换和展示、认罪协商等庭前程序的具体内容均要经过法官的引导与认可。而且法官在庭前程序中可以主动进行一定程度的证据调查。基于司法机关打击犯罪、追求实体真实的天然亲缘关系，庭前法官一般偏重于对检察官的公诉材料进行形式化的审查，庭前程序中形成的观点易带到正式的法庭审理中。相对于地位低下和诉讼能力弱小的被告方而言，德国整个刑事庭前程序都充满了职权调查原则的意味，其庭前程序仍然可以归为职权主义模式的诉讼构造。

（三）混合模式的刑事庭前构造

当然，目前在世界范围内，绝对的职权主义或者当事人主义诉讼构造的国家极为少见。基于信息全球化的影响，两大法系的诉讼构造在一定范围内呈现出融合的趋势，特别在日本，由于二战后外力的强制作用，日本

---

① Mirjan Damask, *Faces of Justice and State Authority*, Yale University, New Haven and London, 1986, pp. 16 – 69.

在庭前程序中设置证据展示、争点整理、采用起诉状一本主义的公诉方式，庭前构造走向当事人主义的构造方式。但是，大和民族像是一个善于变形的虫子，一方面善于学习别国的长处，对自己施以变形大法，另一方面对自身的顽固劣性又总是予以保留。实际的司法实践中，日本的刑事诉讼制度难以摆脱一千多年的职权主义的诉讼传统，比如检察官仍然具有垄断公诉的权力，公诉权原则上不受到司法审查，民众对法曹队伍的绝对信赖，整个庭前程序仍然强调实体真实主义和犯罪控制观。所以，日本的刑事庭前构造是兼具两大法系特征的混合式构造。

第四节 刑事庭前程序之诉讼关系

一 刑事庭前程序诉讼关系之概念和类型

（一）刑事庭前程序诉讼关系之概念

从逻辑学上而言，刑事庭前程序中的诉讼关系研究应当遵循诉讼关系——刑事庭前诉讼关系的脉络方向。诉讼关系也被称为诉讼法律关系。徐静村教授认为，所谓刑事诉讼法律关系，就是指刑事诉讼法规定和调整的、在刑事诉讼活动中司法机关及诉讼参与人之间在诉讼上的权利义务关系。公、检、法三机关之间在诉讼上的权利义务关系，是刑事诉讼法律关系的核心成分；公、检、法三机关与诉讼参与人之间在诉讼上的权利义务关系是刑事诉讼法律关系的主要内容。[1] 诉讼法律关系的概念目前在大陆法系国家和日本研究较多，我国刑事诉讼法学界几乎都持"法律关系说"。囿于庭前程序的研究视角和范围之探讨，本书认为刑事庭前诉讼关系主要就是指参加该程序的控、辩、审三方主体基于刑事诉讼法的规定而产生的相互间的权利义务关系。另外，作为法律关系的一种，刑事庭前程序中的诉讼关系还包括主体、客体和行为三个核心要素。

（二）刑事庭前程序诉讼关系之类型

1. 动态的诉讼关系与静态的诉讼关系

对于刑事庭前程序诉讼关系的理解，可以分为动态的和静态的两个方

---

① 徐静村：《刑事诉讼法学》，法律出版社 2004 年版，第 99—100 页。

面。公诉的提起使得具体案件成为确定的诉讼客体，并通过庭前程序中控、辩、审三方的诉讼活动推动案件的实体证明活动进行到一定的程度，为最后的审判结果奠定坚实的基础。故而，刑事庭前程序不仅仅是权利义务为内容的静态的法律关系，还是以完美的正式审判程序为终点的浮动的法律状态。动态的诉讼关系叙述刑事庭前程序中具体诉讼阶段之间以及相互作用的权力之间的关系，有公诉审查程序和庭前准备程序的分野。公诉审查程序是庭前准备活动的基础，检察机关的公诉材料在正式的庭审准备活动之前必须经过庭前审查，否则正式的审判程序根本就不能获得启动程序的正当性要求；公诉审查程序的运作以庭前法官的职权为主，庭前准备程序的运作以法院和当事人双方各自的诉讼活动为主。

静态的刑事庭前诉讼关系以某一具体阶段为剖面，叙述控、辩、审各方的相互关系。[①] 在刑事庭前程序中，控、辩、审三方主体按照既定的法律规则参与庭前程序。即法院庭前对公诉的合法性进行审查、为正式的开庭审判做好准备活动，这是程序法客观上赋予法院的权利和义务。对于控方来说，既要对公诉的合法性负举证责任，又要以当事人的诉讼身份与辩护方平等地交换证据材料和确定庭审范围。对于辩护方而言，可以在庭前活动中提出自己对案件事实的异议、要求庭前法官保护自己的权益（如庭前保释、解除财产的扣押和冻结、排除非法证据等）以及平等自愿地承认自己的犯罪事实以换取法庭上的从轻量刑等。

2. 实体方面的诉讼关系与程序方面的诉讼关系

实体方面的诉讼关系开始于公诉的提起之时，此时具体案件成为确定的诉讼客体，刑事庭前程序中控、辩、审三方的诉讼活动推动使得案件的实体证明活动进行到一定的程度，为最后的审判结果奠定坚实的基础。不过，需要申明的是，与正式的庭审活动相比，庭前程序中的实体证明结果毕竟不是最后的审判结果，因此其有关实体证明活动的标准要低于正式的庭审活动。无论是采用大陆法系国家的"排除合理怀疑"抑或是采用英美法系国家的"内心确信"，审判阶段的定罪标准都要高于起诉审查标准。

庭前程序的程序性诉讼关系是直接或者间接地以实体面的发展为目的

---

① 参见谢佑平、江涌《从治罪到维权：我国刑事诉讼构造之重构》，载《江海学刊》2007年第3期。

的诉讼行为连接起来而构成的，诉讼行为应当以行为时的实体形成状况为判断标准，即使后来的实体形成结果发生变化，也必须维持当初行为的效力。由于庭前程序是由一系列的诉讼行为前后连接起来的，后续行为以前面的行为为基础，如果允许庭前程序已经进行的诉讼行为可以重复进行，则就违反了程序的计划性和诉讼经济的原则。故而，如果庭前程序中已确定了公诉事实的范围，原则上正式的庭审程序应当在该"公诉事实同一性"[①] 的范围内进行，以维持原来的庭前诉讼行为继续有效。

二　刑事庭前程序诉讼关系之主体

刑事庭前程序是一项诉讼程序，必须有一定的诉讼主体才能进行。该阶段必须有检察机关的公诉提起行为以及法院居中主持庭前程序，除此之外，被告人及其辩护人可以在该阶段对违法侦查行为向法官提出异议或者要求法院救济，还可以与控诉方就庭审的证据范围以及是否认罪做出选择。以德国为例，根据其刑事诉讼法第 201 条的规定，中间程序的被告人有提出证据调查的申请或者异议的权利。被告人及其辩护人依据刑事诉讼法第 217 条、第 218 条，有要求停止公诉审查程序的权利。[②] 在美国，在正式的指控被提起前后，被告人必须被带到法官面前进行初次到庭或者提审程序。大量的轻罪案件被告人在初次到庭时已经认罪。对于重罪案件，初次到庭的主要目的是告知对被告人的指控罪名，并决定是否对被告人适用庭前保释制度暂时释放。[③] 根据意大利《刑事诉讼法典》第 418—422 条的规定，公诉人将起诉书和卷宗移送给法院，发出提请审判的要求之后，法官负责向被告人通知庭审的日期、时间和地点，告知其有权查阅公诉机关移送的相关文书和物品，并有权提交意见和自己搜集的证据材料。由此，庭前的初步庭审程序正式开始。初步庭审程序在法院的合议室中进

---

① 即庭前确立的公诉事实范围应当与正式的庭审程序中认定的事实范围一致，以防止检察机关庭前怠于行使公诉职责，庭审中搞证据突袭，任意变更公诉范围，侵害辩护方的诉讼权益，消耗或者减弱已经进行的庭前行为的效力。公诉事实同一性的学说主要适用于大陆法系的德国和法国等国家，英美法系国家则通过庭前程序中的诉因制度来维持庭前诉讼行为的效力。

② 参见 ［德］罗克信《德国刑事诉讼法》，吴丽琪译，法律出版社 2003 年版，第 378—381 页。

③ 参见 ［美］伊斯雷尔（Israel，J. H.）、［美］拉弗维（Lafave，W. R.）《刑事程序法》（影印本），法律出版社 1999 年版，第 401—404 页。

行，公诉人和被告人的辩护人必须参加。在合议室的讨论会中，公诉人概要地介绍初期侦查的结果和相关证据材料，被告人要接受讯问，询问证人并阐述己方的观点，甚至还可以提出新的问题。① 事实上，正因为庭审的实质化已经成为各国刑事司法改革孜孜以求的目标，而刑事庭前程序又附属于正式的庭审程序，正式的庭审程序能否顺利进行取决于法官主导的庭前审查机制能否科学、公正地筛选公诉案件，各方当事人在庭前程序中能否充分地进行证据整理和争点确定等活动。所以，庭前程序独立的价值和功能近些年越来越为学界和实务界重视。在当代西方国家，庭前程序包括预审程序、审前聆讯、审前讨论会、证据展示和认罪协商等一系列的制度。庭前制度类似于正式审判程序的小预演，特别是法院做出开启审判程序的裁定之后，诉讼系属继而产生，控诉方、辩护方和裁判方在刑事诉讼程序中第一次开始形成真正意义上的三方组合，需要控辩双方积极对抗和参与庭前活动，法官主持公诉审查程序、制定审判计划和安排审判日程等庭前活动，故而，庭前程序的构造主体应当是控、辩、裁三方，缺一不可。

三　刑事庭前程序诉讼关系之客体

刑事诉讼程序的任务在于确保国家刑罚权的公正实现，具体刑罚权适用的前提在于刑事案件有被立案的可能，即案件事实有可能符合实体法上的犯罪构成要件以及存在程序法上的追究的必要性和可能性。可以说，整个刑事程序就是围绕着刑事案件的刑法适用的公正性和合理性进行，庭前程序也不例外。另外，根据刑事诉讼法的相关规定，公诉的条件为有犯罪事实发生，审判程序开启的条件为公诉的合法性。如果以刑事案件的公诉为临界点，提起公诉前刑事程序的客体是犯罪事实，因为此时犯罪事实还没有被正式提起公诉，还达不到刑事案件的追究标准。相对地，犯罪事实经过侦查阶段证据材料的搜集，被正式提起公诉时，犯罪事实至少已经达到刑事追究的必要性条件，此时才能被定性为真正意义上的刑事案件，刑事程序的客体才能是刑罚权的适用。大陆法系国家的刑事庭前程序开始于正式的公诉提起之时，因此其庭前程序的诉讼客体毫无疑问即为刑罚权的适用；英美国家在正式的公诉提起之前设置了独立的预审程序，预审程序

---

① 参见黄风《意大利刑事诉讼法典》，中国政法大学出版社 1994 年版，第 149—151 页。

对公诉材料的合法性进行审查，预审程序开启的前提是检察官根据现有的证据材料和案卷，认为犯罪事实已经达到了公诉的标准，有追究犯罪嫌疑人刑事责任的必要性，因此其庭前程序包括预审程序的诉讼客体也可以理解为刑罚的适用。综上，刑事庭前程序的客体（亦称诉讼标的）即是刑罚权，整个庭前程序解决的关键问题即为刑罚适用的公正性、合理性和科学性。

但是，需要注意的是，刑事庭前程序的诉讼客体并不是一成不变的，因为诉讼程序一直在动态运作，即使是案件已经经过严格的公诉审查程序，公诉事实仍然有可能发生变化，刑罚的适用也有可能发生变化。比如在随后的庭前准备活动或者庭审程序中，随着诉讼活动的深入调查，发现了案件的关联犯罪事实或者适用罪名发生改变，以及需要追加或者变更公诉的情形。此种情形下对庭前程序的诉讼客体的理解需要分为如下三种类型：（1）关联犯罪事实与原公诉事实是指实质上一罪或者裁判上一罪的关系，此种情形下根据起诉不可分的原则，直接根据实体法的规定来适用刑罚；（2）庭前程序中确立的公诉范围没有发生变化，适用罪名需要作出更改时，此时刑罚的适用也要根据相应的罪名变更发生变化；（3）需要增加被告人数或者增减犯罪事实的情况，此种情形下，刑事庭前程序的诉讼客体必定发生变化，将会变更为新的被告人和公诉事实。需要注意的是，新增加的被告人和犯罪事实根本没有经过公诉审查程序，为了保障国家刑罚权行使的公正性，无疑应当严格限制此类情况的适用，并且设置相应的程序性保障措施（如另外给予被告人准备辩护、调查举证的时间）来维护刑事庭前程序的既有成果。否则，如果刑事庭前程序的诉讼客体随意变更，控辩双方均不会重视该程序，必然会导致已经进行的刑事庭前程序归于无效。

四　刑事庭前程序诉讼关系之内容

（一）法院的诉讼关系

法院拥有审判权，行使的是审判职能。基于公正审理案件的需要，法院需要超然置身于当事人利益纷争之外，以第三者的身份独立、中立和公正地按照普遍适用的法律规则来解决社会冲突。如前文所述，刑事庭前程序不仅需要控方积极举证公诉活动的合法性，还需要被告人出庭接受讯问或者提出异议，特别是法院做出开启审判程序的裁定之后，诉讼系属继而产生，控诉方、辩护方和裁判方在刑事诉讼程序中开始形成真正意义上的三方组合，需要控辩双方积极对抗和参与庭前活动。故而，法院在庭前程序中的诉讼关系就是其与控、辩双方的诉讼关系，而这种诉讼关系主要通过庭前法官的审理行为和裁判行为来实现，前者主要包括法官的庭前调查行为，收集、判断证据的行为和庭前准备活动等；后者是庭前审理行为的结果和归宿，主要包括庭前审查程序中法院对检察机关的公诉做出是否受理的决定，裁定开启审判程序或者驳回起诉；以及庭前准备程序中对当事人双方达成的协议或者庭前程序中认定的相关事项做出确认，随后的庭审程序中将不再对这些事项进行质证。无论是法官的庭前审理行为抑或是裁判行为，都必须符合审判权的本质属性：独立性、中立性和公正性。故而，庭前程序中法官与控辩双方应当保持等腰三角形的结构，法官置于控辩双方之上，客观地、不偏不倚地行使庭前的裁判职能。

（二）检察机关的诉讼关系

庭前程序由检察机关启动，检察官向法院正式提起公诉之后，法院才能正式地介入审判程序，从而庭前程序得以正式地开启。在刑事诉讼制度的运作过程中，检察机关的核心职能是公诉职能，因此，对庭前程序中检察机关的诉讼关系的研究也应当以检察机关的公诉职能的行使为重点。一方面，随着检察机关提起公诉，案件进入公诉审查程序，由专门的预审法官对公诉材料的合法性进行审查；另一方面，鉴于庭前审查的结果直接关系到被告人是否有必要经受随后的审判程序，遭受精神和肉体上的讼累，因此，庭前程序必须确保被告人能够有效地参与该程序并且影响司法决策的做出，凸显其刑事庭前程序的主体地位。"某人被允许参加诉讼也表明别人尊重他，即他受到了重视"。① 故而，公诉审查程序中检察机关的诉讼关系一方面是其与法院的公诉审查关系，即预审法官对公诉材料的合法性进行审查；另一方面是其与被告方对抗与合作的关系。即被告方在庭前审查阶段可以对检察官的公诉材料提出质疑，以及在后续的庭前准备阶段中与检察官进行认罪协商、证据整理和争点确立等活动，该阶段检察机关的主要诉讼关系即是其与被告方的平等对抗与合作关系，次要关系是其与法院的积极参加者和主持者的关系。

① ［美］迈克尔·D.贝勒斯：《法律的原则——一个规范的分析》，张文显等译，中国大百科全书出版社1996年版，第35页。

（三）辩护方的诉讼关系

鉴于庭前程序是正式庭审程序的提前"彩排"阶段，其运作效果的好坏将会决定未来被告人的命运和实际的审判进程，故而现代法治国家普遍重视庭前程序对刑事被告人的人权保障功能。庭前程序允许辩护方充分地介入该程序并赋予其一系列的权利保障措施。具体来说，在庭前的公诉审查阶段，辩护方被赋予了广泛的异议权、提出新证据的权利以及要求解除庭前强制措施的权力等。在该阶段，辩护方与控诉方应该是平等对抗的关系，与预审法官是裁判者与权利主张者的关系。以美国的预审程序为例，被告人及其辩护律师有权交叉询问和提出己方的证据，亦可向法庭提出各种申请，甚至一些州要求预审程序禁止采纳传闻证据。对被告人和起诉双方来说，预审听证是审判的一次彩排，给律师们提供了一个机会观看他们的证人如何在证人席上尽作证义务和交叉询问时如何展现。无论证据是薄弱还是有力，都可能平等地向控辩双方显示，且双方都有机会准备利用或反击案件的薄弱和有力之处。[1] 在意大利，其刑事诉讼法第 420 条至第 422 条则规定被告人的辩护人必须参加初步庭审程序，并且被告人可以要求接受讯问以证明自己的主张以及举证新证据等[2]，不一而足。在庭前准备阶段，辩护方同样被赋予了广泛的诉讼权利。以美国为例，被告人在该阶段可以选择有罪答辩、无争论（有时称为不愿争论）答辩、无罪答辩和拒绝答辩。另外，辩护方还可以借助证据展示（Evidence Disclosure）制度保证有罪答辩建立在法律上承认的事实基础之上。所以，庭前准备阶段辩护方与控诉方应该是既对抗又合作的关系，与法院应当是主持者与积极配合者的关系。

五　刑事庭前诉讼行为的概念和类型

（一）刑事庭前诉讼行为的概念

德国法学家绍尔（Sauer）曾经说过："诉讼行为之概念乃为诉讼法之中心点。"[3] 刑事诉讼行为的定义包含三项必要的内容：由刑事诉讼主体

---

① 参见［美］爱伦·豪切斯泰勒·斯黛丽、南希·弗兰克《美国刑事法院诉讼程序》，陈卫东、徐美君译，中国人民大学出版社 2002 年版，第 400—401 页。

② 参见黄风译《意大利刑事诉讼法》，中国政法大学出版社 1994 年版，第 149—151 页。

③ 参见曹鸿阑《刑事诉讼行为之理论基础》，载陈朴生主编《刑事诉讼法论文选辑》，台湾五南图书出版公司 1984 年版，第 79 页。

实施、必须在刑事诉讼过程中实施以及能够产生诉讼法上的效力。据此，刑事庭前程序中的诉讼行为就是指刑事庭前法律关系的主体（控、辩、审三方）在庭前程序中实施的，能够产生庭前诉讼法律效力的行为。刑事庭前法律规范的主要调整对象就是刑事庭前程序中的诉讼行为。没有刑事庭前程序中的诉讼行为，就没有个案庭前程序的展开。庭前刑事诉讼行为是庭前刑事法律关系得以产生、发展、变化和消灭的主要原因，也是刑事庭前诉讼程序的主要构成要素。与此同时，刑事庭前程序的价值、诉讼职能也必须通过控、辩、审三方具体的庭前诉讼行为才能得以实现。

（二）刑事庭前程序诉讼行为之类型

1. 书面诉讼行为和口头诉讼行为

我国台湾地区学者认为，"诉讼行为以规定其方式者，原在要求其形式的确实性，并以担保裁判之公正"，并且将刑事诉讼行为分为言词与书面或者文书两种。[①] 这种观点对于正确认识诉讼行为的形式，不无积极作用。但是，从语言学上分析，将"言词"与"书面"相对照并不合适，因为书面形式就是书面化的言词形式，与书面形式相对应的应当是口头形式，而不是言词形式。故而，刑事庭前诉讼行为可以分为书面形式和口头形式，其各自包含的内容大致如下，（1）书面形式：一是公诉审查阶段，主要限于检察机关以书面形式（公诉书和案卷材料）向法院扣响起诉的大门，法院向被告人发出起诉书的通知，庭前法官经过公诉审查程序之后对案件作出是否受理的书面裁定。二是庭前准备阶段，包括法院送达被告人的起诉状，传唤当事人的传票和通知证人、鉴定人和翻译人员的通知书，开庭三日前先期公布的被告人姓名、开庭时间和地点，案由以及这些活动的笔录等。除了法院的庭前职权行为之外，该阶段控辩双方达成的庭前认罪协议、庭审争点和拟出庭的证人名单等书面协议。（2）口头形式：一是公诉审查阶段，主要包括检察官要证明对于被告的犯罪事实达到了公诉的标准要向公诉审查法庭口头证明并指出证明方法；辩护方公诉审查阶段向预审法庭提出的调查证据的申请；辩护方关于检察机关公诉材料的异议；预审法官口头主持公诉审查程序的进行。二是庭前准备阶段，包括控辩双方口头辩论，确立庭审程序公诉事实的范围；辩护方关于每一项犯罪事实的答辩；控辩双方关于是否认罪的讨价还价；控方是否提出追加、撤

---

① 陈朴生：《刑事诉讼法实务》，台湾海天印刷厂有限公司 1981 年版，第 129 页。

销或者变更公诉事实范围的申请；控辩双方对回避、出庭证人名单、非法证据排除等与审判相关的问题提出具体的意见；法院口头告知被告人相关的诉讼权利；被告人申请法官对证据的可采性做出判断的口头申请。

2. 程序诉讼行为与实体诉讼行为

根据刑事庭前程序中的诉讼行为对诉讼层面的直接指向，可以将其分为程序和实体诉讼行为。前者的效力直接指向刑事程序层面，以庭前程序的产生、发展和终结作为其效力的直接指向目标的诉讼行为，如起诉、法院受理公诉继而开启正式的审判程序、庭前申请回避、申请调查证据、申请传唤新的证人到庭、庭前强制措施的决定和解除、聘请律师或者强制指定辩护人、正式开庭日期和审理方式、合议庭成员的确定、法官庭前传唤被告人等；后者的效力直接指向刑事诉讼实体，即确定案件实体事实和国家刑罚权有无的诉讼行为。在刑事庭前程序中，有检察机关、人民法院以及作为辩护人或者诉讼代理人的律师庭前调查取证的行为、当事人的庭前陈述、诉讼各方在庭前程序中举证、质证和辩论的行为、控辩双方的证据展示和确立庭审争点的行为。另外，在某些情况下，同一个庭前诉讼行为可能兼有实体诉讼行为和程序诉讼行为。比如，庭前法院关于庭审范围的裁断、庭前的认罪协商行为以及庭前刑事和解行为等。

3. 职权诉讼行为与非职权诉讼行为

职权诉讼行为是指诉讼职权主体行使诉讼职权的诉讼行为。就庭前程序中的诉讼职权而言，一方面专门指的是检察机关公诉权，另一方面指的是法院广泛的庭前诉讼职权，诸如庭前法官传唤权、公诉审查权、证据调查权、强制措施的解除权、向当事人双方交代权利、义务等事项和送达诉讼法律文书以及控制庭前程序的进程等诉讼指挥权。当然，还有庭前裁判权，主要包括根据公诉审查的结果，庭前法官作出是否开启审判程序的裁定；对双方当事人无法达成协议而又必须在庭前程序解决的事项，如庭审程序中证据的范围、公诉事实的范围、被告人认罪协商程序的公正性以及庭前协议的效力做出裁断。检察机关和法院的庭前权力都属于国家权力形态，因此，刑事庭前程序中的职权诉讼行为也是一种权力性诉讼行为；就庭前程序中的非职权诉讼行为而言，主要指的是被告方的诉讼行为。例如被告人及其辩护人对控方公诉材料的证明力提出异议、提出新的证据、做出有罪或者无罪答辩、对侦查、起诉过程中的违法行为提出控诉、要求解除违法的强制措施、要求排除非法的证据材料、在刑事庭前程序中就相关事项与控方达成协议。

4. 强制诉讼行为与可选择的诉讼行为

邓云博士认为，刑事强制诉讼行为指的是刑事诉讼法律规范明确规定某种诉讼行为必须采用某种形式，不容许诉讼主体随意变更，也没有可选择的余地。可选择的刑事诉讼行为则允许某种诉讼行为可以通过两种形式实施，诉讼主体可以选择其中的一种作为其具体诉讼行为的形式。[①] 刑事庭前程序中的诉讼行为也可以分为强制性和选择性的诉讼行为。前者主要由法官和检察官的诉讼行为构成。比如检察官提起公诉、庭前法院做出的开启审判程序或者驳回公诉的裁定、庭前法官传唤当事人的通知书以及庭前准备活动的笔录，均属于必须以书面方式做出的诉讼行为。除此之外，前者还由当事人的一小部分诉讼行为组成，包括控辩双方对回避、出庭证人名单、非法证据排除等与审判相关的问题提出具体的意见、庭审争点的辩论和质证，庭审被告人关于认罪与检察机关的讨价还价，则必须采用口头方式的诉讼行为。相应地，选择性诉讼行为在庭前程序中主要是指控辩双方参加的预审听证、刑事和解及认罪协商程序的选择行为，这些行为既可以以书面形式作出，还可以以口头方式表达。

[①]　参见邓云《刑事诉讼行为基础理论研究》，中国人民公安大学出版社 2004 年版，第210 页。

第二章

刑事庭前程序的原则

第一节　排除庭前预断原则

刑事庭前程序一头连接着公诉，一头连接着审判，在公诉和审判程序中起着承上启下的作用。因此，其主要功能也就是审查公诉的合法性，并且为审判程序的公正、集中高效地进行奠定坚实的基础。既然庭前程序具有公诉审查和庭前准备的功能，由法院的法官主持进行，控辩双方均可以参与该程序，并且提出关于案件事实和证据的不同意见。如此，如何切断庭前预断和庭审程序的联系，实现审判公正所要求的控审分离原则就成了刑事庭前程序必须解决的首要问题。在这一问题的解决方法上，现代法治国家和地区一方面采用分阶段的卷宗移送方式，另一方面通过设置独立的庭前法官及完善相关配套制度来避免庭前预断。

一　公诉审查阶段检察官需要移送全部卷宗材料

从刑事诉讼发展的国际趋势来看，正当程序、权力制衡、保障人权等功能均已经成为现代法治国家的主要内容。基于对公诉权的警惕和其滥用现象的反思，当今世界法治国家均在其庭前程序中设置了独立的公诉审查程序。不过，英美国家的公诉审查程序设置于检察官正式向法院提起公诉之前，是一种事前审查机制，此时一般由基层的治安法官首先对控方的公诉材料进行全面审查，审查其是否达到了公诉的标准；大陆法系国家的公诉审查程序为检察官提起正式公诉之后的审查，一般也由专门的庭前法官对公诉材料进行全面审查。两大法系国家在公诉审查程序设置的时间起点上存在根本性的不同，原因还是在于其诉讼模式和传统的不同。英美国家长期采用当事人主义的诉讼模式，正式的庭审程序由控辩双方交叉询问推进，法官只消极听审，定罪权掌握在陪审团手中，为了保障被指控人的人权和推进当事人主义的庭审程序的顺利进行，其公诉审查程序设置于正式的公诉提起之前，该阶段如果治安法官经过审查，确定控方的公诉材料达到了公诉标准，才允许检察官向法院提起正式的公诉；大陆法系国家则长期基于职权主义惩罚和追究犯罪的责任观念，相信司法官员是社会正义和秩序的维护者，强调司法官员在刑事诉讼进程的每一个阶段全面调查犯罪，庭前程序中的公诉审查没有必要设置在检察官提起公诉之前，为事后审查机制。[1] 不过，无论是英美国家还是大陆法系国家，检察官在庭前审查阶段都需要向法官移交全部卷宗，以便法官对检察官公诉合法性进行实质化审查。如此，公诉审查程序又有庭前预断的嫌疑。在这一点上，两大法系国家都将公诉审查程序独立设置并设置独立的审查法官，以此来切断公诉审查和庭前预断的联系。

二 设置独立的庭前审查法官主持庭前程序

庭前法官要与庭审法官分离，只有这样，才能彻底地排除庭前预断，实现审判中心主义。鉴此，现代法治国家普遍在其庭前程序中设置了独立的公诉审查程序和审查法官。

（一）美国大陪审团和治安法官审查公诉

美国的庭前审查程序由大陪审团或者基层的治安法官主持。目前，美国联邦刑事司法体系，哥伦比亚特区和十八个州是大陪审团审查起诉的司法管辖区，非经大陪审团签发起诉书被告人不能出庭受审。其他有 32 个州至少在某些刑事案件的处理上保留了大陪审团制度，所以是大陪审团起诉（indict）和检察官起诉（inform）并存。[2] 大陪审团由初审法院负责召集，其选任必须通过中立、无歧视的程序，任期 18 个月。其一般由 16—23 人组成，其中至少要有 12 人同意才能起诉，任期与法官的任期相同，一般为 4 年。无论是大陪审团或者是治安法官，均是独立设置的，与正式的庭审法官截然分开，各行其责。大陪审团一般由 16—23 人组成，任期与法官的任期相同，一般为 4 年。实践中，检察官准备起诉时往往对案件

---

① 参见王兆鹏《起诉审查——与美国相关制度之比较》，载《月旦法学杂志》2002 年总第88 期。

② 李学军：《美国刑事诉讼规则》，中国检察出版社 2003 年版，第 315 页。

进行了充分的调查，使用大陪审团的调查权来推进案件的可能性就会比较小，因此陪审团审查起诉在这些州呈现出弱化的趋势。据统计，重罪案件在这些州由大陪审团起诉的比例不足5%。[①] 大陪审团被讥讽为检察官的橡皮图章。前纽约上诉法院的首席法官索尔·瓦屈特（Sol Wachtler）曾经说过："一位厉害的检察官可以让大陪审团起诉一份火腿三明治！"[②]

　　事实上，美国大部分刑事案件是由地方法院治安法官进行的公诉审查程序。在美国，地方法院的治安法官属于基层的司法官员，只能审判轻罪案件和对重罪案件审查起诉，重罪案件则由其上级法院审判，故而美国重罪案件审查起诉的法官与庭审程序的法官是完全分开的。如果案件被允许提起公诉，由于采用"起诉状一本主义"的公诉方式，正式的庭审法官庭前与案卷材料完全隔离，自然也不会产生庭前预断，也没有使庭前准备法官独立于庭审法官的必要性。故而可以认为，美国的庭前法官几乎是完全独立于正式的庭审法官设置的，并且具有自己独特的公诉审查职能。

　　（二）英国的治安法官主持预审程序和非庭审法官主持庭前准备程序

　　在英国，预审程序也由基层的治安法官主持。根据犯罪的社会危害性的大小，英国刑事诉讼制度将犯罪分为简易罪、可诉罪与混合罪。简易罪犯罪性质相对最轻，主要包括违章驾驶、轻伤犯罪等，可以用简易程序审理的犯罪；可诉罪是性质最为严重的犯罪，包括谋杀、抢劫、强奸等。在英国的刑事审判体系中，治安法院只能对轻罪案件作出判决，最多可以判处6个月以下的刑罚。如果是重罪案件，必须先由治安法院进行预审，然后由其决定是否移交到刑事法院审判。[③] 混合罪则是严重程度中等的犯罪，包括盗窃、醉酒驾驶以及可能判处5000以上英镑罚金的案件，该类罪既可以在治安法院审理，也可以经过治安法院的预审程序后提交刑事审判法院。英国的治安法官分为无薪治安法官和领薪治安法官。绝大多数的治安法官不领取薪水，也不专业，广泛分布于当地社会各个阶层，有一定的社会地位和声望，是英国治安法院从事审判工作的主力。领薪治安法官人数则较

　　① ［美］拉弗费（LaFave, W. R.）：《刑事诉讼法》，卞建林等译，中国政法大学出版社2003年版，第809页。

　　② ［美］德肖维茨：《合理的怀疑：从辛普森案批美国司法体系》，高忠义、侯荷婷译，法律出版社2010年版，第17页。

　　③ 赵朝、李忠诚、岳礼玲、陈瑞华：《英国刑事诉讼制度的新发展——赴英考察报告》，载《诉讼法论丛》1998年第2期。

少，并且可以获得报酬，直到 2002 年，领薪治安法官只有 98 名。①

　　传统的英国在刑事庭前准备程序中，基于当事人对抗式的庭审结构，英国刑事司法仍然采用"起诉状一本主义"的案卷移送方式，庭审法官在审判前能够进行的活动非常少，以至于在正式的开庭程序中，尤其是陪审团选定之后，控辩双方就证据的展示、证据的可采性、辩论的焦点产生了相当多的异议，常常使得正式的法庭审判无法有效的开展，经常中断。或者，负责审理案件的庭审法官已经做好了充分的庭审准备，控辩双方也已经传唤各自的证人到庭，被告人却突然做了有罪答辩。上述情况导致审判效率的低下，引起英国立法机构对庭前程序改革的重视。1995 年，英国确立了一种被称为"答辩和指导性的听审"（plea and directions hearing）的程序。主持这一程序的法官可以不是主持庭审程序的法官。庭前准备法官在庭前举行听证会，当事人双方对证据可采性、证据调查以及争点整理等相关庭审事项均可以提出申请。如果被告人在该阶段自愿认罪，则案件直接进入法庭量刑程序。如果被告人做无罪答辩或者控辩双方对案件事实存在争议，则庭前准备法官将会要求当事人双方提交所有涉及庭审的记载事项的材料，包括出庭的控方证人名单和出庭顺序、庭审的法律和事实要点、证据的可采性、被告人不在犯罪现场的证据、相关的视频证据、双方可以出席法庭审判的日期，等等。② 目前，除严重的诈骗犯罪案件之外，"答辩和指导性的听审"程序已经成为大多数案件必经的一项庭前准备程序。综上，可以看出，在庭前程序中，英国的公诉审查程序由治安法官主持，庭前准备程序由非庭审法官主持，如此，庭前程序的法官与庭审法官独立设置，有效地解决了庭前预断问题。

　　（三）权力强大的法国预审法官

　　法国是预审法官制度的发源地。1808 年的拿破仑时代，法国制定了《刑事审判法典》，该法典规定了具有浓厚纠问色彩的预审制度和预审法官。③ 在

---

　　① ［英］彭妮·达比夏：《治安法官》，载［英］麦高伟等《英国刑事司法程序》，姚永吉译，法律出版社 2003 年版，第 262—263 页。

　　② 参见赵朝、李忠诚、岳礼玲、陈瑞华《英国刑事诉讼制度的新发展——赴英考察报告》，载《诉讼法论丛》1998 年第 2 期，第 352 页。

　　③ 参见潘金贵《预审法官制度考察与评价》，载《河南师范大学学报》（社会科学版）2008 年第 2 期。

现代法国，鉴于职权主义主动调查事实真相的诉讼传统，法国预审法官的权力曾经非常强大。一方面，其拥有侦查权，必须和警察一样收集所有的证据以查明案件的事实真相；另一方面，预审法官又有司法裁判权，要审查提起公诉的重罪案件是否有开启审判程序的必要。在预审程序中，预审法官对双方当事人的争议可以居中裁判，并且决定对被告人是否采取刑事强制措施以及审查强制措施的必要性。[1] 并不是所有的案件都要经过预审程序。重罪案件，预审为强制性的；轻罪案件，除有特别规定外，预审为非强制性的。[2]

（四）德国关于庭前法官独立设置的必要性争议

德国的中间程序法官没有独立设置，裁定进入审判程序的法官为案件的主审法官，此点历来为德国学界所诟病。一个世纪以来，持预断论观点批评中间程序的德国学者，可谓前赴后继。学者 Kühne 指出，法官的准许裁定，将会造成被告人以为法院已经预先确认了其罪责的印象，被告人在主审程序中必须负责除去犯罪嫌疑。虽然从法律的观点看，此种印象是错误的，因为根据法律，根本不能以任何方式要求被告自证己罪；然而，实际上，法官确实存在心理上的冲突，因为他在主审程序中，必须假装对于被告的犯罪事实并无做过任何决定；只要是同一法院审理，就难以避免因为先前的决定造成预断的危险。[3] 目前中间程序的法官与主审法官分开设置在德国学界已经引发广泛的关注，如 Roxin 在 1975 年针对审判程序提出的总提纲，便疾呼设置专门的中间程序法官的必要性。[4]故而未来德国庭前法官的独立设置还是有很大可能的。

---

① 法国刑事诉讼法律2000年6月15日，创设了自由与羁押法官，刑事羁押由该法官决定。根据法国《刑事诉讼法典》第139条第1款的规定，自由与羁押法官不管在学识上、资历上抑或在司法经验上均强于预审法官，由其行使先行羁押措施的决定权可在一定程度上减少权力滥用的风险及降低司法错案的概率。

② 法国刑法一直将犯罪分为重罪、轻罪和违警罪。自由刑刑期在10年或者10年以上的犯罪为重罪；处10年或者10年以下监禁刑的犯罪为轻罪；仅处罚金刑的犯罪是违警罪。据此，法国（一审）刑事法院分为"重罪法院"、"轻罪法院"和"违警罪法院"。

③ 林钰雄：《论中间程序——德国起诉审查制的目的、运作及立法论》，载《月旦法学杂志》2002年第88期。

④ 参见［德］克劳思·罗克信《刑事诉讼法》，吴丽琪译，法律出版社2003年版，第378页。

三　庭前准备阶段的卷宗移送方式视诉讼构造而定

（一）英美国家起诉状一本主义的公诉提起方式

只有预审法官在公诉审查程序中裁定开启审判程序，法院才会正式受理检察官的公诉，并且开展一系列的庭前准备活动。在此阶段，英美国家采用"起诉状一本主义"的公诉提起方式，即检察官提起公诉时只需要提交公诉书即可，不需要移送任何卷宗材料。原因在于正式的庭审程序完全由双方当事人的对抗式辩论推进，陪审团听审后作出被告人是否有罪的判断，法官只能消极听审和量刑，自然在审判程序进行前没有移送卷宗材料的必要。正式的庭审程序开始之前，庭审法官不能接触到有关案件的任何证据材料，自然也不存在庭前预断的可能。

（二）大陆法系国家的全案移送制度

大陆法系国家长期强调司法权力对社会生活的广泛干预，认为司法官员在刑事诉讼的每一个阶段中都要担负起查明案件事实真相和维护社会秩序的职责，特别是庭审法官，更需要依职权全面地对控辩双方的证据材料进行审查以及主导庭审调查进程，以使得案件的事实真相得到澄清，正义得到及时的声张，被犯罪分子破坏的社会秩序得到及时的恢复。于是，大陆法系国家在该阶段仍然采用全案移送的卷宗移送方式。此种情形下，如果像法国那样庭前法官与庭审法官分开设置，庭前预断的排除显然毋庸证明。但是，实践中也存在庭前准备法官与正式的庭审法官合二为一的情形，如德国和我国台湾地区，全案移送主义的卷宗移送方式难免有庭前预断的嫌疑。不过，这些国家或者地区往往通过完善的刑事诉讼制度体系来解决该问题。以德国为例，首先，德国的刑事审判程序一直遵循直接言辞原则，法官根据庭审程序中呈现的证据材料和控辩双方的表现来裁断案件；其次，正式的庭审程序贯彻严格的证据裁判规则，有违司法公正的证据将会得到排除；再次，卷宗的内容原则上不得被用作裁判的依据；最后，德国的检察官普遍负有"客观义务"，要求其全面调查有关案件事实的一切证据，包括对被告人有利的证据。并且要将这些证据在庭前开示给被告方。[①] 故而，大陆法系国家在庭前准备程序中的预断基本可以得到

---

① 蔡杰、刘晶：《刑事卷宗移送制度的轮回性改革之反思》，载《法学评论》2014 年第1 期。

排除。

第二节　维护控辩平等原则

在现代刑事审判程序中，控辩双方往往会积极对抗，对证人证言、物证和书证等证据进行交叉询问，采用各种辩护策略不遗余力地证明己方观点的成立。无论是采用对抗制审判形式的英美国家，抑或者是采用职权探知主义庭审模式的大陆法系国家，在控辩平等和审判公正之间的必然关系上均已经形成深刻的认识。控辩平等除了当事人双方在刑事诉讼程序中地位上的形式平等，还应当包括双方在武器装备即举证能力和防御能力上的实质平等。而控辩双方举证能力和防御能力的平等除了与双方委托的诉讼代理人或者辩护人专业能力、诉讼技巧有关，还与控辩双方掌握的证据数量和证明程度有着很大程度上的关系。从某种角度而言，正式的庭审程序不过是对控辩双方庭前争执的焦点和相关证据材料的最后辩论而已。所以，庭前程序中的证据展示、证据调查的实际效果以及控辩双方的参与程度将会直接影响到庭审程序的运作效率和实际的结果。与此同时，鉴于控辩平等也成为各国庭前程序设计所遵循的一项重要原则，现代法治国家均在其庭前程序中规定了一系列的具体制度。

一　证据展示制度

在英美国家，其有关证据展示的规定相当完备。这主要是其采用当事人主义诉讼模式的原因，当事人主义的诉讼模式对司法权力的运作充满了不信任，认为犯罪嫌疑人在强大的司法体制里面处于弱势地位，无论其多么富有、抑或聘请多么有名的律师，其对抗不当公诉的能力根本无法与职业化、专业化的司法队伍相比，搜集证据的能力更是难以与之抗衡。故而，必须在正式的庭审程序开启之前设立专门的证据展示程序，以使辩护方全面地对案件胜诉的可能性进行预先评估，制定合理可行的诉讼策略。当然，双向的证据展示也可以对检察官的公诉提供一定的信息资料。原则上，英美国家禁止在正式的庭审程序中再出示新的证据，以维护证据展示程序的法律效力。以美国为例，1963 年在布雷迪诉马里兰州一案①中，美国联邦最高法院确定了检察官向辩护方开示重要证据的强制性义务。

　　大陆法系国家的庭前程序则赋予辩护方全面的阅卷权来完成证据展示的功能，以此贯彻控辩平等原则。比如在法国，所有的卷宗材料，包括被告人的陈述笔录、证人证言及鉴定报告等证据资料，被告人的辩护律师均可以当场查阅。另外控辩双方还要互相开示证人名单，等等。② 日本1998年修正的《刑事诉讼规则》第299条第1款规定："检察官、被告人或者辩护人请求询问证人、鉴定人、口译人或笔译人时，应当预先给予对方知悉他们的姓名和住所的机会。在请求调查物证或书证时，应当预先给予对方预览的机会。"③ 检察官如果在公审阶段没有向被告一方公开证据，而公开该证据又是必要合理的，法院可以基于诉讼指挥权命令检察官公开证据。

二　证据调查和争点整理制度

（一）公诉审查阶段的证据调查和争点形成

　　庭前程序需要设立证据开示制度保障控辩双方的知情权，以使双方信息对称。与此同时，庭前程序还肩负着对案件事实和证据初步调查的任务，以使控辩双方在庭审程序开启前平等地做好准备，形成争点，避免庭审的无序进行。当然，庭前调查的主要目的定位于审查是否存在审判的充分证据或者为正式的开庭程序做好准备，故而控辩审三方关于证据的交叉询问、质证的权利比审判中的范围要有限。庭前的证据调查主要集中在预审阶段，该阶段既然是审查控方公诉的合法性，当然要进行证据调查。在此阶段，英美法系国家遵循当事人主义平等对抗的诉讼传统，检察官要向法官出示证明审判程序开启必要性的证据，被告方可以交叉询问和出示己

---

　　① Brady v. Maryland, 373 U. S. 83 (1963). 在该案中，布雷迪与其同伙鲍布里特（Bolit）被控一级谋杀罪。在审判前，布雷迪的辩护律师要求检察官允许其查阅鲍布里特的陈述，但是控方隐藏了鲍布里特已经承认杀人的供述。布雷迪第一个接受审判，他承认参与谋杀，但是声称鲍布里特才是实际的行凶者。直到布雷迪被判处死刑之后，其辩护律师才了解到这份陈述。被告人的申诉得到马里兰州上诉法院的支持，该案得以重新量刑。最高法院予以认可并确立了检察官对重要辩护证据的强制披露义务。

　　② ［法］贝尔纳·布洛克：《法国刑事诉讼法》，罗结珍译，中国政法大学出版社2009年版，第227页。

　　③ 参见宋英辉《日本刑事诉讼法》，中国政法大学出版社1999年版，第15—16页。

方的证据。通过证据展示、证据调查，控辩双方对案件事实和证据能够形成一定的争议焦点。如果消极听审的治安法官作出开启审判程序的裁定，预审程序中的争点整理程序将会大大提高庭审程序的效率。

大陆法系国家传统上强调公权力在查明犯罪事实中的作用，通常赋予预审法官较大的权力，由预审法官主导证据调查事宜，进而为正式的庭审程序做好准备。以法国的预审程序为例，预审法官的职权一方面是以司法裁判权性质的决定对证据作出判断，确定对重罪案件的犯罪人是否提交法庭进行审判，另一方面是查找证据，实施所有必要的侦查活动，例如，讯问受审查人、听取证人证言以及听取有律师协助的证人的证词、责令进行对质、进行搜查、扣押物证、实行电话监听，等等。①

（二）庭前准备阶段的证据调查和争点形成

在庭前准备阶段，英美国家法官基于排除预断的原因和裁判权的消极性质，一般仅对庭审的程序性事项，比如审判期日、送达诉讼文书等准备性事项开展工作，在庭前准备阶段较少作为。但是，对于庭前准备的证据调查和争点整理等必要内容，则积极作为，以保障控辩平等原则在庭前程序中得到贯彻。以英国的审前裁决制度和美国的审前动议制度为代表，这两种制度均是在正式的审判程序开启之前，对双方当事人争议的证据可采性、证据整理以及其他与审判有关的问题由法官居中作出裁断。其中在英国的审前裁决制度中，做出裁决的法官还可以是主审法官以外的法官做出，避免了庭前预断。与此相比较，大陆法系国家的庭前准备法官则要进行一定的证据调查，确定庭审的证据范围和控辩双方的争议焦点，依职权维护控辩平等。比如在德国的庭前准备程序中，受命法官或者嘱托法官可以实施证据调查，对证人或者鉴定人加以讯问。② 根据法国刑事诉讼法第 283 条的规定，重罪法庭审判长如果认为预审尚不完备或者预审终结以后又发现新的材料，得命令进行任何有益的侦查行动。可以自行补充调查，或者委派一名预审法官或者由其一名

---

① 参见［法］贝尔纳·布洛克《法国刑事诉讼法》，罗结珍译，中国政法大学出版社 2009 年版，第 255—256 页。

② ［德］克劳思·罗克信：《刑事诉讼法》，吴丽琪译，法律出版社 2003 年版，第 387 页。

陪审官进行。①

　　另外，日本刑事诉讼法在 2004 年 5 月 28 日创设了庭前整理程序，该程序是法官启动并在其主持之下，检察官和辩护人、被告人共同参与的案件证据展示与争点整理程序。为了充分整理案件争点，修订后的法律对控辩双方调查证据的顺序、方式和范围以及相关争议的处理都作出了明确的规定。从理论上讲，控辩双方既为正式庭审做好了充分的准备，又排除了审判法官的预断。② 综上，可以断定，庭前的证据调查将会有利于庭审范围的确定，并且真正地保障犯罪人的防御权，实现实质上的控辩平等。

三　赋予辩护方广泛的庭前活动参与权

　　刑事诉讼活动必须遵循程序公正原则，应当赋予辩护方广泛的陈述自己观点和异议的机会。不可否认，正式的庭审程序往往决定着被告人最后的命运，然而转换一个视角，正式的庭审程序中被告人辩论效果的好坏与其参与庭前活动的程度密切相关，刑事审判不能"一步到庭"。除非赋予审前听证之公演前夜彩排般的作用，否则审判本身仍需负担一些在审前程序壮大之前的任务。③ 故而，现代法治国家在庭前程序中广泛地赋予被追诉人相关的参与权。一方面，为了保障案件的公正审理，在庭前程序中赋予被告方广泛的证据知悉权，被告方可以主动要求查阅控方掌握的证据材料并参加庭前证据调查，从而力图实现真正意义上的控辩平等武装和平等保护。另一方面，为了节省司法成本，保证正式庭审程序的公正有效地进行，首先允许控辩双方在庭前准备程序的证据展示阶段中确立争议焦点和证据调查顺序；其次允许赋予被告人程序终止的选择权，被告人可以根据辩护方的证据开示结果，选择是否认罪，从而对案件进行分流，减少被告人的讼累，节省司法资源；最后，正式开庭审判前要传唤相关诉讼参加人，告知开庭时间及庭审人员的组成，并且召开庭前会议，积极地听取控辩双方对案件的看法。④

---

①　罗结珍：《法国刑事诉讼法典》，中国法制出版社 2006 年版，第 228、229 页。

②　参见［日］田口守一《刑事诉讼法》，张凌、于秀峰译，中国政法大学出版社 2010 年版，第 214 页。

③　参见［美］米尔建·R. 达马斯卡《漂移的证据法》，李学军译，中国政法大学出版社 2003 年版，第 187 页。

④　刘晶：《刑事庭前准备程序的反思与重构》，载《东方法学》2014 年第 6 期。

综上，鉴于控辩平等原则是保障刑事审判实现司法公正的核心原则，而庭前程序的制度设计又附属于正式的庭审程序，故而控辩平等原则也应当成为庭前程序的核心原则。事实上，由上所述，现代法治国家通过庭前的证据展示、证据调查和赋予追诉方得程序参与权，从具体细致的制度设计上保障了控辩平等。

第三节　司法审查原则

一　司法审查原则的含义和正当性基础

刑事诉讼集中体现了公民权利与国家权力的紧张冲突与平衡，为了防止公民权利受到公权力滥用的侵犯，必须赋予犯罪嫌疑人和被告人向法院要求审查强制性司法行为的权利。原则上，任何人未经法院的司法审查，不得被剥夺生命、自由或者科处其他刑罚。① 司法审查原则的思想基础和法理依据分别是自然法思想和权力滥用理论。17 和 18 世纪，古典自然法哲学以各种各样的形式在欧洲盛行，它是新教革命②在法律方面的副产品。当时欧洲的一些君主专制的民族国家反对教皇集权，竭力从中世纪封建大帝国的统治中解放出来，都竭力主张政治行动的自由，依此来反对神圣帝国的主张和抵制他国对本国内政的干涉。③ 就此，国家主权原则应运而生。法国政治哲学家让·博丹（Jean Bodin，1530—1597）则是详尽阐释国家主权原则的第一人。另一方面，国家主权原则也为君主提供了一种压制其国民的武器，国家权力与公民的个人权利之间出现了紧张的冲突。在此时期，欧洲所有的政治思想家都试图以某种方式降低公权力对私权利侵犯的可能性，主张存在一种优于政治力量并且独立于政治力量的法律——自然法④，先后以荷兰法学家和思想家格劳秀斯、英国思想

---

① 参见谢佑平、万毅《困境与进路：司法审查原则与中国审前程序改革》，载《四川师范大学学报》2004 年第 2 期。

② 以德国的路德宗教革命和英国的加尔文宗教派为代表。

③ 张中秋、王静：《价值的追求：古典自然法学派评析》，载《江苏社会科学》2000 年第 5 期。

④ 参见［美］E. 博登海默《法理学——法律哲学与法律方法》，中国政法大学出版社 1998 年版，第 42 页。

家托马斯·霍布斯和荷兰哲学家本尼狄克特·斯宾诺莎、英国哲学家洛克等为代表人物。自然法学派强调人的"自然权利"、个人志向和幸福，政府的权力来源于人民的授予，政府也要遵从自然法的原理。古典自然法学派对国家权力充满了不信任和戒意，认为必须有一个国家的权威机构能够保证公权力在自然法的框架内运行，避免国家成为一个权力异常膨胀的利维坦。启蒙思想家孟德斯鸠指出："每个有权力的人都趋于滥用权力，而且还趋于把权力用至极限，这是一条万古不易的经验。"① 其认为最可靠的政府形式就是把立法权、行政权和司法权分别委托给不同的群体行使，互相配合而又互相制约以防止政府权力过分扩张和专断地行使其权力。根据对世界上 195 个国家和地区的最新统计，司法审查制度的覆盖率高达 89%。② 司法权在现代民主法治国家，成为维护社会正义的最后一道防线。

二　司法审查原则在刑事庭前程序中的必要性

现代刑事诉讼制度兼负惩罚犯罪与保障人权的双重任务，故而，公诉程序不仅负有正面的追究犯罪的义务，更应当负有消极义务，防范任何无辜者被恣意追诉或者定罪，从而做到"勿纵与勿枉"，实现真正的司法公正。然而，基于追究犯罪的天然使命，许多检察官自命为打击犯罪的急先锋，而又往往负担过重，不能面面俱到的情况下，公诉权力的滥用几乎成为必然。况且，刑事审判程序在很大程度上就是承担控诉责任的检察官与承担辩护职能的犯罪嫌疑人、被告人之间的竞技比赛，检察官不能既当运动员又当裁判员。在制度设计上，就必须有一个中间机构负责监督公诉的合法性，确保刑事诉讼程序的公正性，防止公诉机关利用强大的司法资源削弱刑事程序的人权保障价值，妨害司法正义的实现。鉴于审判权本身的消极性、中立性，只有法院才有可能在控辩双方之间保持中立，因此也只有法官才能对公诉权力进行制约。也就是说，庭前程序的设计必须以司法审查为原则。

---

① 参见［美］E. 博登海默《法理学——法律哲学与法律方法》，中国政法大学出版社1998 年版，第 62 页。

② 张千帆：《司法审查与民主——矛盾中的共生体?》，载《环球法律评论》2009 年第1 期。

第四节　诉讼经济原则

一　诉讼经济原则的含义及要求

诉讼经济原则，是指在诉讼过程中，在司法公正的前提下，诉讼主体以最低的诉讼成本，获得最大的法律收益。对法律经济学而言，任何法律，只要它涉及资源使用，就无不打上经济理性的烙印，即使它与市场行为无关或者只与不完全相似于市场行为的行为有关。法律实施涉及对可供选择的匮乏资源的合理使用是无疑的。[①] 刑事庭前程序的制度设计也必须考虑其耗费的资源和取得的收益，即借用经济学中成本效益分析的方法，科学设置其内容和运作规则，以最低的成本，达到最佳的目标。[②]

二　诉讼经济原则在刑事庭前程序中的凸显

就刑事庭前程序而言，诉讼成本包括直接成本和间接成本。直接成本包括公共成本和私人成本。前者包括司法官员的薪金、陪审团、司法机构办公室的费用，后者则包括诉讼主体在诉讼过程中所支取的费用，包括高昂的律师费和误工费等。一般而言，随着私人成本的增加，诉诸法院的案件数量将会随之减少，公共成本也会随之减少。[③] 间接成本一般是指刑事程序对犯罪人造成的心理上的压力、名誉的毁损以及对家属造成的心理、名誉上影响和直接的物质损失。刑事庭前程序的设计当然要遵循诉讼经济原则，通过对控辩双方当事人的庭前权利、义务、责任、信息和程序的有效安排，庭前阶段就以简化诉讼程序、实现裁判的迅速化以及避免不必要的程序，以此减少额外成本，提高经济效率，给人们带来实际的利益，使刑事程序实现经济成本的最小化。

---

① 参见［美］理查德·波斯纳《法律的经济分析》，蒋兆康译，法律出版社2012年版，第48页。

② 林俊益：《程序正义与诉讼经济——刑事诉讼法专题研究》，台湾元照出版公司1997年版，第89—90页。

③ 参见［美］迈克尔·D. 贝勒斯《法律的原则——一个规范的分析》，张文显等译，中国大百科全书出版社1996年版，第25—27页。

（一）庭前认罪协商凸显诉讼经济原则

刑事庭前程序的认罪协商制度最能体现诉讼经济原则的"成本控制"观念，当然，这种认罪协商制度必须在被告人自愿选择适用该程序，且协商内容公正合法的前提下进行。法律不能脱离于社会生活，任何制度的实施均需要交易成本。问题的关键就在于如何使刑事庭前程序选择一种成本较低的、公平的权利配置形式和实施程序。从一定的程度而言，庭前的认罪协商制度可以简单地认为是控辩双方谈判的私了结果。庭前的认罪协商制度以控辩双方特别是控诉方完全的证据材料展示和交换为必要条件，辩护方拥有充分的信息知悉权和程序选择权，在自愿合法的前提下，当事人就其各自所有的诉讼权利和所掌握的证据资料进行讨价还价，双方作为理性的人均追求利益的最大化并且为此非常卖力，如果这种方法能够在确保双方实质平等的前提下进行，则可以实现交易成本的最小化，对控辩双方来说，辩诉交易避免了正式审判的不确定性，降低了双方的败诉风险；被告人也能尽早地摆脱诉讼带来的痛苦；对于审判机关来说，达到了解决纠纷的目的，提高了司法效率，节约了司法资源。显而易见，庭前的认罪协商制度对刑事司法审判的三方主体而言均是"帕累托最优"①，总体上是有效率的，庭前程序的制度设计应当允许。

（二）庭前程序的其他内容也凸显诉讼经济原则

刑事庭前程序的设计处处以诉讼经济为原则，除了认罪协商制度的案件分流功能之外，公诉审查、证据展示、庭前准备制度无一不以该原则为导向。例如，公诉审查程序担当控制法官裁判人口的功能，通过对检察机关公诉材料的审查，将达不到公诉条件的案件从刑事程序中提前排除，既节省了司法成本，又避免了冤假错案导致的刑事司法效率负面化。而且，该程序还使检察官认真谨慎地准备公诉材料，为正式的庭审程序做好全面充分的准备，也是在提高庭审的效率，避免审判的无序进行。

证据展示制度的设立是为了保障控辩双方的平等的信息资讯权，以使控辩双方特别是辩护方能够真正地知悉对方的证据范围，有备而战，实现真正意义上的对抗式刑事审判格局。与此同时，通过庭前的证据展示制

---

① 也称为帕累托效率、帕累托改善或帕累托改进，是以意大利经济学家帕累托（Vil - fre - do Pareto）命名的，如果一个经济体不是帕累托最优，则存在一些人可以在不使其他人的境况变坏的情况下使自己的境况变好的情形。普遍认为这样低效的产出的情况是需要避免的，因此帕累托最优是评价一个经济体和政治方针的非常重要的标准，是公平与效率的"理想王国"。

度，控辩双方得以知悉彼此拟在正式的庭审程序中使用的证据范围和关于案件事实、适用法律的争议焦点，从而为正式的法庭调查和法庭辩论高效的进行奠定坚实的基础。可以看出，证据展示制度一方面以保障控辩平等，实现审判公正为原则，另一方面，证据展示制度的设计也是为了保证庭审程序的集中高效地进行，实现诉讼经济。

庭前准备程序更是为正式审判的集中高效运行做好充分的准备，一般限于通知当事人开庭时间和地点、确定合议庭的组成、送达法律文书、传唤当事人等一些常规性、手续性事项。与此同时，庭前准备程序中还对控辩双方的一些争议性事项作出有法律效力的裁定，以此保证后续审判的顺利进行。比如英美国家的审前动议（Pretrial Motions）制度主要解决有关审判的程序性事项和证据的可采性问题。很多情形下，正是因为审前动议解决了证据问题，停顿了的辩诉交易才有可能继续进行，或者正式的庭审程序才能集中有效地进行。

第三章

刑事庭前程序的域内外比较

第一节　英美国家的刑事庭前程序

一　英国刑事庭前程序简介

（一）移交程序

在英国的刑事审判体系中，治安法院只能对轻罪案件做出判决，最多可以判处 6 个月以下的刑罚。如果是重罪以上的案件，必须先由治安法院进行公诉审查，然后由其决定是否移交到刑事法院审判；① 该程序在英国被称为移交程序（committal proceedings）或者被通俗地称为预审程序（Preliminary inquiry）。英国移交程序主要内容包括以下几点：（1）移交程序由治安法官主持。移交审判法庭以合议庭的形式组成，其中至少两名治安法官②或者一名地区审判法官。（2）移交程序的期限可能是两个星期，也可能是几个月，取决于案件的复杂程度以及警方是否需要进一步询问。案件通过审查后，控方必须在 6 个星期内将文件送交给皇室法院。（3）移交程序一般适用于较为严重的可诉罪的预审。（4）移交程序以书面方式进行。《1996

---

① 参见赵朝、李忠诚、岳礼玲、陈瑞华《英国刑事诉讼制度的新发展——赴英考察报告》，载《诉讼法论丛》1998 年第 2 期。

② 英国的治安法官分为无薪治安法官和领薪治安法官。根据英国《1997 年治安法官法》第 5 条至第 10 条的规定，非专业治安法官由上议院议长"代表女王并以女王的名义"任命。其工作没有报酬，不过他们可以申请旅行补贴、生活费用以及收入损失。在英格兰和威尔士活跃着大约 3000 名非职业治安法官。平均的开庭次数是每年约 40 次。当地的治安法院委员会负责对其进行为期一年的培训。领薪治安法官人数则较少，并且可以获得报酬，由英国女王从上议院大法官推荐的至少执业 7 年的出庭律师或者事务律师中加以任命，退休年龄是 70 岁。全国目前约有 105 人，并由 150 名代理地区法官辅助。移交审判法庭以合议庭的形式组成。所有的治安法官必须居住在他工作的郡内或者 15 英里之内。

年刑事诉讼与侦查法》取消了言词预审，只实行书面预审。移交程序一开始，控方就要向辩护方送达先期信息：指控单、控方案件摘要、关键证人的陈述和打印出来的先前定罪记录。当被指控者被传唤进入治安法庭并向他宣读指控时（但是他不能答辩，因为公诉审查奉行书面审理，重点在于审查控方的证据材料和卷宗是否达到了法定的公诉标准），移交程序正式开始。(5) 移交程序不受地域管辖的限制，只要被指控者自己出庭或者被带到他面前。不过，一般而言，如果对在国家一端发生的罪行在国家的另一端予以移交，会很不方便。(6) 移交程序中的审查标准是从表面上看，证据是否达到了证明被指控者实施可控诉罪行的程度。"表面上"以陪审团的理性判断被指控人是否构成特定犯罪为标准。控方在移交程序中的证明标准很低。如果是，审查法院把被指控者移交皇室法院进行审判，如果不是，则将其释放。在很多案件中，审查法官可能会发现控方的证据不让人信服，但是，除非证据非常缺乏和不可信，以至于没有理性的陪审团会据此定罪，否则审查法官一定要将被指控者移交审判。(7) 英国《治安法院规则》第7条就庭前审查程序做出了规定。首先，检察官要概述案件事实和相关的法律焦点；其次，检察官要以书面形式提交全部证据材料，并且在法庭上简要叙述，辩护方不被允许交叉询问控方证人，也不能传唤自己的证人。对于没有争议的证据，证人可以不出庭；再次，治安法官要对全部原始证据进行审阅并加以保留；最后，治安法官合议庭做出是否将被指控者移送皇室法院审判的决定。(8) 移交程序的救济机制。原则上治安法官做出的移交审判的决定不能被提起上诉。但是，如果公诉机关有滥用公诉权的现象，比如有意地操纵普通刑事程序，以不当地利用被指控者（例如，延迟开始程序的时间以希望一名潜在的辩方证人死去、移民或者其他无法获得证言的情形），或者控方虽然不是有意的延误，但是不具有正当性，对被指控者庭前准备或者答辩可能形成偏见（比如潜在的证人忘记相关的事件的情形），那么法官有权释放被指控者，而无须考虑公诉审查中的证据材料。①

---

① 在 Telford Justices. ex p Badhan [1991] 2 QB 78 案中，1998 年检察官针对申请人提起告发，称他在 1973 年或者 1974 年实施了强奸罪。嫌疑人于 1989 年 5 月在审查法官面前出庭，提出不应当进行移交程序，因为被宣称的罪行发生日和移交程序开始之间的期间——大约 15—16 年，案件延误的期间很长，影响到嫌疑人当年的记忆、相关证人的证言等辩护准备事项。审查法官采纳了嫌疑人的申请，认定此案已经不可能实现公平审判，检察机关有滥用公诉权的可能，故而此案在公诉审查阶段即告中止。

公诉审查后的释放不等同于宣告无罪，因此控方可以因相同的一项或者数项罪行提出新的指控①。但是，如果控方第二次企图获得移交审判时采用不适当或者压迫性的方法，则高等法院有权发布命令，禁止第二次公诉时审查程序的进行。②

另外，如果被指控的犯罪事实多项或者涵盖其他罪名，则治安法官可以根据具体被证明符合公诉标准的犯罪事实或者罪名移交审判。（1）移交罪名与公诉罪名不一致。比如控方以恶意谋杀罪指控，但是根据现有的证据材料，恶意谋杀的证据不足，理性的陪审团在正式的庭审程序中显然不能认定存在预谋的恶意行为，则可以在非法杀人事实基本认定的基础上，以过失杀人罪移交审判程序。（2）被指控人被指控涉嫌两项以上的罪名。此时合议庭可以根据证据材料的具体证明程度移送一个罪行而拒绝移送另外的罪行。不过，一般来说，整个过程不得传唤证人，也不得记录任何宣誓证词，辩方也不能提交任何证据。合议庭可能只考虑证据的充分性，而将可信度问题留给皇室法院③，在皇室法院陪审团有机会对证人进行第一手的评估。（3）涉及两名或者两名以上的被指控者。如果他们是共同犯罪，显然要合并指控和移交审判。比如有四名案犯，前两名被指控抢劫，第三名被指控偷窃"逃离现场的汽车"，第四名被指控销售抢劫得来的赃物，最方便的诉讼方式就是在一个公诉审查程序中同时移交这四名案犯。

（二）庭前证据开示制度

为了实现公平审判以及控辩双方平等武装，英国在英格兰和威尔士两个地区设立了公诉方向辩护方开示证据的普通法上的义务，这也是英国历来刑事审判的一大重要特色。除了一系列的判例，1996 年其颁布的《刑事诉讼和侦查法》对证据开示做了系统完整的规定。2003 年，英国颁布的《刑事审判法》对 1996 年的上述法律又做了合理的修改。根据上述立法，英国证据开示的内容主要如下：（1）侦查犯罪的警察负有记录和保留在侦查过程中收集或者产生的信息和材料的法定义务；（2）控方披露

---

① Manchester City Stipendiary Magistrate. ex p Snelson［1977］1 WLR 911.

② Horsham Justices. ex p Reeves（1981）75 Cr App R 236n.

③ 皇室法院是最高法院的一部分，《1981 年最高法院法》颁布之后它对所有的移交审判案件拥有审判管辖权。同时，处理由治安法官移交量刑（简易程序转为普通审判程序）的案件、上诉案件以及刑事案件涉及的民事部分。主要由高等法院法官、巡回法官和记录员组成。

的证据范围大于辩护方披露的范围，其不准备在庭审程序中使用的证据也有义务向辩护方开示；（3）辩护方仅有责任通知控方意欲在庭审时展示的证据材料；（4）辩方的披露引发控方"二次披露"证据材料的义务，即侦查人员必须再次检查所保留的材料，并使检察官注意到任何可能对辩护方有帮助的证据材料。如果检察官又发现了新的证据材料，还是要向辩护方披露；（5）对于双方证据展示的争议，由法院裁决；（6）辩护方未能披露证据或者虚假披露将可能被推论为具有犯罪事实。

（三）答辩和指令听审（Plea and Directions Hearing）制度

该程序设置于1995年，主要内容在于有罪答辩以及控、辩、审三方为开庭审判做好准备。在该程序中，通常会传讯被告人。如果被告人答辩有罪，法官可以在庭前阶段量刑。如果被告人做无罪答辩，或者有罪答辩的案件事实和公诉书有出入时，法院应当确立开庭时间，控辩双方应当通知法院双方拟在庭审中使用的证据材料范围、传唤控方证人的顺序、证据的可采性问题、预期的法律问题和审判长度等。

（四）审前裁决制度

如果双方当事人对证据资料的可采性有争议，或者对开庭审判中涉及的回避、管辖等程序性事项有争议，可以要求法官作出裁决，法官也可以主动做出裁决。做出裁决的法官可以是主审法官以外的法官，以避免庭前预断。该程序从法律上保证了相关庭前准备活动的法律效力，避免了审判时对上述事项的重新审查，浪费司法资源。另外，该裁决还可以对审前案件的报道范围进行禁止或者限制。

（五）预备听审制度

预备听审实际上是审判本身的一个阶段，法官在该程序中首先要详细了解辩护方关于案件事实的意见、准备辩护的事项以及准备提出的法律问题和证据可采性的事项，以此保护被告人的诉讼权利。该程序的主要目的还是为了保障审判集中高效的进行，具体内容有：（1）为陪审团辨认实质议题；（2）协助陪审团理解这些议题；（3）确定之前解决的审判事项；（4）帮助法官应对审判。

（六）庭前程序被指控人的人权保障问题

虽然根据英国《1980年治安法院法》第4条，被指控者和公众均有在场的权利，并且对新闻界也开放，媒体可以报道移交程序的范围。但是英国法院传统上认为，在案件没有经过正式的审判程序之前，庭前报道往往会给公众描绘出一幅被告人被扭曲成有罪的案件画面。故而该法第 8 条限制了媒体报道移交程序的范围。媒体只可以报道案件发生的关键细节，如当事人各方和证人的姓名、年龄、住址和职业，法院的名称，审查法官及辩护律师的姓名，被指控的犯罪事实、保释和法律援助等。不过，司法实践中也存在被指控者希望公开的情形，特别是辩护方的证人可以前来支持的案件。如果只有一名被指控者而他提出解除媒体报道的限制条件，则审查法官必须解除。如果是两名指控者，其关于案件是否公开报道以及报道的范围有争议，则需要法官衡量公开报道是否违背于正义原则而做出决定。《1981 年藐视法院法》第 4 条授权法院法官命令媒体推迟报道案件的部分或者全部内容，如果同步报道会影响该案本身或者其他即将进行的程序时。即使法官根据《1980 年治安法院法》第 8 条解除了媒体报道的限制，仍然还可以根据《1981 年藐视法院法》对报道重新作出全部或者部分的限制。两部关于新闻媒体庭前报道范围的法律在某种情形下还存在着同时适用的情况：比如被指控者（或者共同犯罪中的其中一名被指控者）需要一个公开的手段使证人激励出来，但是控方的部分案件内容确实是令人震惊或者敏感的，可能导致公众对他（或者其中一名被指控者）的歧视，审查法官这时可以先根据《治安法院法》签发解除限制报道的禁令，然后根据《藐视法院法》进一步命令推迟对令人震惊的和敏感的材料的报道。

另外，辩护方在庭前程序享有广泛的权利，包括依法申请启动移交程序，参与证据展示、认罪协商和审前裁决等环节并充分发挥作用。另外，从第一次出现在治安法官面前以及随后在治安法官面前或者皇室法院出庭直至被定罪或者宣告无罪期间，被指控者都享有保释的权利。根据《1985 年犯罪起诉法》，从被指控人在公诉审查程序中第一次出庭到移交审判之时，羁押期限不得超过 70 日。公诉审查程序完成后，距离正式的庭审程序往往还会有几个月的时间，治安法官这一阶段批准还是拒绝保释的决定对被告人的人权保障而言非常重要。而且被指控者在公诉审查阶段可以获得律师的法律援助，且如果被告人的经济状况没有改变，这一援助可以延伸到后续的审判程序。

二　美国刑事庭前程序简介

（一）公诉审查程序

在美国，公诉审查程序分为大陪审团审查起诉和治安法官的预先听证程序（a preliminary hearing），一般适用于重罪指控，目的在于分析重罪指控是否有充足的证据而需要进一步的法庭审理。目前，美国联邦刑事司法体系，哥伦比亚特区和 18 个州是大陪审团审查起诉的司法管辖区，非经大陪审团签发起诉书被告人不能出庭受审。其他有 32 个州至少在某些刑事案件的处理上保留了大陪审团制度，所以是大陪审团起诉（indict）和检察官起诉（inform）并存。① 在过去的几年里，允许重罪由检察官直接起诉的州的数量增加了。实践中，检察官准备起诉时往往对案件进行了充分的调查，使用大陪审团的调查权来推进案件的可能性就会比较小，因此陪审团审查起诉在这些州呈现出弱化的趋势。据统计，重罪案件在这些州由大陪审团起诉的比例不足 5%。② 美国庭前对公诉材料合法性的审查大都是通过治安法官的预先听证程序进行的。

治安法官由专业的法律人士组成，其主持的预审程序具有以下特征：（1）预审程序的开启具有任意性，控方和被指控方均有程序选择的权利；（2）采用对抗式的听审程序，治安法官中立，被指控人委托律师代理，双方当事人平等对抗，言词审理，审查依靠现场控方证人的证言。鉴于辩护策略，任何的预审程序制度设计都不会让辩护方的证人接受交叉询问；（3）以非法手段采证为由而提出的排除非法证据和排除传闻证据的申请，在预审阶段法庭往往不予采纳；（4）预审审查的期限：如果被告人被羁押应不迟于初次到庭后 10 天，如果被告人没有被羁押，不迟于初次到庭后 20 天；（5）公诉审查的证明标准。在美国刑事司法实践和理论探讨中，一说为"合理的根据"（probable case），即根据公诉方的证据材料，通常谨慎之人即能对被告形成有罪的强烈怀疑；一说为"形式上有罪"（prima facie），即根据公诉方的证据材料，做最有利于检察官的解释，是否足以支持预审法官形成被告确实有罪的心证。③ 上述两种公诉审查程序的证明标准均低于正式的庭审证明标准；（6）证据规则在预审阶段的适用。关于证据规则在预审阶段的适用，美国大多数司法区认为证据排除规则在该阶段不适用，传闻证据在该阶段可以被采纳。事实上，治安法官采用无证据资格的证据的错误被认为本质上是无害的错误，并不违反公正审判的原则。在

---

① 李学军：《美国刑事诉讼规则》，中国检察出版社 2003 年版，第 315 页。

② ［美］拉弗费：《刑事诉讼法》，卞建林等译，中国政法大学出版社 2003 年版，第 809 页。

③ 参见韩红兴《刑事公诉案件庭前程序研究》，中国人民大学 2006 年博士学位论文，第 76 页。

1910 年的侯尔特诉美国案①和 1956 年的科斯特罗诉美国案中②，联邦最高法院大法官布莱克认为如果以非法证据排除或者传闻证据这样的理由撤销大陪审团的起诉书，刑事司法中滥用这种理由的现象就会增多，案件将会在很大程度上被拖延期限。况且，陪审员本来就是非法律人士，门外汉对被指控人的询问当然不当受到法律技术规则的限制。当然，该种观点有一定的不合理之处，比如班顿（Burton）法官就认为对该问题的处理不能千篇一律，而是要看有无实质或者合理的具有说服力的证据支持大陪审团的起诉书，如果没有，起诉就应当被撤销。

另外，公诉审查的案件范围能否变更？比如检察官可否在指控轻罪之后再选择重罪指控？在 1982 年的美国诉古德温③一案中，上诉法院认为，

---

① Holt v. United States, 218 U. S. 245（1910）. 侯尔特用铁条将一名被害人打死。该案中除了警察在侦查中收集到的口供，其他证据少之又少。被告方主张口供是在警察强制逼迫下做出的，是非法证据，所以大陪审团审查起诉应当将其排除，联邦最高法院应当宣布控方对被告人的指控无效。

② Costello v. United States, 350 U. S. 359（1956）. 科斯特罗被以逃税罪起诉，大陪审团审查起诉时，控方提供了 144 名证人证言的摘要，这些证言证明科斯特罗在过去几年实际收入的增长量远远超过已知量。鉴于传闻证言是大陪审团确认被告有罪的唯一证据，为此被告方该类证据在庭前程序中应当得到排除。

③ United States v. Goodwin, 687 F. 2d 44（1982）. 被告人戈德维因超速驾车而被警察在巴尔的摩至华盛顿的公园路上拦截下来。戈德维从车上下来走向警察，简短地说了几句话后，警察注意到在驾驶员的车坐下有一只塑料袋。警察让戈德维回到车里把车座掀起来。戈德维这样做了，但在掀车座的时候，戈德维把车挂上挡并且加速开走。汽车撞到了警察，先将警察撞倒在车后部，继而摔倒在路上。等警察回到自己的车里时，戈德维已经开车逃跑了。第二天，警察向联邦地区法院提交了控告戈德维的诉状，但是指控的却是包括袭警在内的几项轻罪。戈德维被逮捕并被带到联邦治安法官面前讯问。治安法官确定了审判日期，但是戈德维于审前畏罪逃跑了。三年后，戈德维在弗吉尼亚的看守所里被发现并被遣送回马里兰州。戈德维回来后，被带到司法部的一名检察官那儿，而这名检察官临时被委派来起诉治安法官面前的过失犯罪案件和轻罪案件。该检察官没有得到起诉重罪案件和从大陪审团取得起诉书的授权。被告人最初与这名检察官进行辩诉交易，后来又被告知检察官其实不想交易，而希望在地区法院由陪审团审理。（此案发生前，没有任何成文法律规定可以在地方法官前进行陪审团审。）事实上，当戈德维在与检察官进行辩诉交易时，检察官并没有充分的证据指控重罪。后来经过六周的调查取证，才获得足够的起诉重罪的证据，此时被告人提出要陪审团审的要求。此案移交给地区法院，并由另一位联邦检察官负责起诉。大约 6 周以后，经审查并与几个当事人讨论后，检察官起草了有四个罪名指控的起诉书，其中包括暴力袭击联邦警察的一个重罪和三个相关轻罪。被告人戈德维以起诉报复为由提出反驳，认为起诉书中所指控的重罪明显是对他的报复行为。地区法院否定了其反驳，认为"在此案件中，有足够的理由排除检察官有报复的意图"。被告人戈德维向联邦上诉法院提起上诉。

政府检察机关不得对被告人提起更严重的指控，这有违宪法第五修正案的正当程序条款，除非检察官有客观证据证明增加的指控，否则不能在被告人行使其权利前提出。关于公诉范围的变更，根据《美国联邦刑事诉讼规则》第31条C项的规定，被告人可以被确定犯有包容于被指控罪行之中的某项罪行，或者被确定意图实施被指控罪行。[①] 故而，美国的庭前审查阶段公诉范围的变更限于缩小性犯罪。

（二）提审（又称答辩指控）程序（Arraignment）

法院受理案件后，应当迅速及时地传唤被告人到庭，告知被告人所享有的诉讼权利，要求被告人就指控的每一项犯罪事实进行答辩，被告人可以选择有罪答辩、无罪答辩、拒绝答辩或者不愿争论答辩。如果被告人选择无罪答辩或者拒绝答辩，法院将在两周至三周内对案件开庭审理。在重罪案件的答辩中，如果被告没有委托辩护律师，将被告知其享有律师帮助的权利。如果是贫困被告人，则为其提供辩护律师。[②]

（三）有罪答辩程序

在指控事实清楚，被告人也了解诉讼程序的性质和答辩后果的情况下，可以自愿的、明智的和理智的选择有罪答辩。[③] 被告人有罪答辩完成后，案件直接进入法官的从轻量刑程序。如此，部分案件在庭前程序中就被分流掉，节省了司法资源。有罪答辩依其形式分为两种，即被告人直接选择有罪答辩（straight guilty pleas）和控辩双方协商性答辩（negotiated pleas）。前者适用于控方证明有罪的证据占绝对优势，案件事实相当清楚的情形下；后者在事实上相当于"辩诉交易"（plea bargaining），当控方的证人不可靠或者有罪证据体系较为薄弱，而被告具有较强的辩护力量或者将得到陪审员的同情时，检察官往往会做出让步，以换取被告人的有罪答辩。[④] 当然，

---

① 卞建林译：《美国联邦刑事诉讼规则和证据规则》，中国政法大学出版社1996年版，第68页。

② 参见［美］爱伦·豪切斯泰勒·斯黛丽、南希·弗兰克《美国刑事法院诉讼程序》，陈卫东、许美君译，中国人民大学出版社2002年版，第448页。

③ 参见李学军《美国刑事诉讼规则》，中国检察出版社2003年版，第398页。

④ 控辩双方的辩诉交易有三种类型：以较轻的刑期（如果被告人就某罪名认罪，检察官向被告人承诺将向法官推荐一个较轻的刑期）；以较轻的罪名交换（即起诉之罪名的犯罪构成要件，有时包含另一刑期较轻之罪名的构成要件，控辩双方协商后，被告同意就较轻刑期之罪名认罪，检察官同意不追究原重刑之罪）和以较少的罪数交换（即检察官以数罪起诉被告，协商后被告人同意就其中一罪或者数罪认罪，而请求法院驳回起诉状其余的数罪）。参见 Wayne R. LaFave, Jerold H. Israel, and Nancy J. King, Criminal Procedure, 3rd ed. St. Paul, MN: *West Group Publishing Company*, 2000, p. 956.

辩诉交易至产生以来，鉴于其尺寸可能不够均衡，美国一些州诸如阿拉斯加在 20 世纪 70 年代甚至废除了辩诉交易，但是很快发现废止辩诉交易不但没有提高审判的比率，还增加了很多隐性的交易案例。审判数据也表明事实上寻求审判的被告人与参加辩诉交易的被告人相比将会得到更严重的惩罚。故而，在不同的司法管辖区辩诉交易的禁令常被司法现实削弱或者归于无效。从反面而言，这反而证明了庭前有罪答辩在美国的不可避免性。①1994 年，有学者在一年的研究期间，调查到 92% 的有罪判决都是通过有罪答辩取得的。②

（四）证据展示程序

美国人认为证据开示程序可以允许被告人对控方的胜诉可能性做出独立的评价，并借以判断检察官与辩护律师关于有罪答辩的建议是否明智，使辩诉交易程序更加公正。1963 年，美国联邦最高法院通过最重要的证据开示判例布雷迪诉马里兰州一案确立了"布雷迪规则"，规定了检察官对重要辩护证据的强制披露义务。③ 在美国，根据《联邦刑事诉讼规则》④ 及相关判例，证据开示的期间不仅适用于庭前程序，而且适用于整个审判期间。并且控方负有广泛的证据开示义务，包括有关被告人以前的犯罪档案、陈述记录、有关生理或者精神检查的结果、科学测试或者试验的结果等等甚至所有可能用作辩护的实物证据。只要该证据属于应当披露的证据材料，检察官就应当将存在新的证据材料的事实及时通知对方当事人及法庭。虽然证据开示的义务具有强制性、双向性，但是，被告方证据

---

① Moise Berger, Case against Plea Bargaining, *American Bar Association Journal*, Vol. 62, Issue 5 (1976), pp. 621; The［notes］, Elimination of Plea Bargaining in Black Hawk County: A Case Study, *Iowa Law Review*, Vol. 60, Issue 4 (1975), pp. 1063 - 1064; Sam W. Callan, Experience in Justice without Plea Negotiation, *Law & Society Review*, Vol. 13, Issue 2 (1979), pp. 338 - 339.

② 参见 Brain A. Reaves, Felony Defendants in Large Urban Counties, *U. S. Dep't of Justice*, 1994, 3 (1998).

③ Brady v. Maryland, 373 U. S. 83 (1963). 在该案中，布雷迪与其同伙鲍布里特（Bolit）被控一级谋杀罪。在审判前，布雷迪的辩护律师要求检察官允许其查阅鲍布里特的陈述，但是控方隐藏了鲍布里特已经承认杀人的供述。布雷迪第一个接受审判，他承认参与谋杀，但是声称鲍布里特才是实际的行凶者。直到布雷迪被判处死刑之后，其辩护律师才了解到这份陈述。被告人的申诉得到马里兰州上诉法院的支持，该案得以重新量刑。最高法院予以认可并确立了检察官对重要辩护证据的强制披露义务。

④ 参见卞建林《美国联邦刑事诉讼规则和证据规则》，中国政法大学出版社 1996 年版，第 54—57 页。

开示的范围较小，一般限于"不在犯罪现场"和"精神不正常"的辩护证据，这主要是考虑到了辩护方的防御力量较检察官为代表的公诉方而言，相对较弱的原因。只要被告人提出证据开示的请求，检察官必须进行证据披露。披露的方式是检察官向被告人提供有关的证据材料，被告人可以检查、复制、拍照。另外，若有充分理由，法庭也可以介入证据开示，命令拒绝、限制或者推迟证据披露。[①]

（五）审前动议（Pretrial Motions）

审前动议，类似于我国刑事诉讼中的庭前会议制度，是指当事人双方对证据的可采性或者其他庭审涉及的问题在庭前程序中的分歧较大，向庭前准备法官提出申请，要求法官居中裁决的一项制度。审前动议提前解决了影响正式的庭审进程的相关问题，而且其关于证据的可采性的判断还影响到最后的庭审结果，是一项必备的庭前程序。

（六）庭前程序被指控人的人权保障问题

美国的预审听证程序相当于"小型审判"，非常注重在庭前程序中切实地保障被指控人的权益，具体如下：（1）减少保释金或者采取其他形式的审前释放；（2）预审阶段还可以进行辩诉交易的全部或者一部分内容；（3）给辩护方提供开示控方证据的机会。控方的举证既可以使辩护方预先了解某些证据（包括关键证人的身份和证言的主要内容），也可以评价某些证人的可信度。以此为基础，辩护方可以指定合理的诉讼策略，在庭前程序中就弹劾相关证人的证言和证据，原因在于预审程序还在诉讼程序的早期阶段，尽早固定证人关于案件的事实版本特别重要，此时证人还不可能像在正式的审判程序那样做好充分的准备。[②]

另外，美国的庭前程序还特别注重保障被指控人的辩护权，如果被追诉者未获得律师的帮助，原指控和审判将会无效；判决将会被撤销，案件将会发回重审。[③] 事实上，如果被告人贫穷，治安法官还要告知他有权获

[①]　参见刘晶《刑事庭前准备程序的反思与重构》，载《东方法学》2014 年第 3 期。

[②]　参见［美］德雷勒斯、［美］迈克尔斯《美国刑事诉讼法精解》，魏晓娜译，北京大学出版社 2009 年版，第 125 页。

[③]　［科尔曼诉亚拉巴马州 Coleman v. Alabama 399 U. S. 1, 90 S. Ct. 1999, 26 L. Ed. 2d 387（1970）；鲍威尔诉亚拉巴马州，Powell v. Alabama（1932）］美国最高法院布伦南大法官认为，宪法原则的核心在于，"除了审判被告人时应有律师在场外，被告人在政府控告他的每一阶段都应保证有律师帮助而不孤立，无论这种控告是正式的还是非正式的，是在法庭上还是在法庭外。律

得指定律师的权利。对于被告人贫穷且以重罪被指控的案件，在所有司法辖区，他们都有权获得指定律师。在此类案件中，治安法官通常至少负有启动指定律师程序的责任。据统计，在美国 75 个最大的县进行的关于重罪被告人的抽样调查表明，他们中近 80% 的人得到了法院指定的律师。在约占全国人口 70% 的县，律师帮助主要由国家和州政府的辩护人机构提供；约占全国 25% 的县，主要依靠指定的律师系统提供。数量较少的县，其人口占全国不到 10%，主要依靠合同系统提供的指定律师，在此系统下，私人法律事务所，私人营业律师组织或者非营利机构（如律师协会）签订合同以期为大量的贫穷被告人提供持久的代理。①

三　英美国家刑事庭前程序的制度分析

透过上述分析，可以看出英美国家的刑事庭前程序主要由公诉审查、证据展示、有罪答辩、预备听审和庭前裁决等内容构成。这些内容环环相扣，互相配合，每一个环节都在追究犯罪和保障人权之间维持合理的平衡，既抑制了检察机关的不当公诉，又在案件开庭审理前充分地赋予了被追诉人相关的诉讼权利，使得控辩双方在庭前对案件的事实和适用法律已经形成争议的焦点，从而使得辩护方为正式的庭审程序做好了充足的准备，后续的刑事庭审程序也能够集中、高效和公正地进行。当然，这中间还有一部分案件通过庭前公诉审查、认罪协商或者刑事和解被提前排除出刑事程序，既节省了司法资源，又减少了被追诉人的讼累。显然，英美国家的刑事庭前程序已经形成完善的立法制度和成熟的实践经验，具体如下。

（一）公诉审查程序为诉前审查，审查法官独立于庭审法官

基于长期以来的人权保障、分权制衡和正当程序思想，英美国家对公权力充满了警惕，强调私权利的充分保障，认为提起公诉在某种程度上也就是对其犯罪事实进行了一定程度的肯定，嫌疑人正式地进入刑事程序，成为受刑事司法体系追究的犯罪人，往往会牵涉对公民个人的自由和财产权利的剥夺或者限制，甚至是对其个人名誉的损害。因此，提起公诉必须

师在这些阶段的缺席将有损被告人获得公正审判的权利"。布莱克大法官认为，刑事指控自然不会从审判时才开始。如果审判的开始才是宪法意义上指控的开始，那么穷人就会愿意直接接受审判而无需聘请律师。律师需要时间为进行辩护准备；指控也需要时间去调查，而程序则让调查费时费力但具有说服力。

①　［美］拉弗费：《刑事诉讼法》，卞建林等译，中国政法大学出版社 2003 年版，第 18 页。

慎之又慎，最好在正式的公诉被法院受理之前就对其合法性进行审查。当然，这里公诉审查不是正式的庭审程序，实体审查标准要低于庭审程序中的定罪量刑标准。公诉审查程序设置在正式的公诉提起前较容易保护公民的人权，也可以较早地将不符合公诉标准的案件剔除出去，降低成本，减轻当事人的讼累。如此，英美国家在正式的公诉被法院受理之前普遍设置了独立的公诉审查程序，并且公诉审查法官和正式的庭审法官往往分离，以排除庭前预断，实现真正的公正审判。公诉审查法官一般为基层的治安法官，又被称为预审法官，将会对检察官的卷宗材料进行全面的审查，甚至还会传唤双方当事人到场。对于不合法的公诉，预审法官将会裁定驳回公诉，案件根本不能进入庭审程序。

（二）公诉审查阶段检察官移送全部卷宗，庭前准备阶段只提交公诉书

公诉审查程序需要对公诉方的全部案卷材料进行审查，否则就不能对检察官公诉的合法性进行判断，故而在英美国家在这个阶段采用"全案移送主义"的卷宗移送方式，即检察官提起公诉时需要将全部案卷材料和证据提交给预审法官或者大陪审团，以使得庭前审查后得出的结论建立在可靠的材料分析之上。但是，值得注意的是，一旦案件经过公诉审查程序，法院即需要受理该案并且提前对案件审理作出庭前准备。此时，检察官还要向正式的庭审法院再次移交一次公诉卷宗。只不过这次检察官只需要向庭审法官提交一纸起诉书即可，即在庭前准备阶段英美国家采用的是"起诉状一本主义"的公诉材料提起方式。原因在于其正式的庭审制度采用陪审团审判，法官只有量刑权而没有定罪权，庭审程序主要靠控辩双方当事人积极举证、质证和辩论来推进，因此，庭审法官自然没有庭前详细阅读卷宗的必要。并且这种起诉方式还使得拥有定罪权的陪审团在开庭前与案件的证据材料完全绝缘，从而保证其在完全空白心证的条件下听审，以此彻底切断庭前预断与正式的庭审程序之间的联系。

（三）公诉审查阶段严格限制公诉变更

传统上，英美国家的公民对公权力的运作一直持有警惕和防卫态度，认为无论辩护方多么富有，抑或者聘请多么有名的律师，其防御能力远远不能与强大国家机器支撑下的专业司法队伍相比。虽然采用当事人主义的刑事诉讼构造，但这只是为了更好地保障被告的人权，完全的当事人主义诉讼模式仅仅是一个理想，故而刑事司法制度的每一个阶段都需要对公

权力的行使做出规制。就庭前的公诉审查而言，必须能够确定公诉范围，否则随意的公诉变更将会架空整个当事人主义刑事司法制度，故而英美国家仅仅承认一种情况下的公诉变更：即包容性犯罪（less‐offense）情形。也就是说，如果重罪罪名的构成要件可以涵括较轻的轻罪构成要件，庭前程序可以变更罪名，如果起诉的罪名所涉及的法条不能涵盖庭前审查程序变更公诉后的罪名或者起诉的是轻罪而审理的是重罪，则不允许变更公诉罪名。比如，治安法官可以直接认定较原起诉之罪较轻之犯罪或者包括于公诉罪名中的犯罪，如以既遂罪起诉，可以未遂罪处罚；以诈骗犯罪起诉，可以特殊类型的诈骗犯罪处罚。

（四）庭前程序的制度设计偏重于证据展示和证据筛选

刑事诉讼程序运作的最终目的在于确定犯罪人的刑事责任，而刑事责任的确定过程离不开证据材料的证明。固然庭审程序最终确定犯罪人的刑事责任，但是实际上庭审的裁判结果和控辩双方的争论范围、占有优势证据的多寡以及诉讼策略均有着非常密切的关系，而所有这些无疑是通过庭前的证据展示和证据排除确定的。一方面，英美国家均在其庭前程序中设置了双向的证据展示制度，并且从公诉审查到庭前准备阶段的证据展示，控方均负有广泛的证据开示义务，特别是公诉审查阶段，辩护方根本不用展示自己的证据材料，庭前准备阶段辩护方的证据展示范围也不大，主要是不在犯罪现场或者具有精神疾病等减轻或者免除刑事责任的证据；另一方面，英美国家的庭前程序在证据展示的前提下，进而排除相关不具有合法性或者有违司法公正的证据。在英美国家，其采用陪审团审判制度，陪审团成员由普通民众组成，没有受过系统的法律知识训练，而且英美国家一直采用先例判决制度，事实认定规则错综复杂，证据规则的发展具有偶然性和随机性，是时间堆积的结果，庞杂无序，此种情形下为了避免相当多的非法证据污染陪审团的心证，英美国家赋予了庭前程序一定的证据筛选功能，即对证据的可采性作出一定程度的判断，证据的证明功能则在正式的庭审程序中通过当事人举证、质证和认证来实现。其中，美国的审前动议、英国的答辩和指令听审制度、审前裁决制度均可以在庭前对证据的可采性作出裁决，不过，鉴于英美国家当事人主义的诉讼模式和消极主义的司法传统，其庭前程序有关证据可采性的申请往往由控辩双方当事人自己提出，法官不主动审查证据的可采性。

（五）允许被告人有罪答辩，庭前对案件进行程序分流

英美国家非常重视刑事庭前程序在案件分流方面的作用，除了预审程

序审查过滤掉一部分不合法的公诉案件之外，英美国家主要通过有罪答辩制度来进行程序分流。英国的答辩和指令听审程序和美国的有罪答辩程序均是典型的庭前认罪机制。基于当事人平等对抗的诉讼传统和模式，英美国家的有罪答辩允许控辩双方在自愿、公平和合法的前提下自由地达成认罪交易，法官不参与辩诉交易的协商过程。但是，若辩诉交易违反宪法和法律，法官可以拒绝承认，并开庭审判，以保证案件公正审理。

（六）庭前程序中非常注重辩护方的权利保障

英美国家在庭前程序的每一个环节都切实保护好辩护方的权利。第一，英美国家对案件庭前报道的范围作了严格的限制，新闻媒体在庭前仅可以对案件进行有限度地报道，且公开报道不得造成庭前预断。法官解除公开报道限制的唯一标准就是公开报道是否会违背刑事正义原则。第二，庭前的公诉审查、证据展示、审前裁决以及有罪答辩等程序被指控人均有申请启动程序的权利，同时，被指控人可以就庭前程序中涉及的相关问题的提出异议。第三，除了专门的证据展示环节，庭前程序的其他环节被指控人也可以获知控方掌握的证据资料。以庭前审查程序为例，该程序除了完成其制度设计本身上过滤公诉的目的外，还成为被告方知悉起诉方指控根据及其他材料的有效途径。第四，被指控人在庭前程序中可以申请审前释放或者对非法羁押的行为提出控告。第五，被指控人有获得律师帮助的权利，如果被追诉者未获得律师的帮助，原指控和审判可能将会无效。对于被告人贫穷且以重罪被指控的案件，在美国所有司法辖区，他们都有权获得指定律师，而且国家和州政府也往往为被告人指定提供法律援助的辩护律师。第六，在庭前的公诉审查环节中，一般不允许检察官变更公诉范围，仅限于治安法官认定的罪名或者犯罪事实小于公诉范围，即缩小或者包容性的犯罪，以防止对被告人的防御产生实质性的不利影响。

第二节　大陆法系国家的刑事庭前程序

一　德国刑事庭前程序简介

（一）公诉审查程序

刑事诉讼程序分为三个阶段，侦查程序、中间程序和审判程序。侦查程序结束后，检察官提起公诉，案件即进入中间程序。只有在简易程序中，案件在侦查终结后直接进入审判程序。此时应当由庭审的独任法官或者职业法官组成的法官委员会审查控方公诉材料的合法性，以及尽量避免使当事人受到不平等的审判程序。① 德国的中间程序主要具有以下特征：（1）中间程序的开启采用强制职权主义，由法官依职权开启，并且是案件的必经程序，当事人双方均无开启程序的权利，被告人也不得要求撤销。同时，法院还要依职权对被告人是否或者被继续待审羁押做出决定；（2）在该程序中，被告有证据调查申请权和异议权，法院合议庭对此要裁定是否接受；（3）法院必要时有为被告人指定强制辩护人的义务；（4）中间程序的证据裁判标准低于正式的审判程序，证明标准为被告人"有充分的犯罪嫌疑"，亦即其极有可能被判有罪；②（5）为了避免庭前预断，中间程序的法官不得对外表示其个人见解；（6）关于拒绝开启审判程序的裁定，检察机关只能提起实时的抗告；（7）《德国刑事诉讼法典》第 207 条规定了在中间程序阶段可以对检察官的公诉进行变更的几种情形：①因为数个行为提起了公诉，对其中的个别行为拒绝开始审判程序；②依照第 154 条（a）将追诉范围限制在可分割的行为部分上，或者这类型为部分又被重新纳入程序；③对行为的认定与起诉书有歧义；④将追诉范围限定在以同一犯罪行为实施的数个违法情况之个别情况上，或者这类情况又被重新纳入程序。对于上述的第一、第二种情形，检察院要提交与裁定相应的新起诉书。③

另外，德国的中间程序法官没有独立设置，裁定进入审判程序的法官为案件的主审法官，有庭前预断的嫌疑，此点历来为德国学界所诟病。但是，德国通说对于中间程序造成庭前偏见以及违反无罪推定原则的论调，向来持保留立场。关键在于起诉审查与有罪判决的门槛是两回事，也就是说，起诉审查所确认的是犯罪事实证明标准是被告人极有可能被判有罪，而不是最后确定的有罪判决。学者 Ranft 认为由同一法官处理，也能收到诉讼经济之效果，避免程序太复杂；至于所谓的偏见问题，从实证数字来

---

① 参见［德］克劳思·罗克信《刑事诉讼法》，吴丽琪译，法律出版社 2003 年版，第 377 页。

② ［德］克劳思·罗克信：《刑事诉讼法》，吴丽琪译，法律出版社 2003 年版，第 379 页。

③ 李昌珂：《德国刑事诉讼法典》，中国政法大学出版社 1995 年版，第 89、90 页。

看，约有两成的案件获得无罪判决，显示预断有罪的看法言过其实。[①]

（二）审辩协商程序

在德国，依据职权调查原则，法院应当对所有关于定罪量刑的案件事实和证据展开全面地调查。其刑事诉讼法第250条规定："正式的审判程序中，所有的证人都必须在短时间内一个一个地接受询问，询问不允许以宣读以前的讯问笔录或者书面证言代替。"[②] 所以，德国的刑事审判程序常常耗费相当长的时间，适用程序也非常繁琐。20世纪70年代之后，德国的刑事案件数量正在激增。据了解，在慕尼黑的一个基层法院，一名法官一个月内一般要处理30—50个案件。[③] 德国刑事诉讼制度在职权调查原则和诉讼效率之间出现了极大的失衡，为了避免陷入繁琐的刑事程序和案件压力困境，于是，几乎是顺理成章地，德国20世纪70年代在刑事诉讼中引入了颇具"交易"色彩的机制。德国的辩诉交易程序主要是在辩护方和法官之间进行，主导权掌握在法院手中，即审辩协商制度，这与大陆法系国家传统的职权调查主义原则有关。该制度20世纪70年代在德国首先适用于轻微罪行，80年代得到蓬勃的发展。目前，在德国，以"审辩协商"处理的案件占全部刑事案件的20%—30%，主要适用于大而复杂的白领犯罪、逃税罪、毒品犯罪和环境犯罪案件。特别是在一些存在证明困难以及法律争议的刑事案件中，审辩协商已经不可避免。另外，由于该制度要求协商时被告人必须有辩护人的帮助，但是目前在德国并不是所有的刑事案件都有辩护律师，因而未来随着其刑事辩护制度的进步和完善，"审辩协商"处理的案件还会增加。[④]

（三）证据展示程序

庭前传唤程序中被告人可以申请审判长传唤其要求的证人，当然，被告人也可以直接传唤证人或者鉴定人，检察机关也可以直接传唤其他人。[⑤] 而且，除非被传唤证人的住址或者身份确实不适合公开，法院应当

---

① 林钰雄：《论中间程序——德国起诉审查制的目的、运作及立法论》，载《月旦法学杂志》2002年总第88期。

② 李昌珂：《德国刑事诉讼法典》，中国政法大学出版社1995年版，第101、103页。

③ 参见许美君《德国辩诉交易的实践与启示》，载《法学家》2009年第2期。

④ Joachim Herrmann, Bargaining Justice—A Bargain for German Criminal Justice? 53 *University of Pittburgh Law Review* (1992), pp. 755–776.

⑤ 李昌珂：《德国刑事诉讼法典》，中国政法大学1995年版，第92、93页。

对控辩双方及时告知证人或者鉴定人的姓名、居所。[①]

(四) 庭前准备程序中法官的证据调查程序

庭前受命法官或者嘱托法官可以实施证据调查作为审判程序的预备工作。[②] 例如证人因为生病或者在国外,以致可能无法出席正式的庭审程序时,法官可以提前对证人加以讯问。在讯问过程中有关被告人的可信度的观察,在正式的庭审程序中可以籍由口头的报告而被采用。此外,法官在庭前准备程序中还可以自由裁量是否进行勘验程序。对这种类型的证据调查,每位诉讼参与人均有要求在场的权利。[③]

二 法国刑事庭前程序简介

(一) 公诉审查程序

法国采用两级公诉审查机制:第一级预审与第二级预审。在法国,刑事案件必须经过第一级预审,无论是重罪案件、轻罪案件或者违警罪案件。重罪案件将会接受第二级预审程序,该程序由上诉法院刑事审查庭进行。鉴于法国刑事司法活动以案卷笔录为中心,因此,法国的公诉审查机制仍是以书面形式为主,秘密审查,各当事人只能通过其诉讼辅佐人了解案件的进展情况。只不过在上诉法院审查法庭,预审的书面形式有所缓减,因为其在当事人先行羁押的情况下,可以命令当事人出庭或者当事人自己要求出庭。

在法国,两级预审制各自的具体预审各有不同,形成了其刑事诉讼制度在世界上独一无二的特色。(1) 一级预审。法国的一级预审设置了两种开启预审程序的通道。一种是检察官开启,即由共和国检察官向预审法官提出发动公诉的文书——立案侦查意见书,预审法官依据该文书进行侦查;另外一种是被害人启动途径,即认为受到犯罪侵害的人向有管辖权的预审法官提出告诉,预审法官接收告诉书之后,采用"呈报告诉裁定书"的形式将其报告给共和国检察官。所有的这类案件都要集中到检察院。如果告诉的事实有可能符合提起公诉的条件,预审法官可以自己或者委托司法警察进行广泛的勘验、搜查、扣押、医疗检查等刑事侦查措施。预审法

---

① [德] 克劳思·罗克信:《刑事诉讼法》,吴丽琪译,法律出版社 2003 年版,第 380 页。

② 刘晶:《刑事庭前准备程序的反思与重构》,载《东方法学》2014 年第 3 期。

③ [德] 克劳思·罗克信:《刑事诉讼法》,吴丽琪译,法律出版社 2003 年版,第 380 页。

官可以完全独立地做出"侦查总结裁定书"，该裁定书的内容将会明确对案件是否提起公诉，并且根据罪行的轻重将案件移送违警罪法院、轻罪法院和重罪法院。（2）二级预审。法国上诉法院刑事审查庭对案件的审查仍然适用秘密程序，在其审查庭的评议室进行，双方当事人及辩护律师均不得列席。如果是未成年人，其辩护律师提出请求，可以公开辩论，公开开庭。上诉法院审查庭应当在尽可能短的时间内做出裁定，该期限确定为10日，其他诉讼情况15日，当事人亲自出庭的情况下，审查期限增加为20日。具体程序如下：①上诉法院刑事审查庭首先要对预审法官的决定进行评判：撤销或者确认预审法官的决定以及监督预审法官在侦查过程中有无错误行为；②根据评判的情况可以采取必要的刑事措施以及自行补充侦查；③在有充分的证据证明被告人参与重罪的情况下，应当宣告对被告人提起控诉，将其移送重罪法庭，未成年人移送"未成年人重罪法庭"。相应的，在没有充分证据的情况下，要求检察官撤销指控；④上诉法院刑事审查庭的裁定一般不得上诉，即使是程序中存在瑕疵，特别情况下可以向最高法院上诉，但是最高法院向来对此持保留态度。并且，起诉裁定具有确定管辖权的效果，不得再对案件的地域管辖权和事物管辖权提出异议。

在法国，理论界和实务界对两级预审制批评不断，一方面在于预审法官兼有侦查权与司法裁判权，成为审前程序的"超级警察"。法国前司法部长罗贝尔·贝尔代丁（Robert Badinter）曾言："预审法官不能既是梅格雷（Maigret），又是所罗门"[1]。另一方面在于两级预审机制程序繁琐，有屋上架屋，浪费司法资源的嫌疑。2000年6月15日《关于加强无罪推定及被害人权利保护的法律》的通过，使得法国预审法官的权力被大幅度削弱，比如将庭前羁押等刑事强制措施的决定权赋予自由与羁押法官，取消了重罪案件原来的二级预审制度。[2]原来承担重罪案件的二级预审功能的上诉法院控告法庭成为预审的上诉法庭，受理控辩双方、民事当事人对预审法官裁定的上诉和对预审行为的异议。目前，由预审法官进行侦查的案件数量并不多，1830年前后大约有1/3的案件进入预审程序，而100

---

① Maigret是比利时著名侦探小说家乔治·西默农（Georges Simenon）笔下的侦探人物。

② 2000年6月15日法律通过以前，法国对重罪案件采取的是二级预审制度，即除了上文所述的初级预审（正式侦查）制度以外，重罪案件还要经过重罪法院刑事审查庭预审法官的再次审查，而且，重罪判决一经做出，被告人不得上诉。

多年后的今天，只有不到 7% 的案件需要预审法官进行侦查。[①]

（二）庭前认罪程序

2004 年 3 月 9 日法国刑事诉讼法进一步引入协商型刑事司法的理念，设置了被告人庭前认罪程序。法国刑事诉讼法第 495—7 条至 495—15 条详细规定了其适用范围和条件。值得关注的是，2005 年 7 月 26 日，法国对《刑事诉讼法典》第 495—9 条进行了修改，规定："庭前认罪程序必须进行公开审判，共和国检察官可以不参与庭审。"这之后，检察官一般不出庭，量刑建议书提交至审核法官处即可。由于检察官可以不出庭，庭前认罪案件的数量大幅度增加。以蒙彼利埃大审法院 2005 年 8 月前后审核通过的庭前认罪案件为例，在 2005 年 8 月前（2004 年 10 月—2005 年 8 月），该法院通过庭前认罪答辩程序共处理了 58 起案件，平均每个月处理 5.8 起案件；从 2005 年 8 月起至 2006 年 2 月，蒙彼利埃大审法院则通过庭前认罪答辩程序处理了 78 起案件，平均每个月处理 13 起案件，增长了 1 倍以上。[②] 可以看出，适用庭前认罪案件的数量在法国有不断增加的趋势。庭前认罪程序的相关内容如下：

首先，该程序的适用范围为主刑应当处罚金刑或者不超过 5 年监禁刑的轻罪，未成年人、新闻犯罪、政治性轻罪以及过失致人死亡罪不适用庭前认罪程序；其次，适用该程序的前提条件是被告人愿意承认犯罪事实，并且要其辩护律师在场；再次，该程序由检察官依职权或者当事人的申请开启。量刑范围由检察官在刑罚个别化的理念下向法院提议，一般提议的监禁刑的刑期不超过 1 年或者法律规定的刑期的一半，罚金的数额不得高于法律规定的数额。被告人在 10 日内决定是否接受检察官提议的刑罚；最后，如果被告人接受检察官的建议，检察官向法庭庭长提出认可该认罪申请，当事人立即前往该法官面前。庭长还要公开开庭，再一次听取当事人的陈述然后做出裁定。[③]

（三）证据开示程序

根据《法国刑事诉讼法典》第 278 条、279 条及 281 条的规定，被告人

---

① ［法］贝尔纳·布洛克：《法国刑事诉讼法》，罗结珍译，中国政法大学出版社 2009 年版，第 5 页（译者导言）。

② 施鹏鹏：《法国庭前认罪答辩程序评析》，载《现代法学》2008 年第 5 期。

③ 参见［法］贝尔纳·布洛克《法国刑事诉讼法》，罗结珍译，中国政法大学出版社 2009 年版，第 478—479 页。

的律师可以在法院的案卷保管处查阅案卷中的任何文件，足以证明犯罪的记录、书面证言和鉴定报告，其副本应无偿发给每一名被告人。关于被告人犯罪的证据材料，检察官要免费提供给每一名被告人。而且控辩双方在庭前程序中要互相开示证人名单。① 法庭辩论的 24 小时以前，检察院和民事当事人应当把自己希望传唤的证人、鉴定人名单通知被告人，被告人也应当把上述人员的名单通知检察院，以及在必要的时候通知民事当事人。②

（四）庭前准备程序中法官的证据调查权和变更公诉权

在法国，传统的职权调查原则适用于刑事诉讼程序的每个阶段，包括庭前准备程序。根据《法国刑事诉讼法》第 283—287 条的规定，指挥法庭辩论的重罪法庭审判长，庭前准备阶段应当深入了解案卷，如其认为有必要进行补充调查，可以自行进行，或者委派一名预审法官或者陪审官进行。除此之外，《法国刑事诉讼法》第 310 条还赋予重罪法庭审判长一项自由裁量权力，依据这一权力，审判长可以掌握其认为有利于查明案件事实真相的全部材料。

另外，在法国的刑事诉讼制度中，职权调查原则仍然占据着绝对的主导地位，故而，在庭前准备活动中，重罪法庭的审判长可以合并或者追加公诉。根据《法国刑事诉讼法》第 285 条和第 286 条的规定，合并审判的标准是因同一重罪被移送重罪法庭的共同犯罪人或者同一名被告人犯有多项犯罪事实，追加公诉则由审判长依职权，或者应检察院之要求对公诉书涉及的被告人的其他犯罪事实实行追诉。"③ 显然，法国的庭前准备的法官拥有非常广泛的变更公诉的权力。

（五）常规性的庭审准备活动

在法国，就重罪案件而言④，常规性的庭审准备活动主要在于传唤和

---

① 参见［法］贝尔纳·布洛克《法国刑事诉讼法》，罗结珍译，中国政法大学出版社 2009 年版，第 227 页。

② 参见余叔通、谢朝华《法国刑事诉讼法典》，中国政法大学出版社 1997 年版，第 15 页。

③ 罗结珍：《法国刑事诉讼法典》，中国法制出版社 2006 年版，第 229 页。

④ 基于诉讼效益的考虑，法国分别在 1972 年 1 月和 2002 年 9 月将简易程序引入违警罪和轻罪案件。在这两类案件中，如果被害人没有提出损害赔偿或者要求传唤被告人出庭的要求，检察官可以直接决定适用简易程序。在这种情况下，检察官只需向违警法院或者轻罪法院的法官报送追诉案卷以及提出意见书即可。该类案件不经过正式法庭辩论程序，院长直接以刑事裁定书作出裁判。因此，这两类案件庭前准备程序非常简单，仅仅限于一些常规性的文书传达事项，不具有庭前准备程序研究的代表性。

讯问被告人。案件一经预审法官作出移交重罪法庭审判的裁定，羁押的被告人即被转移到重罪法庭所在地的看守所。之后重罪法庭的审判长应当在最短期限内讯问被告人。当然，审判长可以授权一名当值陪审官进行此项讯问。如果被告人不懂法语，审判长还应当为其召唤译员到庭。被告人没有辩护律师的并且又不选聘法院指定的律师的，审判长应当依职权为其指定一名律师。

三　大陆法系国家刑事庭前程序的制度分析

透过上述分析，可以看出大陆法系国家的刑事庭前程序主要由公诉审查、证据展示、证据调查、庭前认罪和一般性的庭前常规性准备活动组成。这些内容与英美国家的刑事庭前程序基本相似，但是又有所不同。不同之处在于大陆法系国家的庭前程序虽然也承认控辩双方在庭前活动中的诉讼主体地位，但是其庭前程序仍然具有职权调查主义的成分，庭前程序的各个环节均由法官主导。比如证据调查，法官可以依职权主动地进行证据调查，不受双方当事人举证范围的限制，并且控辩双方达成的协议也必须全程经过法官的监督。再比如庭前认罪案件，被告人庭前认罪必须向法官作出，由法官判断被告人庭前认罪的自愿性和必要性。然而在美国的刑事庭前活动中，控辩双方达成协议即可，只要不违法或者显失公平，法官不会主动介入。大陆法系国家与英美国家刑事庭前程序的制度差异的主要原因还在于其运作背景的差异。事实上，庭前程序的制度设计与一个国家的社会意识形态、官僚结构、司法传统以及诉讼模式均有着很大程度的关系。较英美国家而言，大陆法系国家的主流社会意识形态采用国家积极控制主义，公民更加信奉国家权威，认为国家负有维护整个社会有序运作的职责，因而其司法官员负有查明事实真相，维护社会公平正义的职责。自然，其庭前程序的制度设计赋予法官较多的公权利，以使其有效地对庭前程序的合法性和公正性进行监督和控制。相比之下，英美国家庭前程序适用的诉讼情景与大陆法系国家完全不同，其主流意识形态采取放任的自由主义，政府的职责仅仅在于保护社会秩序和解决不能由当事人自己解决的纠纷。① 自然而然，英美国家的刑事庭前程序较为注重辩护方的权利保

---

① 参见 Mirjan R. Damask. *Faces of Justice and State Authority*. Yale University, New Haven and London, 1986, pp. 16–69.

障，赋予其较多的权利与控方积极对抗，其庭前程序法官的职责仅限于一些必要的公诉审查、程序性准备活动和对双方争议不下的事项做出裁断。与英美国家比较而言，大陆法系国家的刑事庭前程序主要具有以下几个方面的特征。

（一）公诉审查程序为诉后审查，审查法官与庭审法官不一定分离

基于长期以来的职权主义诉讼传统，大陆法系国家强调职权式的案件事实真相探知主义，相信司法机关会全面查明案件事实，因此公诉审查程序设置在提起公诉之后。而不像英美国家那样在正式的公诉提起之前就由专门的预审法官对其进行审查。公诉后审查是指检察官就案件事实正式提起公诉之后，要由一个上承公诉程序、下接审判程序的专门程序来对公诉案件的合法性进行专门的审查。该种公诉审查类型在大陆法系国家较为普遍。比如在德国，其刑事诉讼程序分为三个阶段，侦查程序、中间程序和审判程序。中间程序的主要功能就在于审查公诉案件的合法性，避免无端的公诉进入审判程序，浪费审判资源。与此同时，为了避免庭前预断，大陆法系国家的公诉审查法官一般与正式的庭审法官分离，如法国就设置了专门的预审法官来行使公诉审查职能。但是也有国家的公诉审查法官与正式的庭审法官没有区分，德国就是这样。不过，这种情形与德国完善的被告方证据知悉权等权利保障、检察官"客观义务"、正式的庭审程序采用直接审理、言词原则以及参审制审判程序具有很大的关系。当然，中间程序的法官同时担任案件的主审法官在德国还是引发了广泛的批评。

（二）整个庭前程序检察官均需要提交全部卷宗材料

与英美国家相同，大陆法系国家在庭前的公诉审查阶段也采用全部案卷移送制度，即根据检察官移送的全部公诉材料，审查公诉是否合法以及有无开启审判程序的必要，因为不移送全部卷宗和证据就无法对检察官起诉的合法性进行实质性审查。此后，随着庭前法官做出开启审判的裁定，案件进入庭前准备阶段。在此阶段检察机关还要向正式的庭审法院再次移送卷宗，该次移送的卷宗才是正式审判的材料。基于职权主义诉讼模式查明事实真相的传统理念与犯罪控制的现实刑事政策，大陆法系国家在该阶段继续采用全案移送制度，控辩双方可以为双方争议的焦点以及诉讼策略等进行相当全面的揣测与准备。①

---

① 蔡杰、刘晶：《刑事卷宗移送制度的轮回性改革之反思》，载《法学评论》2014 年第 1 期。

（三）庭前审查阶段允许公诉变更

在大陆法系国家，也存在控方的公诉材料达到了公诉标准，但是公诉事实或者罪名需要变更的情形。在公诉事实的效力扩张方面，基于职权主义查明案件事实真相的义务，大陆法系国家实行起诉不可分原则，检察官就犯罪事实的一部分提起公诉，其效力及于案件的全部犯罪事实。《德国刑事诉讼法典》第 244 条第 2 款规定："为了调查事实真相，法院应当依职权将证据调查延伸到所有的对裁判具有意义的事实、证据上。"[①] 不过，德国刑事诉讼制度对于公诉事实的扩张并不是无原则的，"所有的对裁判具有意义的事实、证据"实际上要求扩张的公诉事实与原犯罪事实具有同一性，即二者具有相互通融的密切关系，从而导致审判对象可以发生变更，提高诉讼的效率。德国联邦法院在二战后通过判例确立了公诉事实同一性的标准："自然的历史过程说"，即"只要行为人的整体举止，根据自然的观点，足以合成为一个相同的生活过程，或者更白话的说，成为一个故事时，便是一个诉讼法上的犯罪事实，关键在于其间紧密的整理关联性，尤其是行为时间、行为地点、行为客体以及攻击目的"。[②] 二次世界大战之后，德国刑事司法的实务界又进一步肯定了"自然的生活历程说"。联邦最高法院强调，在必要的时候，法院可以按照主要审判程序的结果改变起诉事实，法院可以将中间程序内没有提到的被告作为或者不作为一并在判决之内加以评价，只要以一般的生活观察方式，可认为其与起诉所涉及的过去事件构成自然的同一体，同属于一犯罪事实的领域内。[③] 法国的预审法官直接参与侦查程序，对案件的事实情况通常了如指掌，在公诉审查阶段根本不会推翻之前的侦查结论，所以在该阶段探讨公诉变更没有必要性，这也从侧面反映了大陆法系国家的公诉审查法官具有广泛的变更公诉范围的权力。

（四）庭前程序的制度设计偏重于证据展示和证据评价

与英美国家类似，大陆法系国家的刑事庭前程序也注重对庭审中使用的证据范围预先加以固定。只有对庭审中使用的证据材料范围事先加以确

---

① 李昌珂译：《德国刑事诉讼法典》，中国政法大学出版社 1995 年版，第 101 页。

② 林钰雄：《变更起诉法条与突袭性审判》，载林山田编《刑事法理论与实践》，台湾学林文化事业公司 2000 年版，第 14 页。

③ 参见杨云骅《刑事诉讼程序的犯罪事实概念——以所谓单一性之检讨为中心》，载《月旦法学杂志》2004 年第 114 期。

定，庭审程序才能集中高效地进行。在这一点上，大陆法系国家主要通过证据展示和证据评价环节来实现。一方面，在庭前证据展示环节，除了控辩双方主动的证据展示，大陆法系国家的法院允许被告方的律师在案卷保管处查阅任何案卷，另外还负有及时告知控辩双方证人或者鉴定人的姓名、居所的义务。可见，大陆法系国家与英美国家虽然在诉讼场景、具体的司法制度方面存在着较大的差异，但是在庭前证据展示的必要性认识方面，观点都是一致的；另一方面，正是基于两大法系国家在具体诉讼场景、司法制度方面的差异，特别是职权调查原则的贯彻，大陆法系国家在庭前程序中就要求法官预先对各种证据的证明力作出判断，并且这种判断主要是通过赋予法官庭前调查的权力来实现。比如法官在庭前程序中可以对证人询问，对被告人进行讯问，以及提前对物证、书证等进行勘验和检查，甚至采取一切其认为有必要采取的庭前调查措施。当然，法官在庭前程序中做出的证明力判断还有待于正式的庭审程序的进一步确认。在这一方面上，大陆法系国家与英美国家差别很大，这些国家往往不会在庭前程序中对证据的可采性进行判断，所有的证据材料的可采性要在庭审程序中由法官裁断，目的是为了全面查清案件的事实真相。

（五）允许被告人庭前认罪，实现程序分流

虽然有罪答辩中所体现的争议解决方式的逻辑与欧洲大陆的职权调查理念是如此的格格不入，但是由于案件数量的急剧增加和传统职权主义全面查清事实真相的诉讼模式的繁琐和拖沓，几乎是顺理成章地，大陆法系国家在 20 世纪 70 年代在刑事诉讼中均引入了认罪协商机制。不过，大陆法系国家的庭前认罪程序主要是在辩护方和法官之间进行，主导权掌握在法院手中，即审辩协商制度，这与大陆法系国家传统的职权调查原则有关。目前，适用庭前认罪案件的数量在大陆法系国家有不断增加的趋势。随着这些国家刑事辩护制度的不断进步，以"审辩协商"方式分流的案件数量还会增加。

（六）庭前程序中非常注重辩护方的权利保障

虽然职权主义诉讼模式和当事人主义的诉讼模式在具体的司法制度设计方面存在着很大的区别，但是在刑事诉讼理念、原则和标准方面，都与世界刑事诉讼制度的发展趋势相适应。鉴于人权保障已经成为国际刑事诉讼程序的通行原则，大陆法系国家也非常注重在刑事诉讼中的每一个阶段切实地保护辩护方的权利，庭前程序也不例外。具体来说，首先，庭前公诉审查阶段限制新闻媒体对案件的公开报道。鉴于公诉审查大部分都是以书面形式秘密地进行，所以，庭前法官、律师、警察等均不得在庭审开始前泄露案件的相关信息，记者也可能因为侵害调查秘密而构成犯罪，以此来避免公众受到误导形成庭前预断。其次，庭前的公诉审查、证据展示、认罪协商本身就是被告人权利保障的具体机制，而且在这些机制的运作以及庭前程序性事项的裁断做出时，法官往往要充分发挥其职权调查作用，审查这些裁断的做出是否违背公平和正义原则，保障被告方的人权。比如法官要主动告知控辩双方证人或者鉴定人的姓名、居所的义务，审查被告人认罪是否是自愿和合法等。再次，被指控人有获得律师帮助的权利，法官通常在这个阶段会依职权对没有辩护人的被告人指定辩护律师。复次，庭前活动中如果审判人员或者公诉范围有变动，应当及时告知被告人，必要时还要重新给予其准备辩护的时间。比如德国刑事诉讼法第 266 条第 2 款规定："对追加起诉要载入法庭笔录。审判长要给予被告人辩护机会。"同时，被告人针对追加的起诉有申请中断审理的权利（266 条 3 款）。即使是法律评价上的变更，"如果先前未曾特别对被告人告知法律观点已经变更，并且给予他辩护机会的，对被告人不允许根据不同于法院准许的起诉所依据的刑法判决"（德国刑诉法 265 条第 1、2 款）①。最后，被告人对于庭前实行的先行羁押，可以要求法官依职权审查，然后撤销或者变更。

第三节 日本的刑事庭前程序

日本在 1948 年的《刑事诉讼法》中，为了避免庭前预断，仿效英美国家采用"起诉状一本主义"的公诉提起方式，同时还废除了庭前公诉审查机制——预审制度。一方面，起诉状一本主义的公诉提起方式要求检察官提起公诉时只向法院移交一纸公诉书，除此之外，不得移送任何证据材料和案卷，以此来避免法官先入为主，形成庭前预断。另一方面，日本又废除了庭前预审制度，法官庭前不能对检察官的公诉进行审查，无论公诉是否有根据甚至是在检察官滥用公诉的情形下，法院也得照单全收公诉

---

① 李昌珂译：《德国刑事诉讼法典》，中国政法大学出版社 1995 年版，第 108 页。

方的证据材料。如此，的庭前程序制度设计导致控辩双方所有的证据材料一律涌入正式的庭审程序，与此同时，起诉状一本主义的公诉提起方式还使得辩护方在庭前活动中无法获知案卷的任何信息，庭前辩护方的诉讼活动无法开展。关于证据质证、证据的可采性、审前程序中的违法行为甚至是一些不必要的诉讼要件的争论都要在正式的庭审程序中解决，导致日本的审判效率非常低下，诉讼周期非常拖沓、拖延，控辩双方诉讼成本过高。我国刑事诉讼法自 1996 年以来，公诉审查一直是形式化的书面审查，庭前预断已经成为困扰我国刑事审判方式改革的主要议题之一。日本二战后的司法改革则为我们提供了一定的启示，诸如起诉状一本主义是否是解决我国庭前预断的灵丹妙药？庭前审查机制是否有存在的必要性？我国公诉审查未来的发展方向究竟是实质审查还是徒具形式的诉讼要件审查？况且，日本二战后虽然在美军的占领下被强制推行了当事人主义的若干诉讼成分，但是传统的职权主义诉讼成分，比如检察官强大的公诉能力一直在日本社会中根深蒂固地存在着，甚至检察官的"精密司法"还创造了二战后日本的治安神话。就我国目前的刑事庭前程序完善而言，日本的国情与我国具有一定程度的相似性，日本庭前程序改革的得失也应当可以为我们吸收和借鉴。

一　日本刑事庭前程序简介

如上所述，日本二战后废除了预审制度。只要检察官提起公诉，法院就得无条件地开庭审理案件。所以，日本的刑事庭前程序就是庭前准备程序，即法官为保证正式的庭审程序顺利进行所作的准备性活动。除了庭前告知当事人合议庭的组成、送达相关的法律文书、传唤当事人等一些基础性、手续性内容的庭前准备活动之外，日本 2004 年颁布的第 62 号法律《修改刑事诉讼法等部分条文的法律》在庭前准备程序中增设争点和证据整理程序，以使得庭审程序能够集中高效地进行。该程序在非审判法官的主持下进行，需要当事人双方共同参与。并且该程序注重辩护方的权利保障，其规定审判长应当告知被告人具有沉默权，以及在被告人没有辩护人或者辩护人不出席的情形下，审判长应当依职权为其指定辩护人。[①] 该程序的内容为：

[①]　宋英辉：《日本刑事诉讼制度最新改革评析》，载《河北法学》2007 年第 1 期。

1. 适用案件的范围：一是陪审员审判的案件；二是需要持续地、有计划地、迅速地进行审理的案件；三是可以适用审前整理程序的案件。包括案情复杂，争点较多的案件；证据关系复杂，证据数量大的案件；证据开示存在问题的案件等。①

2. 整理的范围广泛涉及庭审中的程序和实体性事项。根据日本刑事诉讼法第316条之5，主要包括关于争点整理和证据整理的事项：前者主要包括确定追加、撤销或者变更诉因或罚条、明确庭审的主张，整理案件争议的争点；后者主要包括对双方关于证据调查的意见、顺序和方法等做出决定等事项。②

3. 整理程序的效力。整理程序完成后，控辩双方关于争点和证据整理的结果得到法院确认（第316条之24）。在随后的审判过程中，任何一方请求新的证据将受到限制（第316条之32），除非法院认为有必要依职权调查证据。

争点和证据整理程序使之前的日本有关证据开示的法律和判例前进了一大步。其一，判例所认可的以前传统的证据开示，是在庭审程序中证据调查之后进行的，而新引进的证据整理程序将证据开示的时间提前到庭前准备阶段。其二，承认了辩护一方的证据开示请求权，从而使以往基于法院的诉讼指挥权的证据开示制度发生了重大变革。在之前的日本刑事诉讼中，检察官开示证据的唯一渠道是让辩护人在检察厅阅览证据，且开示证据仅仅是法律上的一种训示规定，法庭没有命令检察官开示特定证据的职权，如果检察官拒绝向被告方开示必要的证据，被告人、辩护人将束手无策，法官对此也将无可奈何。③ 其三，扩大了证据展示的范围。本次司法改革检察机关单方的证据开示义务为控辩双方的证据开示义务，除了证明预定事实的证据，辩护人还有权要求检察官展示不准备用于庭审的证据，但是必须以检察官指定的展示时间和方法，或者附条件进行展示。④ 其四，赋予法官直接介入的权力，法官基于庭审的诉讼指挥权主持控、辩双

---

① ［日］田口守一：《刑事诉讼法》，张凌、于秀峰译，中国政法大学出版社2010年版，第213页。

② 参见宋英辉《日本1995至2005年刑事诉讼改革介评》，载《比较法研究》2007年第4期。

③ 参见孙长永《日本起诉状一本主义研究》，载《中国法学》1994年第1期。

④ 参见宋英辉《日本刑事诉讼制度最新改革评析》，载《河北法学》2007年第1期。

方的证据展示程序，并可以根据辩护方的申请直接命令控诉方展示相关证据，包括对控诉方不利的证据。[①]

二　日本刑事庭前程序的制度分析

透过日本刑事庭前程序的介绍，可以看出日本的刑事庭前程序主要就是争点和证据整理程序，该程序对保证庭审程序顺利进行的庭前的证据开示和争点整理做了规定。争点和证据整理程序纳入刑事庭前程序与日本庭前公诉审查机制的缺失有着很大的关系。日本法官庭前不能对检察官的公诉进行审查，无论公诉是否有根据甚至是在检察官滥用公诉的情形下，法院也得照单全收公诉方的证据材料。如此，控辩双方所有的证据材料一律涌入正式的庭审程序，庭审程序往往要重新整理证据资料和辩论焦点，甚至使一些无关紧要的事项也要在庭审程序中解决，严重浪费了审判资源，造成了审判期限的旷日持久。于是乎，日本 2004 年才在庭前准备程序中增设了争点和证据整理程序。

争点和证据整理程序的增设意味着日本已经开始重视庭前程序在提高庭审效率方面的价值，但是客观地说，日本二战以来的刑事庭前程序改革并不是成功的，主要原因有两方面：一是日本对英美国家庭前程序运作机理的认识不够系统和全面。虽然其引入了英美国家"起诉状一本主义"的公诉方式，妄图一劳永逸，避免庭前预断，然而恰恰缺少对起诉状一本主义运作机理的全面认识。起诉状一本主义在英美国家适用于庭前准备程序，在此之前，预审程序中检察官需要将所有的案卷材料呈递给预审法官，案件经过预审法官的全面审查之后，才被允许向正式的庭审法院提起公诉。由于正式的庭审程序采用对抗式审判，当事人双方积极抗辩，陪审团消极听审和定罪，法官只有量刑权，自然没有移送全部卷宗的必要性。故而，起诉状一本主义的良性运作是以独立的预审程序和当事人主义的庭审模式为前提的，而日本的庭前程序恰恰缺少公诉审查程序，也没有专门的预审法官，盲目采用起诉状一本主义的公诉方式只能是"画虎不成反类犬"；二是日本刑事庭前程序改革失败的原因还在于其固有的传统职权主义理念和制度的干扰。日本社会对检察官寄予很高的期望，认为其是精密司法的代表者，一定能够代表国家履行好追究犯罪的职责，于是赋予很

[①]　章礼明：《日本起诉书一本主义的利与弊》，载《环球法律评论》2009 年第 4 期。

大的起诉裁量权，检察官的公诉权力几乎不受什么限制。并且庭前整理主要是以会议形式进行的，主要目的在于明确双方的争点，法官对检察官的起诉并无任何审查，这与目前世界上大多数国家着眼于完善公诉审查制度是不一致的。所以归根到底，日本庭前程序的改革失败的浅层原因在于庭前公诉审查机制的缺失，深层原因还是在于其对当事人主义诉讼程序的运作机理了解不够，以及自身的职权主义成分与当事人主义成分的互相排斥。鉴于日本刑事庭前程序改革的失败教训，未来我国刑事庭前程序的完善应当着眼于设置实质化的公诉审查机制，以及公诉审查阶段采用全案移送主义的卷宗移送方式，庭前准备阶段仍然采用全案移送主义的卷宗移送方式。

第四节　我国台湾地区的刑事庭前程序

我国台湾地区 1967 年的刑事诉讼法采用职权主义为主，当事人主义为辅的立法原则，导致实践中侦控审一体化，法官、检察官的角色混淆不清，法官接续检察官主动搜集犯罪证据，审判的大门一律不加选择的向公诉敞开，滥行起诉的现象经常发生，既浪费了司法资源，又侵犯了被告人的人权。在这样的司法场景下，2002 年 2 月 2 日其修正的刑事诉讼法增加了庭前公诉审查机制，立法院将其立法理由阐述为："为确实促使检察官负举证责任及防止其滥行起诉，基于保障人权之立场，允宜慎重起诉，以免被告遭受不必要之讼累，并节约司法资源之使用，参考有关检察官对于司法警察移送案件之退案审查制度精神及德国中间程序与美国「Arraignment」程序之「Motion to dismiss」（美国联邦刑事诉讼规则第 5 之 1 则、第 29 则）之立法宗旨，设计起诉审查程序。"[①] 2003 年 2 月 6 日，为了保证审判程序的集中进行，台湾地区又进一步完善了其庭前程序的认罪答辩、证据展示和争点整理机制，并赋予庭前程序一定的非法证据排除功能。台湾地区近年司法改革关于刑事庭前程序运作的经验，将为大陆地区刑事庭前程序的具体完善提供宝贵的借鉴。正如台湾地区新党主席，曾任台湾地方法院和高等法院法官及"立法院""立法委员"的谢启大女士所

[①]　美国《联邦刑事诉讼规则》第 5 之 1 则为预审规定，第 29 则为迳为无罪判决规定。

言："人民的很多权益是由全社会透过进步与共识逐步形成的。我坚信台湾是上天赐予中国的实验宝岛。在台湾实验成功的经验，大陆可以直接汲取、适用；在台湾实验失败的教训，大陆必须避免重蹈覆辙。在司法演进的道路上，台湾发展的经验，正是祖国大陆司法发展的借鉴。"①

一　台湾地区刑事庭前程序简介

我国台湾地区刑事庭前程序的增订与其 2002 年以来修法的"改良式当事人进行主义"有密切关系。1967 年台湾地区刑事诉讼法采用以职权主义为主，当事人主义为辅的立法原则，导致实践中侦控审一体化，法官、检察官的角色混淆不清，法官接续检察官主动搜集犯罪证据，审判的大门一律不加选择的向公诉敞开，滥行起诉的现象经常发生，既浪费了司法资源，又侵犯了被告人的人权。在这样的司法场景下，2002 年 2 月 2 日台湾地区对刑事诉讼法条文进行了修正，修法之重点有两个方面：一是将其职权主义的诉讼制度改为"改良式当事人进行主义"的诉讼制度，规定控方承担举证责任，庭审程序由控辩双方主导进行；二是强化对检察官追诉权行使的监督机制。新法第 161 条规定："检察官就被告犯罪事实，应负举证责任，并指出证明方法。法院于第一次审判期日之前，认为检察官提出之证明方法显不足认定被告有成立犯罪可能时，应以裁定定期通知检察官补正，逾期未补正者，得以裁定驳回起诉。驳回起诉之裁定已确定者，非有第 260 条②各款情形之一，不得对于同一案件再行起诉。违反前项规定，再行起诉者，应谕知不予受理之判决。"③

另外，如果案件起诉后，检察官认为数个犯罪事实具有裁判上的一罪关系，申请法院合并审判，此种情形庭前法官能否变更公诉？台湾"最高法院"2003 年 8 月 17 日第八次刑事庭会议决议：在起诉部分已经通过公诉审查的情况下，法院认为被告人显然有成立犯罪的可能，应依法裁定

---

① 谢启大：《台湾地区的司法状况及法律改革》，载崔敏主编《刑事诉讼与证据运用》（第三卷），中国人民公安大学出版社 2007 年版，第 393 页。

② 我国台湾地区刑事诉讼法第 260 条规定："不起诉处分已确定或缓起诉处分期满未经撤销者，非有下列情形之一，不得对于同一案件再行起诉：一、发现新事实或新证据者。二、有第四百二十条第一项第一款、第二款、第四款或第五款所定得为再审原因之情形者。"

③ 刘晶：《卷证并送主义下的公诉审查程序之构建——兼评〈刑事诉讼法〉第 172 条、第 181 条》，载《河北法学》2014 年第 6 期。

起诉部分进入审判程序。但是如果初步得到被告应该被判无罪的心证时，对于并案部分无需合并审判；如果法院形成被告人有罪的心证时，由于检察官申请合并审判，并非起诉，似乎不能适用公诉审查程序，但是参考刑事诉讼法增订起诉审查制的精神，法官运用审判长的诉讼指挥权，要求检察官补正相关证据即可。①

公诉审查之后，我国台湾地区 2003 年 2 月 6 日又对其刑事诉讼法第 293 条②做了修正。立法者认为为了让刑事审判程序密集而不间断地进行，则于开始审判前，应当做好相应的庭前准备活动，才能使审判程序密集、顺畅地进行，故而该次修法特别重视庭前准备程序。根据其刑事诉讼法第 273 条的规定，其庭前准备程序包括程序性诉讼要件、认罪答辩、整理争点、提前进行的证据调查程序、指定审判期日及传唤并通知诉讼参与人等一般庭前准备性活动。③ 主要内容如：（1）程序性诉讼要件之补正。法院收到起诉书以及并送的卷证之后，首先应当审查诉讼要件形式上有无欠缺，起诉或者其他诉讼行为，如果有在法律上欠缺程序性要件的，法院应要求其在一定的期间内补正。（2）认罪答辩程序。在庭前准备程序的进行中，如被告关于犯罪事实的自白，只要符合刑事诉讼法第 449 条第 2 项的规定④，法院得径以简易判决处刑（限轻微案件）。至于不符合第 449 条第 2 项之情形，被告对案情、证据均无争执（为有罪之答辩）之情形，

---

① 参见林俊益《论检察官函请并办之起诉审查》，载《月旦法学》2002 年第 88 期。

② 我国台湾地区现行刑事诉讼法第 293 条规定："审判非一次期日所能终结者，除有特别情形外，应于次日连续开庭；如下次开庭因事故间隔至十五日以上者，应更新审判程序。"

③ 我国台湾地区刑事诉讼法第 273 条对庭前准备涉及的实体和程序方面的内容做了专门的规定，规定："法院得于第一次审判期日前，传唤被告或其代理人，并通知检察官、辩护人、辅佐人到庭，行准备程序，为下列各款事项之处理：一、起诉效力所及之范围与有无应变更检察官所引应适用法条之情形；二、讯问被告、代理人及辩护人对检察官起诉事实是否为认罪之答辩，及决定可否适用简式审判程序或简易程序；三、案件及证据之重要争点；四、有关证据能力之意见；五、晓谕为证据调查之声请；六、证据调查之范围、次序及方法；七、命提出证物或可为证据之文书；八、其他与审判有关之事项。于前项第四款之情形，法院依本法之规定认定无证据能力者，该证据不得于审判期日主张之。前条之规定，于行准备程序准用之。第一项程序处理之事项，应由书记官制作笔录，并由到庭之人紧接其记载之末行签名、盖章或按指印。第一项之人经合法传唤或通知，无正当理由不到庭者，法院得对到庭之人行准备程序。起诉或其他诉讼行为，于法律上必备之程序有欠缺而其情形可补正者，法院应定期间，以裁定命其补正。"

④ 我国台湾地区现行刑事诉讼法第 449 条第 2 项规定："检察官依通常程序起诉，经被告自白犯罪，法院认为宜以简易判决处刑者，得不经通常审判程序，径以简易判决处刑。"

修正刑诉法另创设简式审判程序①，于被告为有罪答辩的情形下，可以不经过严格的证据调查程序而做出判决，以达到明案速判的目的，这种处理方法对被告、法官和检察官均有益处。如果被告否认犯罪，则利用庭前准备程序，在尊重当事人、代理人、辩护人、辅佐人意思的前提下，将审判期日调查证据的次序、范围及方法，事先予以确定，使得审判程序得以集中有效率地进行，以达到疑案慎断的目的。（3）争点整理及证据调查程序。为了使审判期日能够贯彻集中审理的要求，法院必须在庭前准备阶段确定到底审判期日应调查哪些证据。法院遇有必要情形，应当于庭前准备阶段先于当事人会商，确定庭审争点。否则，若是其至审判期日始当庭调查当事人的证据声请，便难贯彻集中审理。② 故而，台湾地区刑事诉讼法第273条规定了庭前准备程序中的争点整理内容。（4）庭前准备活动的法律效力。台湾地区2003年刑事诉讼法的修订规定了集中审理原则，与此同时，为了保障该原则的贯彻实施，新法273条、288条③尝试赋予庭前准备程序某些法律效果，包括：①有关证据能力的问题，若法院在庭前准备程序中认定某些证据没有证据能力，该认定具有拘束力，该证据不得在审判期日再被主张；②诉讼参与人经过合法的传唤或者通知，无正当理由不参加该程序者，法院进行缺席的庭前准备程序；③对于准备程序中当事人不争执之被告以外的人的陈述，如果属于传闻法则的例外情形，审判长可以以宣读或告以要旨代替。也就是说，我国台湾地区的刑事庭前准备程序可以解决一部分传闻证据的证据能力问题。

二　台湾地区刑事庭前程序的制度分析

透过我国台湾地区2002年以来的刑事司法改革，可以看出其刑

---

① 根据我国台湾地区现行刑事诉讼法第273条的规定，除被告所犯为死刑、无期徒刑、最轻本刑为三年以上有期徒刑之罪或高等法院管辖第一审案件者外，庭前准备程序进行中，被告先就被诉事实为有罪之陈述时，审判长得告知被告简式审判程序之旨，并听取当事人、代理人、辩护人及辅佐人之意见后，裁定进行简式审判程序。

② 王梅英、何赖杰、吴东都、黄荣坚、林山田、林钰雄、陈志龙、帅嘉宝：《〈刑事诉讼法〉改革对案系列研讨会之六——刑事审判之集中审理》，载《月旦法学》1999年第总55期。

③ 台湾地区刑事诉讼法第288条第2项规定："审判长对于准备程序中当事人不争执之被告以外之人之陈述，得仅以宣读或告以要旨代之。但法院认有必要者，不在此限。"

事庭前程序的设计正在逐步向现代法治国家靠齐。虽然如上文所述，两大法系国家在诉讼模式、诉讼传统、社会结构和意识形态等方面存在着较大的差异，但是庭前程序均具有共同的成分：公诉审查、证据展示、有罪答辩和争点整理等机制，正是这些机制前呼后应，互相配合，共同完成了庭前程序必备的人权保障、保障庭审公正、集中、高效地进行的功能。台湾地区的立法者正是看到了这一点，所以意识到了庭前程序在整个刑事程序中的重要性和必要性，因而在刑事诉讼法的修正中逐步向现代法治国家看齐，因而对台湾地区的庭前程序进行了修正。比如在 2002 年修法前，台湾地区的起诉定罪率并不高，因为检察官认定法院在庭审中有调查证据的义务，常常未充分搜集证据即将案件起诉，法院继续"侦查"。也正是这一原因，检察官的起诉定罪率并不高。以 1999 年贪污罪案件为例，检察官起诉的案件，有42% 的被告获得无罪判决，检察官难逃滥行起诉的嫌疑，法务部也饱受批评。[1] 然而，在实行起诉审查制度后，该状况有一定的改善。以法务部 2005 年统计的数据为例，可以看到实行起诉审查制度之后，检察官更加审慎地对待公诉，公诉数量是新收侦查案件数量的 1/3；在起诉人数较上年增加 53% 的情形下，定罪率却只增加了 27.6%，并且被告人入监率呈现出负增长，起诉审查制度较好地发挥了公诉审查和保障人权的功效（见表 1 - 1）。[2]

表 1 - 1　　　　　　　　　台湾地区法务部 2005 年统计

最新统计指标	2005 年 1 月	与上年同期比
新收刑事侦查件数	33272	+41.5%
起诉人数（含简易判决处刑）	10719	+53.0%
定罪人数	11032	+27.6%
新入监人数	2582	-53.3%

---

①　王兆鹏：《台湾刑事诉讼法的重大变革》，载汤德宗、王鹏翔主编《2006 两岸四地法律发展》（下），台湾"中央研究院"法研所筹备处 2007 年版，第 405 页。

②　参见台湾"法务部"统计处："2005 年法务统计重要指标分析"，2010 年 12 月 22 日。

但是，相较欧美国家而言，台湾地区的庭前程序的立法密度远远不够①，导致该制度在实践中必然出现问题。主要原因还是在于改良式的当事人进行主义在台湾本土的运行需要经过漫长的排斥、磨合、消化、改进的过程。台湾地区的刑事庭前程序的立法存在的主要问题如下。

1. 起诉审查覆盖庭前准备程序。起诉审查的起点在提起公诉之时，终点在法院正式审理案件之前。庭前审查与庭前准备阶段有部分重合，庭前准备程序开启后，似乎还可以进行公诉审查程序。②

2. 驳回起诉的条件太宽松。根据台湾地区刑事诉讼法的规定，法院如果发现检察官的不当公诉，不能直接驳回，只能先以裁定的方式通知检察官补正。检察官预期没有补正的，才能驳回公诉。首先，此规定由法官与检察官联手打击被告人的嫌疑，检察官的控诉不能达到足以认定被告有成立犯罪之可能时，法官应当直接驳回起诉，而不是通知检察官补正；其次，"补正"本身的含义显然不明确。是否能将其理解为"补提证据"，包括证据关系、证据与待证事实之间关联性的补充说明等涉及犯罪是否成立的实体事项的补强，③ 涉及范围太大；最后，只有在检察官逾期没有补正的前提下，才可以驳回起诉，该前提条件实在太宽松。这就意味着如果检察官接到补正通知后，虚应其事，随便补充一两项证据，法院则不得驳回起诉，案件仍然进入正式的审理程序。故而在驳回起诉方面设置前提条件，将会有违起诉审查制度设计的初衷，当事人主义的诉讼构造难以实现。

3. 驳回起诉的裁定不具有确定力并且与不予受理之判决前后矛盾。根据其刑事诉讼法第 161 条，驳回起诉的裁定确定后，除非有新事实、新证据，否则不得再行起诉。如果再行起诉，应谕知不予受理之判决。为什

① 以德国为例，其刑事诉讼法从第 199 条开始共有 15 个法条明确细致地规定了中间程序的适用阶段、操作程序和审查标准等。

② 台南地院 1993 年度易字第 571 号裁定即认为：经本院于准备程序中分别向缉获被告之台南县警察局永康分局及被告被警察缉获后收容的台南监狱台南分监函查结果，均未曾对被告采集尿液，有台南县警察局永康分局 1993 年 6 月 8 日函及台南监狱台南分监 2004 年 6 月 30 日函调可稽查。故而此案无任何被告服用毒品的证据。也就是说，本案检察官指出的证明方法显然不足以认定被告人有成立犯罪的可能。

③ 参见柯耀程于立法院司法委员会第四届第六会期《刑事诉讼法第 161 条、第 163 条——增强当事人进行主义及探行心证公开制度之可行性》公开会报告。

么台湾地区现行刑事诉讼法条文在此种情形下采用"不予受理之判决",而没有采用"驳回起诉的裁定",立法院的修正理由简单附会台湾地区现行刑事诉讼法第303条关于不予受理的情形,① 认为证据属于起诉书应记载的事项,故而"法院依起诉书所载之证据,其心证仍不能达到合理怀疑被告有成立犯罪可能者,应认可其系起诉程序欠缺"②,这种说明非常牵强,不能让人信服。

4. 起诉审查的标准不明确,实务中不好操作。台湾地区刑事诉讼法第161条将审查标准限定为"显不足以认定被告人有成立犯罪的可能"。同时,该法在251条却把检察官的起诉标准表述为"足认被告有犯罪嫌疑",关于如何设定起诉的门槛,台湾学界与实务界争论不断,主要有以下观点:(1)法定嫌疑说。主张以251条"起诉法定原则"要求的"足以认定被告有犯罪嫌疑"作为筛选门槛;③ 但是,"足认被告有犯罪嫌疑"的审查标准又不易把握,到底多大程度的"嫌疑"是"显无嫌疑"?台湾学者王兆鹏曾经请教11位法官、6位检察官、21位辩护人,受访人有认为所谓的"犯罪嫌疑"必须是有百分之百的有罪心证,有认为只要50%以上即可,完全无共识。④ (2)形式有罪说。检察官应尽证据提出责任,假设其提出之证据全部为真实而不先争执其证明力,此时是否足以支持该要件该当,若是,则证据形式上有罪,达到起诉门槛;⑤ 台湾学界有学者认为该说主张的起诉审查门槛过高,已经接近法院有罪判决的程度,可以由放到正式的庭审程序解决中证明。并且采用该说将会增加审查密度与劳费,造成诉讼程序迟滞。⑥ (3)"显不足以认定被告人有成立犯罪的可能"说,认为斟酌检察官起诉意旨及全案卷证材料,依据经验法则与伦理法则,客观上可立即判断检察官举出之证据方法根本不足以认定有成立

---

① 根据台湾地区现行刑事诉讼法第303条的规定,起诉程序违背法律规定的,应做出不予受理的判决。

② 台湾地区立法院公报,《院会记录》,91卷10期,2001年2月2日,第913—914页。

③ 林钰雄:《鸟瞰二〇〇二年一月刑事诉讼之修正》,载《台湾本土法学杂志》2002年第33期。

④ 参见王兆鹏《当事人进行主义之刑事诉讼》,元照出版有限公司2002年版,第179页。

⑤ 参见王兆鹏《起诉审查——与美国相关制度之比较》,载《「刑事诉讼法之最新增修与实践」学术研讨会》2002年6月,第14页。

⑥ 参见陈运财《起诉审查制度研究》,载《月旦法学》2002年第总88期;林钰雄:《严格证明与刑事证据》,法律出版社2008年版,第162页。

犯罪之可能者，即未满足其刑事诉讼法 161 条的开启审判之门槛。① 此起诉审查标准也已经接近法院有罪判决的程度，易造成起诉审查程序与庭审程序的功能混同，增加审查的司法成本，降低诉讼效率。

5. 公诉审查可能违背无罪推定原则。首先，公诉审查法官与案件的审判法官没有分离，二者为同一人时，无法防止法官的庭前偏见和预断；② 其次，庭前程序法官就证据能力作严格证明之认定，不仅有预断的嫌疑，亦混淆了预审制度与审判程序的功能；③ 最后，若法官告知检察官证据不足以构成有罪，需要重新补正，被告人则不能通过正式的庭审程序直接被判无罪，而是要等到检察官再次查证后才能确定，此规定直接推翻了无罪推定原则，是旧法偏重打击犯罪，轻视人权保障思想的复辟。

6. 公诉审查的形式不明。起诉审查有狭义和广义的两种含义。狭义的起诉审查以检察官搜集的犯罪证据和举证情况为基础，由法院裁定被告人的犯罪嫌疑程度是否达到了开启审判程序的条件，是关于被告人犯罪事实的实体性审查。广义的审查不限于案件事实的实体性审查，还包括形式化的审查，包括起诉本身的诉讼要件是否齐备？诉讼行为是否合法，有无违法取证的情况？是否是出于恶意、不公平或者违法侦查所为的滥用公诉行为？到底台湾地区的公诉审查是狭义范围的审查还是广义范围的审查，法条规定并不明确。

7. 起诉审查为法律的强制性规定。法院依职权开启公诉审查程序。但是，被告人无选择或者放弃该程序的权利，该规定与"改良式的当事人主义"立法政策互相矛盾。

8. 公诉审查程序覆盖庭前准备程序。公诉审查的适用阶段在检察官提起公诉之后和正式的庭审程序开始之前，覆盖住了庭前准备阶段。台湾地区刑事诉讼法第 273 条规定："庭前准备程序起诉或其他诉讼行为，于

---

① 参见蔡清游《刑事诉讼法第一六一、一六三条修正后之新思维、新作为》，载《司法周刊》2002 年 1 月 23 日第 1067 期。另外，台湾司法院修正发布的《法院办理刑事案件应行注意事项》第九五则规定，及刑诉法第 159 条第 2 项立法理由规定："本法第 161 条第 2 项有关起诉审查之规定，系法院于第一次审判七日前，斟酌检察官起诉意旨及全案卷证材料，依据经验法则与论理法则，客观上可立即判断检察官举出之证据方法根本不足以认定有成立犯罪之可能……"

② 纵博、郝爱军：《台湾地区公诉权制约机制及其借鉴意义》，载《台湾研究集刊》2009 年第 4 期。

③ 黄翰义：《从实证法论我国起诉审查制度之存废》，载《月旦法学杂志》2006 年第 135 期。

法律上必备之程序有欠缺而其情形可补正者，法院应定期间，以裁定命其补正。"与此同时，其刑事诉讼法第 161 条关于公诉审查程序的规定也规定："法院于第一次审判期日之前，认为检察官提出之证明方法显不足认定被告有成立犯罪可能时，应以裁定定期通知检察官补正。"故而，台湾地区庭前准备程序中的补正有时可能会与起诉审查程序中的补正相混淆。①

第五节　刑事庭前程序比较之启示与热点问题分析

一　刑事庭前程序比较之启示

透过典型国家和地区的刑事庭前程序的制度分析，可以看出庭前程序的独立设置在刑事程序中已成必然的趋势。刑事庭前程序不仅包含着一般庭审事项的准备活动，还包括丰富的公诉审查、证据展示和争点整理、认罪分流、审前裁决等内容，正是这些内容互相配合、前呼后应地在庭前排除非法公诉，筛选和评价证据，就相关事项达成协议，使得庭审程序能够集中、高效和公正地进行。在这一点上，两大法系国家在具体的诉讼场景和构造方面，虽然存在着较大的差异，但是都自发地形成了相似的庭前程序，这就说明庭前程序在刑事实践中存在的必要性。我国台湾地区 2002年之前采用职权主义的立法原则，2002 年之后采用"改良式当事人进行主义"的立法原则，设置了庭前公诉审查、有罪答辩、争点整理和证据调查程序，这也说明了设置独立完整的刑事庭前程序已经成为必然的趋势。相比较而言，二战后日本的刑事庭前程序改革则较为功利和短视，为我们提供了一个改革失败的范本。原因在于其盲目采用起诉状一本主义的公诉方式却废除了庭前预审机制，忽略起诉状一本主义在英美国家的运作前提之一是严格的公诉审查机制和庭前审查法官。公诉方提供的卷宗材料根本没有经过庭前法官的审查就直接进入审判程序，虽然 2004 年在庭前准备程序中增设了争点和证据整理程序，但是其目的仅仅在于明确双方的争点，提高庭审的效率，缺少对公诉权的合理规制和被告人权利的重视，

---

① 参见林钰雄《刑事诉讼法》（下），中国人民大学出版社 2005 年版，第 152 页。

加上立法赋予检察官很大的起诉裁量权，庭前程序中被告人要想有所作为，为正式的庭审程序做好准备恐怕非常困难。日本这种刑事庭前程序的制度设计严重违背了现代刑事诉讼制度人权保障的原则，更与刑事庭前程序的国际发展趋势背道而驰。

二　刑事庭前程序中的热点问题分析

除了公诉审查、证据展示和争点整理、认罪分流、审前裁决等必要的组成内容之外，典型国家的刑事庭前程序还妥善解决了以下几个方面的重要问题。

（一）审查的内容、时间和标准

根据庭前审查程序本身蕴涵的权力制衡和人权保障价值，庭前即应当对检察官的公诉材料进行全面的审查，例行公事的程序化审查没有实质意义。在这一方面，两大法系的国家都要求检察官提交全部的卷宗材料，方便庭前法官的审查。只不过，英美国家采用诉前审查机制，原因在于案件一旦被法院正式受理，为了避免庭前预断，庭审法官庭前不能阅卷，因此庭前审查程序的终点自然应当在法院正式受理公诉之前。与此同时，英美国家采用起诉状一本主义的公诉提起方式，法院庭前无卷宗可查，这意味着控诉方一旦提起正式的公诉，法院就得受理案件。从这一方面而言，英美国家只能采用公诉提起前的审查机制；大陆法系国家则采用诉后的庭前审查机制。原因在于大陆法系国家长期奉行职权调查原则，整个社会较为信任司法官的司法素质和能力，同时这些国家要求控诉方在整个庭前程序均需要提交全部的卷宗材料，特别是有些国家和地区如德国和台湾地区并未设置独立的庭前法官，因此其庭审审查程序设置在检察官正式提起公诉之后，为诉后审查。

另外，关于庭前审查的证明标准，现代法治国家和地区均认识到庭前审查只是公诉标准的审查，而非正式的审判程序。故而，审查起诉的证明标准原则上要低于正式的庭审程序，高于侦查程序。具体的证明标准在各个国家都有着不同的争议，但是实践中法官会牢牢把握这一点。

（二）审查法官的独立设置问题

关于庭前审查法官的设置，英美国家和大陆法系国家存在显著的差异。英美国家为诉前审查，庭前程序完全独立于正式的庭审程序，有自己成熟的一套运行规则，而且为了避免庭前预断，英美国家彻底割裂庭前审查程序与庭审程序之间的联系，故而英美国家的庭前法官都是独立设置的，一般为基层的治安法官。其中英国的治安法官又分为无薪治安法官和领薪治安法官。前者是英国治安法院从事审判工作的主力。在英格兰和威尔士活跃着大约 3000 名非职业治安法官。领薪治安法官由英国女王从上议院大法官推荐的至少执业 7 年的出庭律师或者事务律师中加以任命，退休年龄是 70 岁，全国目前约有 105 人。① 大陆法系国家的庭前法官一般也独立设置，如法国的预审法官。

当然，基于职权调查主义的诉讼传统，德国的中间程序法官和正式的庭审法官就没有区分。但是，德国的刑事程序整体运作非常科学和完善，有效地避免了庭前预断。首先，根据德国刑事诉讼法典第 160 条第 2 款，检察官负有"客观性义务"，要求其全面地对案件事实进行调查，包括对被告人有利的证据。② 其次，在随后的中间程序中，检察官要将这些证据开示给被告方。③ 因此，法官对检察官起诉时所并送的证据往往只是形式上的审查，预断程度有限。最后，在正式的庭审程序中，德国采用直接言词原则，各种证据非经法庭辩论不具有证据能力，法官严格遵守证据裁判规则和证明标准。④ 简而言之，即使中间程序会对被告人产生预断，完全可以通过系统的司法制度来弥补。故而，德国庭前法官没有独立设置在实践中并没有带来负面的效应。但是，我国台湾地区的庭前审查法官没有独立设置就没有避免庭前预断。原因在于台湾地区的司法改革意图实现德国的中间程序与美国的庭前程序的完美融合，但是由于刚刚起步，立法密度不够，实践经验还不够丰富，特别是庭前审查程序和庭前准备程序在适用阶段上的重合还是为庭前预断创造了条件。总之，庭前审查程序发展的趋势还是设置独立的庭前法官，在采用职权主义诉讼模式的国家或者地区更应当如此。

（三）审查阶段的公诉变更问题

不告不理是现代刑事诉讼制度的国家原则，未经起诉的犯罪，法院原

---

① 参见 ［英］约翰·斯普莱克《英国刑事诉讼程序》，徐美君、杨立涛译，中国人民大学出版社 2006 年版，第 108—110 页。

② 李昌珂：《德国刑事诉讼法典》，中国政法大学出版社 1995 年版，第 80 页。

③ 刘晶：《卷证并送主义下的公诉审查程序之构建——兼评〈刑事诉讼法〉第 172 条、第 181 条》，载《河北法学》2014 年第 6 期。

④ 刘磊：《起诉书一本主义之省思》，载《环球法律评论》2006 年第 2 期。

则上不得进行审判。所以，从起诉的效力而言，法院的审判范围不能超过公诉书所指的被告人和公诉事实的范围。如果法院对未经起诉的犯罪审判，则会违背审判权本身的被动性、中立性属性，司法审判将会沦为草率打击犯罪、轻视人权的害民利器；如果公诉方在正式的庭审程序中可以随意地变更公诉事实，追加被告人，刑事诉讼将会成为检察机关滥用公诉的工具，检察机关将会成为整个刑事程序的无冕之王，刑事审判将会成为检察机关突袭审判的专门场所。与此同时，整个刑事庭前程序的价值和功能就会被架空，公诉审查、庭前证据展示和争点整理、庭前会议等庭前程序所取得的阶段性成果立刻化为乌有。但是，随着庭前审查程序的推进，证据材料、主观认识、案件的客观事实均有可能呈现出与公诉书记载的内容不一致的情况，某些案件需要对公诉范围即审判对象做出一定程度的变动。于是乎，如何科学、合理地限制刑事案件的公诉范围就成了庭前程序必须要解决的主要问题之一。

在这一点上，英美国家基于当事人主义的诉讼传统，仅仅承认一种情况下的公诉变更：缩小认定包容性犯罪，即庭前法官变更的犯罪事实或者罪名要轻于或者包括在原公诉事实的范围之内。大陆法系国家则基于职权调查原则，赋予庭前法官相对的变更公诉权力，但是变更后的公诉事实与原犯罪事实要具有同一性，即二者具有相互通融的密切关系，同为一个自然的犯罪事实历程。我国台湾地区在案件通过公诉审查程序的前提下，只要案件的起诉部分和并案部分具有审判不可分的裁判上一罪的关系，法官就可以运用审判长的诉讼指挥权，要求检察官补正相关证据变更公诉。例如一百多年前我国台湾地区在日本占领期间发生的一起案例中，检察官起诉的罪名是"恐吓取财"罪，法院改判的是"私擅监禁"罪，理由为后者的行为已经被包含于前者的犯罪事实中。[①] 再如，检察官起诉被告人在甲、乙两处盗窃林木，法院按连续犯的刑法理论处理该案，将检察机关未提起公诉的被告人在丙地盗窃林木的犯罪事实一并纳入审判的范围。[②]

（四）庭前程序中的卷宗移送问题

对庭前程序中的卷宗移送要分阶段理解。一方面，基于公诉审查的需

---

① 明治三十二年控刑第 119 号判决。参见王泰升《台湾日治时期的法律改革》，台北联经出版事业公司 1999 年版，第 282 页。

② 大正十二年（1923 年）上刑第 49 号判决。参见王泰升《台湾日治时期的法律改革》，台北联经出版事业公司 1999 年版，第 282—283 页。

要，两大法系国家在庭前审查阶段均实行全案移送制度。但是在案件进入庭前准备阶段之后，两大法系国家在庭前案卷材料的提交方面，则存在非常明显的差异。英美国家采用陪审团听审的审判模式，审判进程和结果由控辩双方当事人以言词辩论的形式集中进行，法官只消极地听审。并且在这之前的其庭前审查程序由专门的预审法官主导。故而，为了避免庭前预断，保障庭审的实质化，英美国家在庭前准备阶段要求检察官只提交起诉书即可，即采用"起诉状一本主义"的公诉提起方式；大陆法系国家则基于传统的职权调查原则，在该阶段要求检察官继续移送全部刑事卷宗，以使得庭前准备法官在庭前全面阅卷的基础上对庭审进程及其进行过程中可能出现的问题能够做一个大致的把握。①

（五）证据筛选和评价问题

无论在任何国家的刑事诉讼进程中，庭前证据的筛选和评价机制均是一个非常重要的问题，因为庭前筛选的证据范围以及庭前法官对证据证明力的判断将会直接影响着庭审的进程和结果。在这一方面，英美国家由于遵循先例判决制度，证据规则的具体适用不断被杂乱无序的先例修改和充实，要求没有受过系统法律知识训练的陪审团掌握简直是天方夜谭。在此情形下，为了避免非法的证据污染陪审团的自由心证，必须由预审法官在庭前对证据的可采性进行一定程度的判断。当然，庭前的证据筛选机制要和正式的庭审程序区分开来，庭前程序不能成为"小型庭审会"。证据的证明力必须在正式的庭审程序中通过当事人举证、质证和认证来实现。另外，对于一些庭前程序中不能及时发现的或者当事人庭审中提出异议的非法证据，如果这部分证据的交叉询问已经在庭审中进行一段时间，法官将指示陪审团排除这部分证据，同时要求其自由心证不要受到该部分证据材料的影响。

相反，在大陆法系国家，由于职权调查原则贯彻刑事诉讼的每一个阶段，这些国家的法律则要求庭前法官预先对各种证据的证明力作出评价，并且赋予法官实质的庭前调查权力。法官在庭前程序中可以对证人询问，对被告人进行讯问，以及提前对物证、书证等进行勘验和检查，甚至采取一切其认为有必要采取的庭前调查措施。不过，这些国家也认识到庭前程

---

① 参见蔡杰、刘晶《刑事卷宗移送制度的轮回性改革之反思》，载《法学评论》2014 年第 1 期。

序非正式的庭审程序，庭前法官在庭前程序中做出的证明力裁断还有待于正式的庭审程序的审查确认，因此其庭前证明标准要低于正式的庭审程序，而不是我国检察官起诉的证明标准："犯罪事实清楚，证据确实、充分"，都已经达到了庭审定罪量刑的标准。① 为了全面查清案件的事实真相，大陆法系国家的庭前程序一般不对证据的可采性做出判断，所有证据材料的可采性和证明程度都要在庭审程序中由法官做出最后的裁断。

（六）庭前程序的效力问题

无救济则无权利。庭前当事人双方达成的合法协议或者法官居中做出的裁断必须具有法律效力，否则庭前程序就会流于形式，成为水中之月，没有实质意义。在这一方面，两大法系国家包括我国台湾地区首先肯定了庭前审查的法律效力，案件只有经过公诉审查才能被法院受理。然后，其在后续的证据展示、争点整理、有罪答辩环节，在自愿合法的前提下，英美国家对双方当事人的庭前协议效力进行充分地肯定。当事人之间实在不能协商解决的事项，则由法官居中裁断；大陆法系国家则在庭前程序中赋予法官主动参与权，对庭前程序中涉及的相关事项主动做出裁断，特别是庭前认罪程序，法官一定要审查被指控人认罪的自愿性和合法性。总之，庭前程序中当事人达成的合法协议和法官做出的裁断都必须具有法律效力，如此庭前程序才能真正地发挥其人权保障和庭审配合作用，保障以审判为中心的各项诉讼制度改革的实现。

（七）庭前程序中的辩护方人权保障问题

人权保障是刑事程序设计的基本目标，刑事庭前程序也不例外。首先，庭前的公诉审查、证据展示以及有罪答辩等程序本身就处处贯穿着保护被告人的思想和具体措施。比如公诉审查阶段仅需要控方提供材料并且承担举证责任，证据展示阶段控方需要将其掌握的全部拟在庭审程序中出示的证据，甚至是搜集到的对被指控人有利的证据都要在庭前呈现给辩护方，以及被指控人庭前认罪必须出于自愿，等等。其次，庭前程序切实赋予被指控人各项诉讼权利。如被指控人在庭前程序中可以申请审前释放或者对非法羁押的行为提出控告。这些权利在英美国家主要体现为被指控人

---

① 当然，庭前程序的证明标准也不能够是我国刑事诉讼法第181条规定的"起诉书有明确的指控犯罪事实"，此证明标准实在太低，有放纵检察官滥用公诉、侵犯人权以及控审联合打击犯罪嫌疑人之嫌。

的程序启动权、相关事项申请权和异议权。在大陆法系国家稍有不同，被指控人不具有程序启动权，仅具有相关事项的申请和异议权。不过大陆法系国家的庭前法官往往要充分发挥其职权调查作用，审查庭前裁断的做出是否违背公平和正义原则，以此来保障被告方的人权。比如法官要主动审查被告人认罪是否是自愿和合法，庭前准备活动中如果审判人员或者公诉范围有变动，应当及时告知被告人，必要时还要重新给予其准备辩护的期间，等等。再次，除了专门的证据展示环节，庭前程序的其他环节被指控人也可以获知控方掌握的证据资料，以维护控辩双方真正的防御平等。以庭前审查程序为例，该程序除了完成其制度设计本身过滤公诉的目的外，还成为被告方知悉起诉方指控根据及其他材料的有效途径。复次，庭前程序中切实保护被指控人获得律师帮助的权利。在美国，如果被追诉者未获得律师的帮助，原指控和审判可能将会无效。在德国，法官通常在这个阶段会依职权对没有辩护人的被告人指定辩护律师。最后，限制庭前媒体对案件的报道。庭前法官、律师、警察等均不得在庭审开始前泄露案件的相关信息，记者也可能因为侵害调查秘密而构成犯罪，以此来避免公众受到误导形成庭前预断。

第四章

我国刑事庭前程序的现状与反思

第一节　我国刑事庭前程序之现状

一　卷宗移送制度的轮回性改革之评价

在 2013 年我国刑事诉讼法中，卷宗移送制度由 1996 年旧《刑事诉讼法》的"主要证据复印件移送制度"改为"全案移送制度"，由此复归了 1979 年《刑事诉讼法》所确立的"全案移送制度"，从而使我国刑事卷宗移送制度一直在否定之否定的圈子里徘徊。时隔 30 多年，主要证据复印件移送制度在司法实践中的运行究竟出了什么纰漏导致卷宗移送制度又重回旧路？回归全案移送制度后，该制度适用的庭前场景有无相应的改观？该制度固有的旧疾——庭前预断是否会复发？理性、冷静地分析其立法背景以及司法实务中的运作状态进而将该制度置于整个刑事庭前程序的改革情景下，或许能够对我国刑事卷宗移送制度的轮回性改革做一个客观的得失评价。

（一）从"全案移送制度"到"主要证据复印件移送制度"的改革背景

1996 年刑事诉讼法修改时，理论界和实务界几乎众口一词地认为，"全案移送制度"的一个重大弊端是法官通过预先查阅检察官移送而来的卷宗材料，了解控方的证据之后，便会根据控方意见和证据产生被告人有罪的预断，并倾向于追诉，从而对法官本应具有的中立性造成极为消极的影响。[①] 这种看法的背后无疑是我国当时特定的刑事司法改革场景。1996

---

① 参见陈瑞华《刑事审判原理论》，北京大学出版社 2003 年版，第 223 页。

年刑事诉讼法第一次修改时，旧法已经运行近二十年，刑事诉讼结构一直是以职权主义为特征，显示出一种强烈的国家主义倾向。程序上一直延续着"侦查定案、起诉照办、法院宣判"①的流水化作业模式，侦查阶段的卷宗接力式地呈递到正式的庭审现场，法官在正式的庭审程序前即全面阅读和研究案卷，正式的庭审程序开启后，法官则采用职权调查原则，奉行案卷中心主义，导致庭前预断与庭审程序的关系过于密切，庭审走过场。当时，我国的改革开放也已走过了近二十个年头，法律界开始对域外司法制度有了比较广泛的关注，对我国刑事司法长期以来的强职权主义诉讼构造一直持强烈的批判态度，而对以英美国家为代表的对抗制审判则一直艳羡有余，期冀通过吸收、借鉴以实现庭审中心主义，革除庭前预断。是故，英美法系国家"起诉状一本主义"的公诉提起方式开始成为学界的研究热点。所谓"起诉状一本主义"，即公诉机关在起诉时，除公诉书以外，不得向法院附带任何可能导致法官预断的证据或者其他文书。起诉状一本主义其实是当事人主义对抗式诉讼制度的产物，该制度强调陪审团应当在完全空白心证的条件下听审、庭审控辩双方积极争斗、庭审采用言词辩论原则，此时自然无全部移送案卷材料的必要。鉴于我国刑事司法自晚清以来即采用职权主义的诉讼构造，强调司法机关打击犯罪和追求权力顺畅运作的配合性，司法权力在诉讼中的行使具有相当程度的主导性，并不具备培植当事人主义诉讼模式的土壤。我国法律界也注意到了上述国情，因此，在庭前卷宗的移送方式上，采用了折中式的改革路径，也即仅要求移送主要证据的复印件，其主要考虑的是使当事人主义成分与我国的本土司法资源"择优结合""兴利去弊"，从而既有效地避免了庭前预断问题，又不会因为没有移送案卷材料而导致法官在庭前无法有效地对庭审做好必要的准备，进而导致庭审无法集中高效地进行。②

（二）"主要证据复印件移送制度"的困境

为了排除庭前预断和实现庭审程序之集中审理，1996 年的《刑事诉讼法》对我国原有的主要证据复印件移送制度进行了改革，规定检察机关在移送证人名单、证据目录的同时要移送主要证据复印件或者照片。其

---

① 徐静村：《走向法治的思考》，法律出版社 2003 年版，第 144 页。

② 蔡杰、刘晶：《刑事卷宗移送制度的轮回性改革之反思》，载《法学评论》2014 年第 1 期。

后，这种折中式的卷宗移送制度在司法操作中的问题日益显现，主要原因在于"主要证据复印件"范围狭窄，具有偏向性。迄今为止，我国现行法律并未对"主要证据"的范围进行界定，司法实践中证据的"主要""次要"之划分全凭承办案件的检察官的主观判断。[①]在此背景下，"主要证据复印件"在司法操作中引发了一系列的负面效应。首先，"主要证据复印件"移送制度不能完全排除法官的庭前预断。在我国刑事庭审中，法官不是"消极的仲裁者"，法官不仅控制着法庭审理活动，还主动地参与法庭调查，加上错案责任追究制的影响，决定其必须要在庭前对证据材料有相当程度的把握。但是，由于"主要证据"的确定具有较大的灵活性和主观性，实践中检察机关移送到法院的"主要证据复印件"一般只是有罪证据的复印件，而少有甚至完全省略了罪轻、可以或应当从轻、减轻、免除刑事处罚的证据，庭审法官在庭前基本上接触不到有利于辩方的证据，因此可以说，法官的判断一开始就建立在不全面、不公正的认识基础上，这种折中的"犹抱琵琶半遮面"的案卷移送制度只能是"利之不达而害之不浅"。[②]其次，"主要证据复印件"无法保障辩护律师的阅卷权，控辩力量严重失衡。虽然 2008 年我国《律师法》规定辩护律师从审查起诉之日起有权查阅、摘抄、复制与案件有关的所有材料，但是，检察机关提起公诉后，尽管案件已经进入法庭审理阶段，全部卷宗材料却要等到庭审结束后才由检控方移送法院。在此期间，如果辩护律师提出阅卷申请，往往也只能查阅被告人涉嫌有罪的"主要证据复印件"，该阶段成为"阅卷空白期"。[③]最后，以"主要证据复印件"的形式移送的证据材料具有片面性，导致庭审效率低下。"主要证据复印件"范围的狭窄性与偏

---

　　① 根据最高人民法院、最高人民检察院、公安部、国家安全部、司法部、全国人大常委会法制工作委员会《关于刑事诉讼法实施中若干问题的规定》第 36 条规定，"主要证据"包括：（一）起诉书中涉及的各证据种类中的主要证据；（二）多个同种类证据中被确定为"主要证据"的；（三）作为法定量刑情节的自首、立功、累犯、中止、未遂、正当防卫的证据。人民检察院针对具体案件移送起诉时，"主要证据"由人民检察院根据以上规定确定。《人民检察院刑事诉讼规则》第 283 条规定，人民检察院针对具体案件移送起诉时，"主要证据"的范围由办案人员根据本条规定的范围和各个证据在具体案件中的实际证明作用加以确定。

　　② 陈卫东、韩红兴：《初论我国刑事诉讼中设立中间程序的合理性》，载《当代法学》2004 年第 4 期。

　　③ 蔡杰、刘晶：《刑事卷宗移送制度的轮回性改革之反思》，载《法学评论》2014 年第 1 期。

向性导致法官无法把握案件的症结或关键所在。亦即,法官不能有针对性地进行法庭调查;另一方面,在未掌握全部证据材料的情况下,法官亦不敢贸然对控辩双方持有异议的证据做出判断,而是需要"留待庭后评议再做决定",但这无疑会降低庭审的效率。[①]

正是由于"主要证据复印件移送制度"在司法操作中出现一系列问题,以及我国传统的职权主义调查原则的根深蒂固,所以2013年新《刑事诉讼法》实现了向全案移送制度的回归。该法第172条规定人民检察院做出起诉决定时,应当按照审判管辖的规定,向人民法院提起公诉,并将案卷材料、证据移送人民法院。但是,需要注意的是,"全案移送制度"的回归仍然面临着庭前预断问题,该问题已成为"全案移送制度"无法摆脱的魔咒,对我国新《刑事诉讼法》的实施提出了挑战。

二　公诉审查程序之现状

(一) 审查流于形式

近30年来,在我国刑事诉讼法的修改中均未设置独立的公诉审查程序。我国刑事诉讼法学界的热门话题一直过于集中在检察机关诉讼监督职能的拓展,对于其公诉权的滥用现象,缺乏应有的关注和重视。[②] 自1979年我国刑事诉讼法实施以来,虽然庭前审查标准已经从实体上"犯罪事实清楚、证据确实充分"降低到2013年形式上的"起诉书中有明确的指控犯罪事实"。[③] 但是我国公诉审查程序一直流于形式,实践中只要法院立案庭的书记员或者法官认定卷宗材料达到了形式要求,马上就会程式化地对案件进行登记,随后迅速地将其移送到刑事审判庭。刑事审判庭的承办法官开庭前再全面地阅读刑事卷宗并且不得退回案件,公诉审查的运作程序沦为一个形式化的接力传递公诉材料的过程,一直延续的是"庭前查明事实,庭审核实验证"的诉讼传统。

---

①　参见张丽、关倚琴《浅析卷宗移送制度》,载《中国检察官》2012年第6期。

②　刘晶:《卷证并送主义下公诉审查程序之构建——兼评〈刑事诉讼法〉第172条、第181条》,载《河北法学》2014年第6期。

③　比如1979年刑事诉讼法第108条规定的审查标准是形式上的"犯罪事实清楚、证据充分";1996年刑事诉讼法第150条规定的审查标准是"起诉书中有明确的指控犯罪事实并且附有证据目录、证人名单和主要证据复印件或者照片";2013年采用全案移送的庭前卷宗移送方式之后,第181条规定的审查标准是"起诉书中有明确的指控犯罪事实"。

（二）不合法的公诉一律进入审判的大门，造成公诉滥用现象

公诉权的不受制约导致了一系列公诉权滥用的现象发生。① 比如，一些案件检察机关追加被告人，变更公诉事实的范围和适用罪名②；一些案件检察机关随意撤回公诉再重新恣意起诉。据统计，2003—2005 年北京市检察机关撤回起诉案件共计 191 件，撤诉后又重新起诉的占 21.9%，③ 还有一些案件是检察机关的报复性起诉案件。比如重庆"彭水诗案"、陕西"志丹短信案"、"殷新生诬告陷害案" 等检察机关以诽谤罪报复公民舆论监督的案件④，以及"王一冰律师伪证案"⑤ 等检察机关滥用伪证罪追究律师刑事责任的案件，等等。

公诉权滥用还导致了一系列的冤假错案。比如，在司法实践中，公诉机关即使发现可以对刑事被告人以证据不足不起诉，鉴于"捕后不诉"会影响检察机关的绩效考核以及其权力的强大，故而其对已批捕的刑事被告人提起公诉。⑥ 更有甚者，为了追求考核甚至不惜劝说被告人认罪换取量刑。一方面，鉴于法院没有对公诉进行实质化审查的权力，只能无条件开庭审理，而且为减轻案件负荷与维系诉审关系，法院往往也倾向于

① 比如 2003 年发生在浙江杭州的叔侄冤案中，物证和目击证人等直接证据缺乏。在该案的刑事卷宗中，定罪的证据除了同看守所"狱侦耳目"袁连芳听到的"嫌疑人私下承认犯罪事实"的证言，只有被告人的口供。如此明显存在疑点的卷宗根本达不到起诉的条件。

② 例如，2013 年《最高人民法院关于适用〈中华人民共和国刑事诉讼法〉的解释》第 241 条第 2 项规定："起诉指控的事实清楚，证据确实、充分，指控的罪名与审理认定的罪名不一致的，应当按照审理认定的罪名作出有罪判决。"第 243 条规定："审判期间，人民法院发现新的事实，可能影响定罪的，可以建议人民检察院补充或者变更起诉。"与此同时，最高人民法院、最高人民检察院、公安部、国家安全部、司法部、全国人大常委会法制工作委员会同时期适用的《关于实施刑事诉讼法若干问题的规定》第 30 条也规定："人民法院审理公诉案件，发现有新的事实，可能影响定罪的，人民检察院可以要求补充起诉或者变更起诉，人民法院可以建议人民检察院补充起诉或者变更起诉。"

③ 参见单晓云、李旺城《检察机关撤回起诉适用"危机"及改革出路——对北京市近年来检察机关撤回起诉案件情况的实证研究》，载《北京联合大学学报》2008 年第 3 期。

④ 参见王梅芳《舆论监督与社会正义》，武汉大学出版社 2005 年版，第 340 页。

⑤ 参见曾民等《律师出家》，《南方周末》2001 年 6 月 14 日。

⑥ 例如，江苏某市级检察机关对基层检察机关公诉部门进行考核的标准为："每无罪判决 1 件扣 2 分，提起公诉案件撤回公诉的，每撤回起诉一件扣 1.5 分。"在绩效考核标准的影响下，即使发现刑事被告人定罪证据不足，在已批准逮捕的情形下，检察机关原则上会提起公诉，更不会撤回公诉。

"审辩交易"，即通过减轻量刑换取被告人的积极认罪；[1] 另一方面，正式的庭审程序开启后，如果公诉方的证据不足，法院不能退回检察院补充侦查或者驳回起诉，只能权衡利弊而以减轻量刑换取认罪或直接"疑罪从轻"，巧妙地规避了法条漏洞，也实现了所谓"政治效果、社会效果与法律效果的统一"。已发生的呼格吉勒图、张氏叔侄、佘祥林、赵作海、杜培武冤案等无不与我国审判大门不加选择地对公诉机关敞开有关。

三　刑事庭前准备程序之现状

（一）关于新《刑事诉讼法》庭前会议的立法评价

新《刑事诉讼法》增加了庭前会议程序，其第 182 条第 2 款规定："在开庭以前，审判人员可以召集公诉人、当事人和辩护人、诉讼代理人，对回避、出庭证人名单、非法证据排除等与审判相关的问题，了解情况，听取意见。"有学者认为其初步构建了具有我国特色的刑事庭前会议制度。如果说整个审判程序的改革是一个美丽的皇冠的话，庭前会议制度的构建则是这顶皇冠上最耀眼的明珠之一。[2] 庭前会议制度的适用时间限于正式的庭审程序开启以前，其确立在一定层面上反映了我国法律学界和实务界开始对刑事庭前准备程序的相当程度上的关注。但是，遗憾的是，我国法律学界和实务界对庭前准备程序功能的认识还较为单一、片面，认为其应当附属于正式的庭审程序，主要功能在于提高效率，即通过必要的准备为顺利进行庭审创造条件，[3] 鉴此，此次修法庭前会议流于形式，仅限于"了解情况，听取意见"，没有实质上的法律效力。事实上，虽然正式的庭审程序决定被告人最终的命运，但是，在庭前准备阶段，控辩双方证据交换的范围、非法证据的排除，相关证据的调查和保存及被告人是否可以主动认罪等问题往往牵涉到被告人的权利保障、公诉权的合法规制及法官的司法审查权力的范围和大小等，故而现代法治国家普遍认识到庭前准备程序有其独立的程序价值，而不是正式庭审程序的附庸。[4] 我国未来

---

[1]　参见孙长永、王彪《刑事诉讼中的审辩交易现象研究》，载《现代法学》2013 年第 1 期。

[2]　参见陈卫东、杜磊《庭前会议制度的规范建构与制度适用》，载《浙江社会科学》2012 年第 11 期。

[3]　参见陈卫东《刑事诉讼法》，中国人民大学出版社 2004 年版，第 340、341 页。

[4]　刘晶：《刑事庭前准备程序的反思与重构》，载《东方法学》2014 年第 3 期。

刑事庭前准备程序不能管中窥豹，过度倚重功能单一的刑事庭前会议制度。

（二）"一步到庭式"的庭审模式使准备程序虚置化

除了刑事庭前准备程序的功能单一化之外，"一步到庭式"的庭审模式使准备程序失去了运作的时空。我国 1979 年《刑事诉讼法》在庭前案卷材料的移送方式上采用全案移送主义，规定检察院必须在庭前将所有案卷材料移送给人民法院，由法院对公诉材料的合法性进行全面的、实质化的审查，这种审查方式一直有庭前预断的嫌疑和弱化庭审程序的弊端。于是，1996 年《刑事诉讼法》修改时，要求检察机关提起公诉时，应当移送起诉书、证据目录、证人名单以及主要证据的复印件，公诉审查由实质性审查转变为了程序性审查。但是，由此带来的问题是，不但没有革除掉原来"审前预断"乃至"先定后审"的缺陷，反而失去了原来的通过驳回起诉来防止不当追诉的作用，事实上使公诉权无法受到司法权的有效制约。[1] 如今，我国又恢复了全案移送制度，为了做好庭审准备工作，案件的主审法官往往要在庭前对刑事卷宗进行全面化、实质化的审查，但是，这种审查并不具有法律效力，因为即使审查发现刑事卷宗认定的案件事实或者适用法律存在问题，法院也必须有诉必审。故而，我国目前的刑事庭前准备活动仍然限于通知开庭日期、传唤当事人、确定合议庭以及回避等程序化的事项，即仅仅是为"一步到庭"做好充分的准备，没有多少实质内容可言。

四　庭前分流机制之现状

现阶段，我国法院受理的案件一直在持续上升，增幅明显。最高人民法院统计的数据显示，2014 年 1—9 月，人民法院受理刑事案件 769835 件，同比增长 7.15%。[2] 2014 年 10 月 23 日，中国共产党十八届中央委员会第四次会议审议通过的《中共中央关于全面推进依法治国若干重大问题的决定》提出"改革法院案件受理制度，变立案审查制为立案登记制，对人民法院依法应该受理的案件，做到有案必立、有诉必理，保障当事人

---

[1]　陈卫东、李奋飞：《刑事庭前审查程序研究》，载樊崇义主编《诉讼法学研究》第 2 卷，中国检察出版社 2002 年版，第 109 页。

[2]　最高人民法院网站 http://www.court.gov.cn/，2016 年 3 月 21 日访问。

诉权"。此后，我国人民法院受理的案件数量增长更为显著。2015 年 4 月最高人民法院院长周强在全国法院立案登记制改革视频会上强调，立案登记制改革是司法体制改革的重点任务，是践行司法为民的重大举措，是确保公正司法的重要环节。立案是审判的前提和基础，是启动司法程序的总开关，是关系司法体制改革成败的重要一环。① 周强要求全国法院对符合法律规定的案件，一律接收诉状，当场登记立案。于是，各地法院纷纷开启网上自助立案系统，包括诉讼服务网、12386 立案热线、远程立案登记等具体立案申请实施流程。立案登记制微观上是当事人诉权的保障，满足了人民群众对于司法的需求，宏观上立案登记制有利于解决各类社会纠纷和矛盾。但是，任何的制度设计必须经过通盘地全面考察，立案登记制度的实施不可避免地要面对人民法院受理案件数量激增的问题。据了解，2015 年 5 月 4 日，《最高人民法院关于人民法院登记立案若干问题的规定》实施后的首日，北京市朝阳区立案接待量增长六成。② 试点立案登记近一个月以来，江苏省海安县人民法院开发区法庭立案大厅受理各种民商事案件、行政案件、刑事自诉案件 894 件，受案量同比增长 17%。③ 2015 年，全国法院新收案件近 1800 万件，新收、审执结案件同比增幅均创新高，新收、审执结案件的同比增幅均是 2014 年的 3 倍多，也是近 10 年来的最高水平，新收一审案件数量首次突破千万件，同比增幅接近 2014 年的 3 倍。④ 与此同时，我国当前正在进行如火如荼的法官员额制改革，各地法官的中央政法专项编制要从 58% 左右压缩到 39% 以下，案多人少的矛盾可能会更加突出，原来法官的事务性工作负担可能会更重，每一名法官每周阅读多份卷宗是"司法的不能承受之重"，审判的质量也将无法保证。⑤ 与此

---

① 张春波、孙若丰：《全国法院立案登记制改革视频会在京召开》，载《中国审判》2015 年第 8 期。

② 石岩、曹璐：《朝阳法院：多举措"备战"立案登记制改革》，载《中国审判》2015 年第 10 期。

③ 丁国锋：《海安法院降低门槛有诉必理》，载《法制日报》2015 年 1 月 28 日。

④ 最高人民法院网站 http：//www.court.gov.cn/，2016 年 3 月 21 日访问。

⑤ 不过，也有一些法院已经启动了司法人员分类管理改革，首轮改革后办案数量有所提升。自 2014 年中央政法委确定上海、湖北、广东、吉林、海南、青海、贵州为全国首批 7 个司法体制改革试点之后，这些地方的法院、检察院先后启动了法官、检察官入额制评选机制。比如在 2015 年 8 月 13 日，湖北省首批入额的 670 名法官分别在当地同时进行了入额宣誓。该省原有法官人数占中央政法专项编制数的比例为 64.49%，改革后入额的法官占中央政法专项编制数的

同时，我国刑事案件的庭前分流机制却非常不理想，实践中我国基层检察院刑事不起诉的适用率是很低的，与其程序分流、人权保障、贯彻宽严相济的刑事政策的功能相差甚远。具体如下。

（一）相对不起诉制度适用率严重低于预期目标

在我国，检察院能够做出不起诉决定的有三种情形：法定不起诉、酌定不起诉和存疑不起诉三种。其中，法定不起诉又称为绝对不起诉，只要犯罪嫌疑人的犯罪事实达到了法定的不起诉条件，检察机关应当无例外地不起诉。我国《刑事诉讼法》第15条对其规定了六种情形：（1）情节显著轻微、危害不大，不认为是犯罪的；（2）犯罪已过追诉时效期限的；（3）经特赦令免除刑罚的；（4）依照刑法告诉才处理的犯罪，没有告诉或者撤回告诉的；（5）犯罪嫌疑人、被告人死亡的；（6）其他法律规定免予追究刑事责任的。上述六种情形根本就没有达到刑事案件最低的公诉门槛：要么不构成犯罪，要么犯罪人死亡或者犯罪已经过了追诉时效、被特赦，因此法定不起诉在实践中没有操作弹性，无论是我国还是世界各国的检察机关，都绝对地对其做出不起诉决定，此类案件没有讨论庭前分流

比例为34.73%。为保证审判工作不受影响，武汉市中级人民法院根据湖北高级法院规定的2：1：1团队配比要求，全院重新组建47个合议庭，以庭长、副庭长为核心，采取"4审2助2书"或"3审3辅"模式，即一个审判团队由4名法官、2名法官助理及两名书记员组成，或3名法官加3名司法辅助人员组成，程序性事务的办事效率大大提高，法官从送达等程序性事务中解放出来，专职审判。同时，庭长、副庭长都要承办具体案件并且设有审案数量的硬性规定。如此，入额的法官均被充实到一线审判工作上，每个审判团队、每名法官均人尽其才，司法资源得到最大化的利用。武汉市中级法院的统计表明：2015年9月1日新审判团队运行后至12月，武汉中级法院共审结案9172件，结案率由前8个月的65.81%升至82.71%，法官人均结案106件，较司法改革前提升41%。需要强调的是，湖北省的司法改革或许提高了法官的断案效率，但远远不能满足我国现阶段案件数量飞速增长的需要。"案多人少"的矛盾不是只靠员额制改革就可以解决的。事实上，从2015年5月1日起，我国把原有的立案审查制改为立案登记制，降低了立案门槛，导致案件数量增加。以上海市为例，员额制改革只扩充了10%的审判力量到一线，而上海去年各级法院受理的案件数有较大幅度增加，达到60来万件。上海市的市人大代表丁浩算了一笔账，以现在入额的法官数量来计算，2015年每个法官要审理270多个案子。他认为法官的工作量太大，在如此大的压力下，要保证案件质量存在难度。而从上海经济发展的情况来看，以后案件数量会越来越多。上海市的人大代表在审议两院报告时，建议通过引入多元化的纠纷解决机制，从源头减少法院的案多问题。其中，刑事案件引入公诉审查、和解、认罪答辩等庭前案件筛选机制未必不是一个好的选择。参见胡新桥、刘志月《湖北做强审判团队办案模式》，载《法制日报》2016年1月15日第3版；陈颖婷、金豪《解决"案多人少"，不能只靠员额制——人大代表审议"两院"报告》，载《上海法治报》2016年1月29日。

机制的必要。

酌定不起诉又称为"相对不起诉"，适用于犯罪嫌疑人的行为已经构成犯罪，但是情节轻微，依照刑法规定不需要判处刑罚或者可以免除刑罚的情形。此种情形下检察官应用起诉便宜主义对案件进行权衡，如果认为舍弃诉权更为适宜时，可以作出不起诉决定。我国刑事诉讼法对其规定了以下几种具体适用的情形：（1）犯罪嫌疑人在中华人民共和国领域外犯罪，依照我国刑法规定应当负刑事责任，但在外国已经受过刑事处罚的；（2）犯罪嫌疑人又聋又哑，或者是盲人的；（3）犯罪嫌疑人因明显防卫过当造成重大损害而犯罪的；（4）犯罪嫌疑人因紧急避险超过必要限度造成不应有的损害的；（5）为犯罪准备工具、制造条件的；（6）在犯罪过程中自动终止或自动有效防止犯罪结果发生，没有造成损害的；（7）在共同犯罪中，起次要或辅助作用的；（8）被胁迫参加犯罪的；（9）犯罪嫌疑人犯罪较轻，自首的；（10）有重大立功表现的。

相对不起诉的立法初衷是为了庭前对案件进行分流、节省司法资源以及给犯罪嫌疑人一个改过自新的机会，充满了人性光辉与司法理性，但是我国基层检察院的适用率却很低。根据我国学者成懿萍所做的实证调查（见表2），2003—2006年四川省资阳市全年不起诉比率不到1%，"构罪即诉"成为工作常态。2008年全国刑事审判法律监督专项检查活动中，经清理发现四川省职务犯罪案件判处缓免刑的合计847人，缓免刑的适用比例高达72.7%，不起诉制度严重虚置化。[①] 原江苏省苏州市人民检察院副检察长李赞对苏州市2003—2006年的刑事案件判决情况进行了统计分析，适用不起诉的案件人数非常低，占全年审结案件总的比例不到0.9%，然而该市刑事案件诉后判处免予刑事处罚、管制、单处财产刑、拘役、缓刑的人数和比例却远远高于不起诉案件，证明相当多的案件应当适用相对不起诉，相对不起诉制度并没有发挥应有的案件分流功能。[②]

表2−1　　　　　　　　　　S市刑事案件不起诉情况　　　　　　　　　单位：人

年度	合计	起诉	不诉	不诉率（%）
2003	8252	8209	43	0.52

---

① 成懿萍：《刑事不起诉率偏低之实证分析——以某地2003—2010年刑事不起诉案件为分析对象》，载《中国刑事法杂志》2011年第8期。

② 李赞、张凤军：《不起诉案件的实证分析》，载《国家检察官学院学报》2007年第5期。

续表

年度	合计	起诉	不诉	不诉率（%）
2004	10138	10058	80	0.79
2005	11340	11244	96	0.85
2006	12078	11988	90	0.75

表 2 – 2　　　　　　　　　S 市刑事案件判决情况　　　　　　　　单位：人

年度	合计	拘役	管制	罚金	免刑	缓刑	比例（%）
2003	7358	1013	17	151	21	1024	30.25
2004	9830	1311	4	278	29	1403	30.77
2005	10587	1026	7	250	24	1571	27.18
2006	11313	1036	4	218	136	1774	28

（二）附条件不起诉制度适用率也低于预期立法目标

针对未成年人犯罪，我国刑事诉讼法第 271 条还规定了附条件不起诉制度，即对于一些未成年人的轻微犯罪，如邻里、同学、同事之间纠纷引发的故意伤害轻伤案件、数额较少的盗窃案件，如果犯罪情节较轻，且已经通过经济赔偿、赔礼道歉等方式获得被害人的谅解，可以适用附条件不起诉制度。检察机关可以给其设置一定期限的考验期，期满后根据考察情况，对其作出起诉或者不起诉的决定。其设立的目的一方面在于庭前分流案件，减轻人民法院和监狱的压力，另一方面在于促进被害人和未成年犯罪人和解，平复被害人的心理创伤，以及避免短期自由刑给未成年人带来的交叉感染，给其重新做人的机会，避免社会给其贴上犯罪者标签。

根据我国刑事诉讼法第 271 条的规定，对未成年人犯罪嫌疑人适用附条件不起诉需要具备以下四个条件：一是未成年人涉嫌的犯罪是刑法分则第四章、第五章、第六章规定的犯罪；二是未成年人可能被判处一年以下有期徒刑。该有期徒刑是宣告刑，而非法定刑。大部分未成年人犯罪情节基本较轻，如果再有自首、立功、犯罪未遂等量刑情节，非常有可能被判处 1 年以下的有期徒刑。据不完全统计，上海某区法院少年庭 2011 年判处 1 年有期徒刑以下的刑罚占该院判决的未成年人犯罪案

件总数的 61.24%。①2011 年内，海淀区检察院共受理未成年人案件 230
件 303 人，其中被实际判处 1 年以下有期徒刑的 170 人，适用罪名符合
附条件不起诉规定的 167 人，占一半以上；② 三是符合起诉条件。一方
面，我国刑事司法一直有有诉必审的传统，另一方面，根据现行刑事诉
讼法第 181 条的规定，只要起诉书中有明确的指控犯罪事实的，人民法
院就应当决定开庭审判。透过该规定，可以看出我国刑事诉讼法对检察
机关提起公诉几乎没有设置任何的门槛，试想想，哪一份公诉书没有
"明确的指控犯罪事实"！所以，我国绝大部分的刑事案件都符合这一
起诉标准；四是未成年人具有悔罪表现。实践中，认罪案件占全部刑事
案件的90%以上，为犯罪嫌疑人的悔罪奠定了基础。③ 从上述四个条件
的分析可以得出结论，我国至少有一半的未成年人刑事案件可以适用附
条件不起诉制度。然而，实际司法实践中的状况却大相径庭。有学者对
我国东北三省检察机关附条件不起诉的适用状况进行了调研，发现该制
度在这些地区的适用率普遍不到 3%。④ 附条件不起诉制度在其他地方
使用率也是非常低。例如北京市海淀区人民检察院 2012 年 5 月被确立
为附条件不起诉试点院后，半年仅在 3 件 6 人中进行了附条件不起诉考
察，且适用罪名均为盗窃罪。该院未成年人案件检察处副处长程晓璐表
示，检方之所以半年试点中仅对 2.3% 未成年犯罪嫌疑人展开附条件不
起诉工作，主要因为附条件不起诉程序繁琐，增加了检察机关检察监督
环节，需要在考察前、考察后进行汇报，还需要形成诸多法律文书。在
办案重压下，可能导致检察官不愿意主动适用附条件不起诉。⑤ 西南地
区 C 市某检察院 2013 年截至 6 月 30 日一共处理 70 个未成年人犯罪，

---

① 徐松青、张华：《〈刑事诉讼法〉修正案附条件不起诉解读与应对》，载《法律适用》
2012 年第 10 期。

② 黄洁：《程序复杂附条件不起诉遭"冷落"——北京海淀半年仅 2.3% 涉未嫌疑人附
条件不起诉》，载《法制日报》2013 年 5 月 9 日第 5 版。

③ 谢登科：《困境与出路：附条件不起诉适用实证分析》，载《北京理工大学学报》（社
会科学版）2015 年第 4 期。

④ 同上。

⑤ 黄洁：《程序复杂附条件不起诉遭冷落——北京海淀半年仅 2.3% 涉未嫌疑人附条件不
起诉》，载《法制日报》2013 年 5 月 9 日第 5 版。

但是其中适用附条件不起诉制度的仅为 3 人，适用率不足 4.3%。①

（三）存疑不起诉的适用率极低

存疑不起诉又称证据不足的不起诉。根据我国刑事诉讼法第 171 条第 4 款的规定，对于二次补充侦查的案件，人民检察院如果仍然认为证据不足，不符合起诉条件的，应当作出不起诉的决定。鉴此，适用存疑不起诉的程序性要件为案件经过两次补充侦查；实体性要件为证据不足。《人民检察院刑事诉讼规则》第 404 条进一步将其细化，规定具有下列情形，不能确定犯罪嫌疑人构成犯罪和需要追究刑事责任的，可以作出证据不足的不起诉决定：（1）犯罪构成要件事实缺乏必要的证据予以证明的；（2）据以定罪的证据存在疑问，无法查证属实的；（3）据以定罪的证据之间、证据与案件事实之间的矛盾不能合理排除的；（4）根据证据得出的结论具有其他可能性，不能排除合理怀疑的；（5）根据证据认定案件事实不符合逻辑和经验法则，得出的结论明显不符合常理的。证据不足的不起诉，应当经检委会讨论决定。存疑不起诉的法定法律后果为：应当作出不起诉决定，案件在审查起诉环节就可以终止刑事程序。

实践中，存疑不起诉只适用于轻罪刑事案件，对于重罪案件极少适用。原因如下：一是存疑不起诉的决定可能会引发犯罪嫌疑人申请国家赔偿的问题。根据 2013 年 1 月 1 日新实行的我国《国家赔偿法》第 17 条和第 21 条的规定②，对公民采取逮捕措施后，决定不起诉的，作出逮捕决定的机关即检察机关为赔偿义务机关。有学者认为不起诉案件中被逮捕的

---

① 尹怡：《未成年人附条件不起诉考察制度初探——以 C 市某区检察院附条件不起诉考察制度为样本》，载《成都师范学院学报》2014 年第 2 期。

② 与新《刑事诉讼法》2013 年 1 月 1 日同时实行的《中华人民共和国国家赔偿法》第 17 条规定："行使侦查、检察、审判职权的机关以及看守所、监狱管理机关及其工作人员在行使职权时有下列侵犯人身权情形之一的，受害人有取得赔偿的权利：（一）违反刑事诉讼法的规定对公民采取拘留措施的，或者依照刑事诉讼法规定的条件和程序对公民采取拘留措施，但是拘留时间超过刑事诉讼法规定的时限，其后决定撤销案件、不起诉或者判决宣告无罪终止追究刑事责任的；（二）对公民采取逮捕措施后，决定撤销案件、不起诉或者判决宣告无罪终止追究刑事责任的……"第 21 条规定："行使侦查、检察、审判职权的机关以及看守所、监狱管理机关及其工作人员在行使职权时侵犯公民、法人和其他组织的合法权益造成损害的，该机关为赔偿义务机关。对公民采取拘留措施，依照本法的规定应当给予国家赔偿的，作出拘留决定的机关为赔偿义务机关。对公民采取逮捕措施后决定撤销案件、不起诉或者判决宣告无罪的，作出逮捕决定的机关为赔偿义务机关……"

嫌疑人属于国家赔偿法中"没有犯罪事实的人"，检察机关应对存疑不起诉案件中被逮捕的嫌疑人进行赔偿。[①] 存疑不起诉决定书应作为刑事赔偿确认文书。[②] 当然，也有检察官认为"错误逮捕"的前提是"行为人没有犯罪事实"，没有犯罪事实是指经过查证，犯罪嫌疑人没有实施犯罪行为，从根本上排除其犯罪嫌疑人的身份。因此，不能将"证据不足"等同于"没有犯罪事实"，不能认为凡是作出存疑不起诉决定的案件都应当由检察机关承担赔偿责任。[③] 进而还有人认为逮捕与存疑不起诉具有诉讼阶段上的先后性，适用逮捕的条件[④]与适用存疑不起诉的条件完全不同，在审查起诉阶段对犯罪嫌疑人作出的存疑不起诉的决定，并不必然意味着在审查批捕阶段检察院存在错误逮捕的事实。[⑤] 但是，无论如何，存疑不起诉一直难以摆脱国家赔偿的困境，导致检察委员会在做出该决定时慎之又慎，尽量避免其适用。二是存疑不起诉易滋生争议和引发职业风险。相较于相对不起诉而言，存疑不起诉案件中的被害人无法就物质损失提起刑事附带民事诉讼。如果存疑不起诉决定书的说理不能达到足够让人信服的地步，被害方可能上访，将增加检察官的职业风险。三是根据最高人民检察院公诉厅2001年3月发布的《人民检察院办理不起诉案件公开审查规则》第4条及第10条的规定，争议较大并且在当地有较大影响的案件，检察院做出不起诉的决定之前，要先进行公开审查。公开审查程序中人民检察院应当听取侦查机关、犯罪嫌疑人及其法定代理人、辩护人，被害人及法定代理人、诉讼代理人的意见，允许公民旁听；可以邀请人大代表、

---

① 苏彩霞：《从对国家赔偿法的理解看存疑不起诉的赔偿》，载《上海市政法管理干部学院学报》2001年第1期。

② 王亚民、黄悦、常玉海：《存疑不起诉决定书应作为刑事赔偿决定书》，载《检察日报》2008年2月14日第3版。

③ 陈华：《析存疑不起诉的刑事赔偿》，载《上海市政法管理干部学院学报》2000年第3期。

④ 根据我国刑事诉讼法第79条的规定，提起逮捕的条件是"有证据证明有犯罪事实，可能判处徒刑以上刑罚的犯罪嫌疑人、被告人，采取取保候审尚不足以防止发生社会危险性……对有证据证明有犯罪事实，可能判处十年有期徒刑以上刑罚的，或者有证据证明有犯罪事实，可能判处徒刑以上刑罚，曾经故意犯罪或者身份不明的……"

⑤ 徐美君：《对存疑不起诉者不应予以刑事赔偿》，载《上海市政法管理干部学院学报》2001年第1期；陈华：《析存疑不起诉的刑事赔偿》，载《上海市政法管理干部学院学报》2000年第3期。

政协委员、特约检察员参加；可以根据案件需要或者当事人的请求，邀请有关专家及与案件有关的人参加；经人民检察院许可，新闻记者可以旁听和采访。公开审查活动结束后，应当制作不起诉案件公开审查的情况报告，提出起诉或者不起诉的建议，呈报给检察长或者检察委员会，最后由检委会讨论是否作出不起诉的决定。综上可以看出，一个检察官直接提起公诉，是一马平川，没有任何职业风险；一个检察官要对案件存疑不起诉，会经历体制上的多重困难。从人性的角度，检察官会本能地避免该制度的适用。

（四）庭前和解的刑事案件大部分都进入了审判环节

刑事和解是一种脱胎于恢复性司法理念的新型犯罪解决机制，恢复性司法理念认为仅仅使犯罪人承担刑事责任并不能恢复被犯罪行为破坏的社会关系，特别是平复被害人的心理创伤，加害人和被害人心理上的敌视或者对抗仍然存在。因而，刑事司法制度应当设计一种被害方和加害方互动的交流机制，在这种机制中，被害方可以阐述犯罪行为给自己带来的肉体和精神创伤，加害人则需要真诚地认罪悔罪，向被害方赔礼道歉，恢复名誉、赔偿损失等。这一过程可以由司法机关或者是社区德高望重的人主持，监督和解程序的自愿和合法性。刑事和解体现了刑事司法的宽容和歉抑性，节约了司法资源，基本上消除了犯罪人再次犯罪的心理暗示，最大程度上抚慰了被害人的心理创伤和恢复了被犯罪行为所破坏的社会关系。根据我国刑事诉讼法第 277 条的规定，在我国可以适用刑事和解的案件一般是可能判处三年以下有期徒刑的人身伤害和盗窃、抢夺等轻微刑事案件以及一般的过失犯罪案件，这些案件在刑事司法程序中还是占有相当大的比例的，完全可以通过庭前和解将这部分案件分流出去，以使得正式的庭审程序集中高效地审理重大、复杂、社会影响大的刑事案件，保障庭审中心主义的实现。

然而，实践中刑事和解的适用率还是很低的，以广东省珠海市香洲区检察院为例，该院地处珠三角经济发达地区，毗邻港澳，外来人口众多，办理刑事案件的数量一直处于较高的水平。自 2006 年以来，该院移送起诉的案件总体上呈上升态势，适用刑事和解不起诉的案件数、人数所占的比例也呈上升趋势。但是，相对于庞大的受案数量，该院适用刑事和解的案件数量非常有限，最高的 2009 年也只占 1.3%。与此同时，该院刑事和解不起诉的人数占不起诉总人数的比例一直上升，2009 年达到 55%，说明通过刑事和解在实践中已经成为不起诉的主要形式。① 到了 2010 年 1 月至 2011 年 12 月，珠三角地区的和解率平均为 14.3%，未成年人犯罪的和解率为 17.96%；粤北地区的和解率平均为 16.75%，未成年人犯罪的和解率为 20.05%；粤西地区的和解率平均为 18.1%，未成年人犯罪的和解率为 13.43%；粤东地区的和解率平均为 21.5%，未成年人犯罪的和解率为 33.77%。② 这种情况说明刑事和解有较大的发展空间，但是，实践中对于犯罪人和被害方和解的刑事案件，检察院一般会起诉到人民法院，同时提出从宽处罚的建议。当然，量刑建议也有不被法院接受的可能。刑事和解预期的案件分流功能也没有得到发挥。

第二节　我国刑事庭前程序之反思

一　卷宗移送制度之反思

（一）认识之误区

30 多年以来，我国法律界关于卷宗移送制度和庭前预断的关系一直缺乏全面、系统的眼光，似乎全案移送制度等于庭前预断，起诉状一本主义的公诉方式就一定避免庭前预断。这种误区与我国法律界长期以来对职权主义诉讼构造的片面认识有很大的关系。这种认识的根据在于：强职权主义的诉讼构造强调检察机关与法院同为追究犯罪的国家司法机关，为使法官对案件有相当程度的认识，以便使庭审有效进行，检察机关便应将卷宗及证物一并在庭前交于法院，以便法官这一最终发现真实的主导者为日后调查证据及指挥诉讼做好准备。然而，也正是因为法官须预先接触证据，故而导致了法官有可能因此而形成预断的嫌疑。③ 反观当事人主义的诉讼构造，因其采行当事人主义，诉讼对象由当事人自主确定，证据由当事人收集，诉讼程序的进行由当事人主导，法院则居于公平的第三人的立

---

① 彭小明：《刑事和解不起诉的问题与思考——以和解不起诉之实证分析为视角》，载《中国检察官》2010 年第 8 期。

② 将石平：《刑事和解的法制化建构》，中国政法大学出版社 2015 年版，第 24 页。

③ 参见黄朝义《当事人主义与起诉卷证不并送制度》，载《月旦法学教室》2004 年第 20 期。

场，就当事人的攻击、防御为公平的裁判。为了保障法官在完全空白心证的情况下莅临法庭审判，庭前公诉材料的移送方式即采用起诉状一本主义，也即控方起诉时，只随案移送一份公诉书，而不得附带任何证据及其他相关资料。显然，起诉状一本主义的公诉方式能够彻底阻断庭前审查与预断之间的联系。① 鉴此，我国学界相当多的学者开出了起诉状一本主义的药方，希望以此来改良庭前程序。②

事实上，影响有罪判决率高低的因素十分复杂，卷宗移送方式与庭前预断并无必然的关系，"全案移送主义"并不等于庭前预断，起诉状一本主义也不意味着一定会排除庭前预断。③ 以德国为例，其各邦虽均采用全案移送制度，但有罪判决率多半维持在90%以下，无罪率为2.7%，我国台湾地区也采用全案移送制度，其有罪判决率更低；④ 反观日本，自1949年新刑事诉讼法采用起诉状一本主义以来，其有罪判决率除个别年份外，每年都在99%以上，接近100%，且与新刑事诉讼法实施之前的年份相比大致相当，不少年份甚至略高。⑤

（二）问题之本源

罗马法曾有一句重要的法谚："立法的理由消失了，法律也就不存在了。"换句话说，30多年以来，我国全案移送制度根本性的立法理由——书面阅卷形成裁判结论的审判文化并未发生改变，故而在庭前卷宗的移送方式上当然要恢复为全案移送制度。我国刑事法官普遍存在着庭前阅卷的强烈需要，因为只有庭前阅卷，法官才能对案件事实和证据适用形成自己的看法，才能够对庭审进程有一个大致的把握，这也是体现法官办案能力

---

① 蔡杰、刘晶：《刑事卷宗移送制度的轮回性改革之反思》，载《法学评论》2014年第1期。

② 参见张泽涛《我国现行〈刑事诉讼法〉150条亟须完善》，载《法商研究》2011年第1期；李奋飞：《从"复印件主义"走向"起诉状一本主义"——对我国刑事公诉方式改革的一种思考》，载《国家检察官学院学报》2003年第2期；陈卫东、郝银钟《我国公诉方式的结构性缺陷及其矫正》，载《法学研究》2000年第4期；莫丹谊《论日本刑事诉讼中的预断排除原则》，载《现代法学》1996年第4期。

③ 蔡杰、刘晶：《刑事卷宗移送制度的轮回性改革之反思》，载《法学评论》2014年第1期。

④ 参见王梅英《阅卷权之限制》，载《台湾本土法学杂志》2003年第48期。

⑤ 参见［日］松尾浩也《关于裁量起诉主义》，载西原春夫主编《日本刑事法的形成与特色》，李海东等译，法律出版社、成文堂1997年版，第163页。

的一项专业技能。据笔者在湖北省某市一个基层法院所做的调查，该基层法院有刑庭法官 5 名，每年审理案件将近 1300 件，每名法官平均每天审理 2—3 件刑事案件，最多的时候一个法官一天审理过 10 个案件。在巨大的案件数量和非常有限的司法资源方面，法官必须庭前查阅案卷。但是，也正是基于庭前阅卷，全案移送制度一直难以摆脱庭前预断的嫌疑。

既然"全案移送主义"不等于庭前预断，"起诉状一本主义"也不意味着一定能够排除庭前预断（如日本），那么，我国卷宗移送制度问题的本源究竟在哪里？任何一个现象的存在都不是偶然的，考量庭前程序中的预断问题必须具有宏观性、整体性的眼光。刑事诉讼运行中出现的每一个问题都不能与其整体司法场景割裂。卷宗移送问题的研究同样不能脱离其适用的具体场景，而且尤其应当将该问题置于庭前程序甚至是整个刑事诉讼框架中，进而探究该问题相关的庭前审查、庭前准备等庭前程序的运行要素与机理，甚至是庭审实质化、诉审关系、司法审查、惩罚犯罪与保障人权观念之间的冲突，等等，正是上述因素的综合作用才导致我国卷宗移送制度在否定之否定的圈子里加以循环。① 当今世界，无论是英美国家"起诉状一本主义"的卷宗移送方式，抑或是大陆法系国家的"全案移送"方式，二者均排除了庭前预断。究其原因，在于这些国家分阶段的卷宗移送方式以及相关的庭前程序设计，即庭前程序分为两个阶段：公诉审查阶段和庭前准备阶段。第一个阶段两大法系国家均采用全案移送制度，因为不全案移送就无法对公诉的合法性进行全面的审查。当然，公诉审查法官通常是与案件的主审法官分开设置的。公诉审查程序一方面将达不到公诉标准的案件在庭前程序中被排除，抑制了公诉权的滥用，另一方面又排除了庭前预断。第二个阶段英美国家的检察官只提交公诉书，不移送任何卷宗材料。该阶段的进程由控辩双方当事人推进，双方当事人可以进行广泛的证据展示形成庭审质证的焦点，还可以就公诉事实进行认罪协商，此前不合公诉条件的案件也已被剔出，况且正式的庭审程序是由陪审团在空白心证的状态下听审，法院只有量刑权而没有定罪权，庭前准备法官自然不需要再次查阅全部卷宗材料。所以，庭前准备阶段这些国家采用起诉状一本主义的卷宗移送方式。反之，大陆法系国家在庭前准备阶段则

---

① 蔡杰、刘晶：《刑事卷宗移送制度的轮回性改革之反思》，载《法学评论》2014 年第 1 期。

仍然采取全案移送制度，这与其特定的职权主义调查传统有关。但是，大陆法系国家基本上避免了全案移送制度带来的庭前预断问题，原因在于大陆法系国家的庭前准备制度相当完备，如前所述，包括证据调查、证据交换和争点形成、认罪交易以及一般性的庭前准备活动，通过这些庭前准备活动，控辩双方已经确定庭审的证据范围和争点，甚至辩护方在自愿、公正的前提下进行认罪协商程序。虽然大陆法系国家强调司法机关的职权主义调查职责，但是在保障控辩平等上并不逊于英美国家。庭前准备活动充分遵循当事人的意见，确有必要的争议事项法官才会依职权做出裁断。故而大陆法系国家虽然采用全案移送制度，但是产生庭前预断的可能性并不大。

通过上述分析，可以看出我国卷宗移送问题的本源还是在于庭前程序的缺陷。当然，导致庭前预断的原因还与我国长期以来的"案卷笔录中心主义"、庭审形式化、司法审查理念的缺失等宏观的整体性刑事司法场景有关。虽然刑事司法场景的改变绝不是一朝一夕的事，现阶段探讨完善庭前程序也可能是技术性的修补，但是也会有一定意义。

二　公诉审查程序之反思

（一）对公诉审查程序的必要性认识不足

我国理论界和实务界一直将修法的重点集中到刑事侦查、起诉和审判的几个关键的节点，对公诉审查的必要性和功能存在天然的盲视。近两年，随着刑事冤案不断的浮出水面，舆论界和法律界对刑事冤案的成因并没有进行全面、系统的考虑，以偏概全，大部分批评都集中在侦查阶段的刑讯逼供和正式的庭审程序方面。由于对冤案的成因管中窥豹，相当多的民众和法律学人主张建立错案责任的终身追究制度。这种主张过分强调错案的后果，而不区分造成错案的原因，将会增加司法人员办案的心理负担以及尽量规避错案的心理，不愿意纠正错案的趋势。据笔者在某市检察机关的访谈，相当多的检察官认为采用错案追究制之后，检察机关的起诉更加小心谨慎，但是也造成检察机关和公安机关工作的推诿，因为谁都害怕办错了案，错案追究制在一定程度上对分工负责、相互配合造成了严重的影响。与其如此，不如在正式的开庭程序进行前，由人民法院对公诉材料的合法性进行实质化的审查。

（二）法官没有驳回公诉的权力

根据笔者在某市基层法院对刑事法官所做的访谈，法官们普遍抱怨有诉必审的法条规定，主张恢复 1979 年法官将公诉材料退回补充侦查的权力，希望退回补充侦查可以在一定程度上制约非法公诉。从诉讼理论而论，检察官对案件提起公诉之后，案件就产生系属于法院审理的效力。对于达不到法定公诉标准的案件，当然要赋予法院驳回起诉的效力。然而，根据我国刑事诉讼法第 181 条之规定，只要检察机关向法院移送卷宗与起诉书，法院必须受理公诉，不得以证据不足为由而驳回公诉。加之，在正式开庭后，检察机关因内部考核规定而不愿撤回公诉（出庭后撤回公诉会在年终考核因此扣分），此时法院亦无权驳回公诉，法院只能在有罪判决与冤案可能性之间反复权衡最终选择"疑罪从轻"。对于证据不足情形下做出"疑罪从轻"，法院虽然有违反无罪推定原则之嫌，但却巧妙地规避了办案风险。所以，与其使法院在受理公诉后因定罪证据不足而被迫"疑罪从轻"，不如直接赋予法院在开庭前驳回公诉的权力。

从美、德等国的刑事诉讼经验来看，法院的公诉审查机制是防范检察机关滥用追诉权（无充分证据提起公诉）的重要方法，无论是德式的"中间程序"还是美制中的"大陪审团预审"或预审法官制，如果检察机关无证据或证据不足起诉被告人，公诉极有可能被预审法官或大陪审团直接驳回。公诉被驳回后，检察机关除非有新证据足以影响定罪，否则法院可依据"禁止双重追诉"原则禁止检察机关对同一被告、同一犯罪事实再行提起公诉。① 针对我国法院先受理公诉再因证据存疑做出"疑罪从轻"判决现状而言，如果检察官提起公诉时不能证明"犯罪事实清楚、证据确实充分"或"排除合理怀疑"，赋予法院预审权力直接驳回公诉更能保护无辜之人的正当权利，因为驳回公诉的性质是程序性裁定，不产生实体判决效力，既能够制衡检察机关促使其依法追诉，更能够除"犯罪标签化"，避免无辜之人遭受冤狱之灾。

公诉审查实质上是法院的司法审查权在庭前程序的实现。一方面，在我国的司法机关的权力体系中，检察机关有公诉权、撤回起诉权、公诉变更权、审查批捕权、侦查权，同时又有法律监督权，有权对所有的刑事诉讼活动实行法律监督，权力之大，公安机关和人民法院均难以企及；另一方面，我国检察官一直是打击犯罪和维护社会稳定的公益代表人，追究犯罪的天然职责使其在提起公诉时难免有偏重搜集有罪证据的倾向。此种情

---

① 参见刘磊《起诉书一本主义之省思》，载《环球法律评论》2006 年第 2 期。

形下，当然要对公诉权力进行一定程度的限制才符合实际。鉴于司法审查的理念和制度在整个世界的刑事司法体系的运作中已经非常成熟，由庭前法官庭前对检察官的公诉的合法性进行审查较符合诉讼原理和审判实务。

三　庭前准备程序之反思

（一）庭前准备程序的主要内容缺失

刑事庭前准备程序是一个结构严密的系统，其在域外法治国家之所以能够真正起到规制公诉权、保障被告人的人权乃至保证正式的审判程序集中高效地进行的作用，究其根本乃在于其所包含的若干庭前准备的主要内容诸如证据展示、证据调查、被告人认罪协商及庭前会议等相关功能的实现。比如保障控辩庭前实质平等、规制公诉权滥用的证据展示程序、证据调查程序。随后，通过证据展示程序，辩护方可以要求排除非法证据，确立控辩双方的庭审争点，进而使得之后的整个庭审程序集中高效地进行。还比如，庭前辩护人参与的有罪协商制度，使得大部分事实清楚、证据确实充分的案件在庭前准备阶段就直接认罪，避免了司法资源的浪费，减轻了当事人的讼累等。上述庭前准备的相关具体内容是必需的，前呼后应组成了完整的刑事庭前准备程序。就我国目前的实际情况而言，刑事庭前会议在新《刑事诉讼法》中的设置意味着我国法律界对庭前程序的重要性已经有了一定的认知，司法实践中，刑事庭前会议也确实取得了一定的效果，被告人也可能在该程序中感觉到了司法温暖，但是我国刑事庭前程序一直流于形式，没有实质内容，缺乏其应当蕴含的证据展示、有罪答辩和庭前调查等要素，也缺乏维持其良性运作的司法审查、人权保障理念。故而，我们决不能指望毕其功于一役，过分夸大庭前会议的功能，况且我国目前关于刑事庭前会议的立法理念与司法解释本身就存在着很大的缺陷。[①]

（二）立法理念滞后，刑事庭前会议没有实现预期的功能

新修订的《刑事诉讼法》增加了刑事庭前会议制度，希望以此来改变我国庭前程序长期无所作为的局面，立法初衷值得肯定。但是，在我国，由于传统法律文化的影响，整个司法场景下的程序意识都是零碎的，庭前会议的立法也具有权宜性。是故，中国式的刑事庭前会议制度设计从一开

[①] 刘晶：《刑事庭前准备程序的反思和重构》，载《东方法学》2014 年第 3 期。

始就只强调其配合正式庭审程序、提高庭审效率的从属功能，对庭前准备程序本身应当蕴含的人权保障与公诉规制的理念视而不见，[①] 这样的程序设计理念导致庭前会议程序仅限于"了解情况、听取意见"，没有实质的法律效力，自然也不能有效地发挥其功能。据笔者在某市基层和中级人民法院所做的访谈调查，法官们普遍反映控辩双方对刑事庭前会议不够重视，庭前会议中已经质证的证据或者已经形成合意的事项当事人还会在正式的庭审程序中再次争论。实践中能够适用庭前会议的案件比例非常低，只有百分之几的比例，往往限于重大复杂或者社会影响较大的案件，这些案件往往人数较多或者案情复杂，故而法官需要召开庭前会议提前了解案情。而且，目前我国刑事庭前会议的召开由人民法院根据实际需要决定，控辩双方并无程序的启动权。所以，可以看出我国刑事庭前会议在实践中的功能就是为法院庭前了解案情提供通道，除此之外，其应当具有的庭前裁断、非法证据排除、争点整理和案件分流等功能都没有实现。

四　庭前分流机制之反思

（一）我国庭前分流机制没有发挥应然功能的体制原因

《中共中央关于全面推进依法治国若干重大问题的决定》提出，要推进以审判为中心的诉讼制度改革。"以审判为中心"强调只有经过庭审中的证据调查和法庭辩论活动才能认定被告人是否构成犯罪进而定罪量刑。以审判为中心一方面需要庭前程序中控辩双方对等的证据展示和争点整理，否则庭审根本无法有效地质证；另一方面，在立案登记制和刑事案件数量急剧增长，呈现诉讼爆炸的时代，以审判为中心并不意味着所有的刑事案件都要涌入审判程序，那样将会导致整个审判系统的瘫痪，最好设置案件的庭前分流制度，在案件正式开庭之前就对其进行合理的筛查和排除，使一线法官的审判力量真正被分配到那些有必要审理的案件，以合理配置司法资源，增加司法效益。但是令人遗憾的是，我国刑事庭前程序的过滤功能并不明显。一旦立案的"阀门"被打开，所有发现的刑事案件没有任何悬念地将会进入审判程序，直至诉讼终结。导致这种局面的原因有三：一是我国刑事诉讼缺少独立的实质化的公诉审查程序，根据我国刑事诉讼法第 181 条的规定，只要起诉书中有明确的指控犯罪事实的，人民

---

① 刘晶：《刑事庭前准备程序的反思和重构》，载《东方法学》2014 年第 3 期。

法院就应当决定开庭审判，庭前审查等于不审查，这方面的原因在前文已经进行了详细的论证；二是体现检察机关裁量权的不起诉制度实践中使用率极低，导致大量的刑事案件不加选择地涌入庭审程序，应当适用存疑不起诉或者相对不起诉的案件被提起公诉，这毫无疑问地将会影响到后续的庭审活动的质量，同时浪费了宝贵的审判资源，导致庭审程序无法集中优势资源审理那些有必要开庭的重大疑难案件。① 如前文所述，在我国的刑事司法实践中，检察机关很少适用相对不起诉和存疑不起诉这一制度，而是通常建议公安机关撤销案件。这种做法并没有法律上的依据，属于实践中的变通做法。其原因一方面是不起诉决定的适用受外部司法环境限制。我国已经进行近 40 年的改革开放，社会结构、经济体制、主流文化等社会因素都在经历着剧烈的变动，一些社会矛盾导致刑事案件高发，老百姓对刑事司法具有较高的正义和安全心理需求，在没有查明真凶的情况下，如果检察院做出存疑不起诉或者相对不起诉的决定，将会引发被害方申诉上访，增加检察官的职业风险；另一方面是不起诉决定的做出在检察机关内部需要层层请示、汇报，不起诉案件是案件质量检查的重点，办案人员的工作量将会加大，还可能引发犯罪嫌疑人提起国家赔偿的问题，所以一般情况下案件的具体承办检察官尽量规避此种职业风险。检察院非常懂得玩太极，疑难案件好比那烫手的山芋，检察院要么将烫手的山芋推给法院，要么打回给公安，总之烫不着自己的嘴巴。② 公安机关撤回案件已经成为公安机关和检察机关都欣然接受的一种结案方式，其适用量远远超出不起诉的案件。这种于法无据的变通做法构成了对正当诉讼程序的巨大冲击——案件倒流，同时使得个案处理的公正性和权利保障方面的危险性增加；③ 三是刑事和解程序加剧了检察机关司法资源紧缺的状况。为了保证刑事和解的公正合法性和良好的社会效果，检察机关需要自己承担调查走访、评估考察、调解疏导以及后期的帮教矫治工作，增加了其办案成

---

① 参见苑宁宁《我国刑事公诉程序分流现状研究》，载《中国刑事法杂志》2012 年第 2 期。

② 陶松岩：《我国刑事案件命案办理新机制探讨——基于南阳市实践的实证分析》，硕士学位论文，华中师范大学法学院，2015 年。

③ 王立德、李旺城：《对北京市顺义区近三年公诉阶段公安机关撤回案件的实证研究》，载《中国刑事法杂志》2005 年第 6 期。

本。① 特别是部分省份实行员额制后，检察官的办案数量与业绩考核密切挂钩，故而，对于犯罪人和被害方和解的刑事案件，检察院一般会起诉到人民法院。

　　(二) 域外刑事协商制度给我国案件庭前分流机制带来的启示

　　域外国家则非常重视刑事庭前程序中的案件分流功能。以美国为例，一方面，美国的治安法官在正式的审判程序进行之前，已经为法官解决掉了大部分的审前事务，特别是大致确定了庭审证据的范围和双方当事人的争点，节省了法官的大量时间和精力。如 2009 年联邦治安法官一共处理了 25 万多件审前事务，其中包括 16 万多项动议，2 万次和解会议以及近 5 万次其他审前会议。② 另一方面，在域外法治国家中，以庭前认罪、刑事和解等协商方式结案的刑事案件通常占据了整个刑事案件数量的半壁江山，甚至大部分刑事案件都是以此种方式结案的。该方式以犯罪嫌疑人、被告人自愿认罪为前提，强调刑事主体之间的对话与合作，在充分考虑对方诉求的基础上相互妥协，就刑事案件的程序、实体等问题达成共识，是一种非对抗式的刑事司法制度。③ 据统计，1970 年在洛杉矶高等法院处理的重罪案件中，48% 的案件采用辩护方和指控方之间的认罪交易，40% 的案件以审判方式结案。这其中以审判方式结案的案件的大多数事实上采用的是简易程序，即被告人在开庭前放弃了陪审团听审的权利，案件直接由法官定罪量刑，此种程序在美国又被称为缓慢的交易 (slow plea)。④ 事实上，在美国许多司法区，90%—95% 的有罪判决都是通过有罪答辩做出的；⑤ 辩诉交易制度已是美国刑事司法制度得以正常运转的基本保障。1970 年，美国首席大法官沃伦·厄尔·伯格在其对美国律师协会的一篇

---

　　① 宋英辉：《我国刑事和解实证分析》，载《中国法学》2008 年第 5 期。

　　② 陈杭平：《从三千多万件到八十件——美国如何在案件分流的基础上形成先例》，载《法学》2011 年第 9 期。

　　③ 熊一新、闫清华：《论我国刑事协商制度之建构》，载《中国人民公安大学学报》2007 年第 6 期。

　　④ Lynn M. Mather, Some Determinants of the Method of Case Disposition: Decision - Making by Public Defenders in Los Angeles, *Law & Society Review*, Vol. 8, Issue 2 (1973), p. 195.

　　⑤ 1970 年，据估计，90% 甚至 95% 的有罪判决是通过有罪答辩取得，其中 70% 到 85% 的重罪有罪判决通过有罪答辩取得，参见 Brady v. United States, 397 U. S. 752 (1970)；1986 年，ABA 也注意到了在某些地区，90% 的刑事案件以辩诉交易形式处理，参见 ABA, Standards for Criminal Justice 14 - 4 (2d ed. Supp. 1986)。

有影响的演讲中评论到："认罪协商比率的一小部分的改变影响巨大。如果有罪答辩率从90%降到80%，美国司法系统将要增加两倍的法官、书记官、法警、办事员、陪审员和法庭来对付。降低到70%相应地会增加三倍的上述资源。"① 2002年，有学者在一年的研究期间，调查到92%的有罪判决是通过有罪答辩取得的。② 目前，一些有代表性的研究尝试着研究辩诉交易在某些司法管辖区比如阿拉斯加的废除。但是发现辩诉交易的禁止并没有提高审判的比率。相反，很多案例以隐性交易方式进行。审判数据也表明事实上寻求审判的被告人与参加辩诉交易的被告人相比将会得到更严重的惩罚。故而，在不同的司法管辖区辩诉交易的禁令常被削弱或者归于无效。从反面而言，研究证明了认罪协商程序在美国的不可避免性。③

　　在德国，鉴于传统的职权调查主义原则的保留，德国的刑事协商制度主导权掌握在法院手中，在审判长与辩护人之间进行，与英美国家的辩诉交易充分尊重当事人意思自治有明显的不同。另外，德国联邦议会在2009年5月28日通过了名为《刑事程序中的协商规定》的议案，正式确立了刑事协商的合法性。目前，在德国，以"审辩协商"处理的案件大约占全部刑事案件的20%—30%，主要适用于大而复杂的白领犯罪、逃税罪、毒品犯罪和环境犯罪案件。特别是在一些存在证明困难以及法律争议的刑事案件中，审辩协商已经不可避免。另外，由于该制度要求协商时被告人必须有辩护人的帮助，但是目前并不是所有的刑事案件被告人都能够获得足够的帮助，因而未来随着德国刑事辩护制度的完善，"审辩协

---

　　① Warren E. Burger, State of the Judiciary—1970, *American Bar Association Journal*, Vol. 56, Issue 10 (1970), p. 931.

　　② Thomash H. Cohen & Brain A. Reaves, U. S. Dep't of Justice, Felony Defendants in Large Urban Counties, 2002, at 8 tbl. 7 & 10 tbl. 8 (2006). The report is based on data collected from the nation's 75 most populous counties in 2002. *Id.* These 75 counties account for 37% of the United States population, and about 50% of all reported serious violent crimes and 42% of all reported serious property crimes in the United States, according to the FBI's 2002 Uniform Crime Reports. Id.

　　③ These criticisms apply to a number of studies. Moise Berger, Case against Plea Bargaining, *American Bar Association Journal*, Vol. 62, Issue 5 (1976), p. 621; The [notes], Elimination of Plea Bargaining in Black Hawk County: A Case Study, *Iowa Law Review*, Vol. 60, Issue 4 (1975), pp. 1063 – 1064; Sam W. Callan, Experience in Justice without Plea Negotiation, *Law & Society Review*, Vol. 13, Issue 2 (1979), pp. 338 – 339.

商"处理的案件还会增加。① 法国从 20 世纪 90 年代开始，也尝试在刑事
司法中引入"合意"或"交易"机制，形成了独具特色的刑事调解、刑
事和解和庭前认罪答辩制度。②根据 2009 年维基百科的统计，在 673700 件
案件中，占其比例 11.5% 的 77500 件案件采用了庭前认罪协商机制。③ 另
外，1999 年，日本宣布司法交易是司法改革的内容之一。可以说，庭前
的认罪协商制度在一定程度上已呈现出普遍性发展的趋势，是庭前案件分
流，提高审判效率的重要举措之一。

　　综上，可以看出无论是英美国家的辩诉交易制度，还是以德国为代表
的欧陆国家的审辩协商制度，都是在充分保障当事人自愿的情况下的一种
认罪协商机制。我国目前的刑事司法实际情况与欧陆国家之前的情形类
似，而且新《刑事诉讼法》中的刑事和解制度、简易程序、被告人认罪
案件的制度设计均在一定程度上体现了契约自由、意识自治的精神，刑事
协商制度在我国已经有了相关的实践经验。刑事协商既尊重了刑事诉讼程
序中的当事人意思自治，又节省了大量的司法资源，符合诉讼经济的原
理，引入刑事协商制度，实现刑事和解等制度的对接与弥合将成为我国未
来刑事程序发展的又一趋势。

第三节　我国刑事庭前程序之评价

一　刑事庭前程序定位较低

　　在我国，自刑事诉讼法颁布实施以来，庭前程序独有的功能和价值不
为法律界重视，刑事庭前程序的改革和完善也一直是边缘话题。客观地
说，这与我国刑事程序法在现代法治体系中还不太发达有关。在我国，由
于传统的追究和打击犯罪的法律文化的影响，刑事司法改革的热点问题一
直集中在侦查、起诉和审判等几个关键的诉讼阶段上，这些阶段被认为是

---

　　① Joachim Herrmann, "Bargaining Justice —A Bargain for German Criminal Justice?" 53 University of Pittburgh Law Review (1992), pp. 755 – 776.

　　② 参见魏晓娜《辩诉交易：对抗制的"特洛伊木马"》，载《比较法研究》2011 年第 2 期。

　　③ From Wikipedia, the free encyclopedia, last modified on 20 April 2014, http：//en. wikipedia. org/wiki/Plea_ bargain#Germany.

刑事程序的重要组成部分。我国刑事诉讼法颁布实施至多也就是 30 多年的时间，距离现代依法治国的人权保障的司法理念、无罪推定原则、科学的起诉和定罪标准等还有很大的差距，刑事程序的制度设计在相当多的地方都需要进一步的完善，如此庞大的工程当然不可能一蹴而就，况且任何一个诉讼阶段的大变革都会涉及宪法或者现行政治体制的变动。因此，基于刑事司法改革的务实性和渐进性，我国目前的刑事司法改革整个司法场景下的程序意识都是零碎的，只能从宏观的、能够带来显著效果的三大刑事诉讼阶段着手，改革还停留在浅层的制度模仿，不能理顺整个刑事诉讼制度，自然更无暇顾及庭前程序的内容。故而在我国 2013 年的刑事诉讼法修订中，庭前程序定位于正式庭审程序的附庸，制度设计局限于形式化、常规化的开庭准备工作，缺少其应当具有的公诉审查、证据展示和争点整理、庭前认罪协商机制等内容，导致公诉案件应当在庭前程序中解决的事项拖沓到正式的庭审程序中进行，反而影响了正式审判程序的公正性和有效性。

二　不能排除庭前预断

自 1979 年我国刑事公诉制度采用全案移送制度以来，庭前预断一直成为附在我国刑事审判程序上的魔咒，无法排除，严重影响到审判中心主义的实现。法律界管中窥豹，一直有全案移送制度等于庭前预断，起诉状一本主义的公诉提起方式一定会避免庭前预断的错误论断。故而，1996 年刑事诉讼法尝试着采用主要证据复印件移送制度来分离庭前卷宗移送和庭审程序的联系，但是如上文所述，在实践中不仅旧疾未除，而且又添新病。刑事司法制度的现实运作中，书面审理可以节约庭审时间，也有利于从严从重地打击犯罪，一直在我国刑事审判体系中占据着相当大的比例。而且，为了有效地组织庭审，案件的承办法官普遍存在着庭前全面阅卷的情况，同时，起诉状一本主义的公诉提起方式与我国现有的刑事审判组织和模式也相矛盾。于是，我国 2013 年新适用的刑事诉讼法又重新回归了 1979 年的庭前卷宗材料全部移送制度。但是，我国新法并未采用实质化的庭前审查机制，庭前审查局限于审查控方的公诉书是否有明确的指控犯罪事实，庭前审查几乎等于不审查，承办法官的庭前阅卷只是为了实现"一步到庭"。如此，庭前预断几乎一定会出现。

三　主要内容缺失

刑事庭前程序之所以能够保障正式的庭审程序公正、集中和高效地进行，原因在于其提前解决了影响到庭审程序公正和有效进行的相关问题，而这些问题又是可以在庭前程序解决的。首先，为了使庭审程序集中优势资源审判那些的确有必要审理的案件和避免控诉方滥用公诉权，刑事庭前程序中的公诉审查机制提前对控方的公诉材料进行全面审查，看其是否的确达到了公诉的证明标准，不合标准的案件将会在庭前阶段就被排除出刑事程序，既节省了审判资源又保障了人权。其次，庭前的证据展示机制使得控辩双方在开庭前对双方的诉讼能力已经做出了合理的评估，并且大致确定了双方争议的焦点，控辩双方在开庭前已经预知了胜诉的可能性并且制定了务实可行的诉讼策略，正式的庭审程序也较容易集中和公正地运行。再次，庭前程序中的法官还可以对证据的可采性以及证明力做出某种程度的判断，甚至还享有一定的庭前调查权力，如此既避免了非法的证据流入庭审程序，污染裁判者的心证，又提前对可能影响庭审公正性的事项作出了调查论断。复次，庭前的认罪协商机制分流到大量的刑事案件，既减少了控辩双方的讼累，又节省了审判资源，使得审判程序能够集中力量审判那些确实有必要审理的案件，提高了审判效率。最后，庭前程序中的其他内容，包括庭前新闻媒体报道的限度、分阶段的卷宗移送制度等机制妥善解决了庭前预断和审判公正的矛盾；庭前公诉变更的规则和判例又合理限定了公诉范围，维护了庭前程序的成果，确定了庭审对象，等等，不一而足。透过庭前程序的必要内容的列举，可以看出优良的刑事庭前程序是一个系统的整体，若要真正地实现实质化的法庭审理，庭前程序的诸多内容必不可少。在这方面，我国刑事庭前程序的现有立法规定无疑是不足的。我国刑事庭前程序公诉审查几乎等于不审查，法官面对不当公诉缺乏制约的能力；庭前会议程序的主要内容也限于回避、管辖等程序性事项，而且没有法律效力，仅限于法官了解情况和听取意见；庭前准备限于一些常规性的传唤当事人、告知合议庭成员和开庭日期等事项。与现代法制国家完善的庭前程序制度设计而言，我国刑事庭前程序存在主要内容缺失的现实问题。

四　刑事庭前会议的立法定位较低和缺陷明显

如上文所述，中国式的刑事庭前会议制度设计从一开始就定位于为审判程序顺利进行创造条件，缺少其应当具有的庭前裁断、非法证据排除、争点整理等内容以及人权保障的功能。综合来说，我国庭前会议的立法功利性和权宜性非常明显，理念却相对落后，程序定位的起点也比较低，如此的制度设计背景导致其一系列的立法缺陷：首先，关于庭前会议的主持者，新《刑事诉讼法》规定为"审判人员"，这一用语过于模糊。这里的"审判人员"是合议庭的组成人员？还是可以不是合议庭的组成人员？根据立法机关的内设工作机构所作的解读，这里的"审判人员""可以是合议庭组成人员"。① 言外之意，"审判人员"也可以不是合议庭组成人员。这也就说明，关于庭前会议的主持者，只要具有"审判人员"的身份即可，并不一定要求是合议庭组成人员。司法实务中，各地法院实际上多是同一个法官先主持庭前会议，再待检察院移送全部案卷材料且全面阅卷后又合议审判。这样，法官庭前阅示了全部案卷，形成了嫌疑人可能构成犯罪的预断，在审判过程中，法官会自觉地、下意识地反驳辩护主张，从而导致被告人的合法权益受到侵害，造成冤案、错案，这种程序机制的设计，违背了司法公正和中立裁判的原则。② 其次，庭前会议的启动当事人无程序选择权，庭前会议成为法官主导的程序，违背了诉讼参与原则。作为初步听审程序，庭前会议牵涉到证据交换、确立争点、管辖异议等一系列与审判相关的实体和程序问题，牵涉到被告人切身利益和最后的实体判决结果。然而，根据新《刑事诉讼法》和最高人民法院的司法解释，该程序由审判人员启动，可以通知被告人参加。③ 显然，根据我国新《刑事诉讼法》和司法解释，被告人并没有该程序启动的选择权，如此设计既侵犯了诉讼主体的参与权，又违背了司法的公正原则。再次，庭前会议法律效力缺失。我国庭前会议仅限于"了解情况、听取意见"，缺失"程序性法律后果"要件，导致刑事审判法官无所作为，控辩双方达成的庭前

---

① 参见郎胜《中华人民共和国刑事诉讼法修改与适用》，新华出版社 2012 年版，第327 页。

② 蔡杰、刘晶：《刑事卷宗移送制度的轮回性改革之反思》，载《法学评论》2014 年第1 期。

③ 新《刑事诉讼法》第182 条第2 款规定开庭以前审判人员可以召开庭前会议，2012 年11 月《最高人民法院关于适用〈中华人民共和国刑事诉讼法〉的解释》第183 条规定："案件具有下列情形之一的，审判人员可以召开庭前会议：（一）当事人及其辩护人、诉讼代理人申请排除非法证据的；（二）证据材料较多、案情重大复杂的；（三）社会影响重大的；（四）需要召开庭前会议的其他情形。召开庭前会议，根据案件情况，可以通知被告人参加。"

协议没有法律效力。更糟糕的情形是，根据我国新《刑事诉讼法》的规定，如果一方在庭前会议上对有争议的证据故意不提出异议，而在庭审时再提出有根据的反驳时，法官对此一般是不禁止的，并且随后还要依法进行法庭调查。①这种情形不但仍然会导致"伏击审判"的出现，也使得庭前会议达成的证据合意失去了意义，庭前准备程序严重走过场、形式化。最后，应当在庭前会议程序中排除的非法证据并没有得到排除，浪费了司法资源，增加了庭审成本。中国式刑事庭前会议处理方式仅仅限于"了解情况、听取意见"，不允许做出具有任何裁决性意义的结论，庭前会议更像是一个"见面会"、"通气会"。如此，庭前会议则仅仅是对回避、出庭证人名单和非法证据排除等问题提出意见，实际上并不解决任何实际问题。但是，司法实践中，有些刑事案件侦查中存在的非法取证现象在庭前程序中是能够得到充分的证明的，这部分证据理应在庭前程序中加以排除，而不是纵容这些涉嫌非法的证据一直持续到法庭审判终结，影响甚至左右着法官的思维。②

五　实务运作形式化

由上所述，刑事庭前程序在我国的刑事司法改革中一直是边缘化的问题，我国刑事立法将其定位于正式的审判程序的附庸，仅仅限于一些程式化的常规性庭前准备工作。根据《最高人民法院关于执行〈刑事诉讼法〉若干问题的解释》第 181 条，即使是控方的公诉材料法律手续或者诉讼文书不齐全，人民法院应当通知检察院在三日内补送。《人民检察院刑事诉讼规则》第 396 条规定："人民检察院认为有必要移送的，才移送。"根据新刑事诉讼法第 181 条的规定，只要检察机关的公诉材料有明确的犯罪事实，人民法院就得照单全收，无条件地开庭审理案件。可见，我国目前的庭前审查程序还仅限于一些必要的诉讼要件的审查，庭前审查几乎等于不审查。而且 1996 年之后，我国法院再无制止非法公诉的能力，只要检察机关的起诉书中有明确的指控犯罪事实并且附有证据目录、证人名单

---

① 参见新《刑事诉讼法》第一百九十二条："法庭审理过程中，当事人和辩护人、诉讼代理人有权申请通知新的证人到庭，调取新的物证，申请重新鉴定或者勘验……法庭对于上述申请，应当做出是否同意的决定。"

② 刘晶：《人权保障视角下的刑事庭前会议之构建》，载《武汉理工大学学报》2014 年第 2 期。

和主要证据复印件或者照片，或者 2013 年 1 月 1 日之后只要起诉书中有明确的指控犯罪事实，法院就得无条件的开庭审理。① 与此同时，我国案件的承办法官还在进行着庭前的准备工作，主要限于传唤当事人、确定审判长和合议庭成员、送达起诉书副本等一些与集中审理关系不大的程序化事项，新增加的庭前会议也仅限于了解控辩双方的意见和听取建议，并无确定的法律效力。而且根据《最高人民法院关于执行〈刑事诉讼法〉若干问题的解释》第 183 条，需要召开庭前会议的案件一般限于当事人及其辩护人、诉讼代理人申请排除非法证据、证据材料较多、案情重大复杂以及社会影响重大的案件，且这些案件是否召开庭前会议，由法官根据需要而定，是否通知被告人参加也是一个未知数。在这样的立法设计框架中，侦查阶段有罪推定的卷宗一路顺畅地传递到正式的审判程序，庭前程序流于形式、无所作为也就不足为奇了。

六　相关配套制度不完善

任何法律制度的良性运作都不是其本身就可以实现的，都需要相关一系列的配套制度，从而形成该制度运作的体系保障，刑事庭前程序的制度设计也需要考虑到其相关的配套制度。比如，庭前程序中新闻媒体合理报道的范围如何界定？我国目前关于这一问题还缺乏具体明确的规定。实务中，往往在案件没有正式开庭审理之前，公众和法官已经通过网络、报纸和电视等大众媒体关于案件的有色描述，特别是近两年的李某某轮奸案等案件，庭前程序中民众敌人刑法的意识已经被煽动得血脉贲张，在我国刑事审判强调判决的法律效果和社会效果统一的情况下，审判独立难免会受到不当干扰；再如，我国刑事立法和司法实践都允许检察官在正式的庭审程序中补充、追加、变更和撤回公诉，并且还可以补充侦查，庭前程序中也并无控方变更公诉内容的相关规定。毫无疑问，此种情形将会架空刑事庭前程序，导致庭前程序中取得的任何成果毫无意义；还如，我国刑事司法一直强调其追究和惩罚犯罪、维护社会稳定的诉讼目的，控辩平等、控审分立、人权保障等国际通行的刑事诉讼原则在我国刑事诉讼各个阶段，

---

① 相比较而言，根据我国 1979 年刑事诉讼法第 108 条的规定，法院对不合法的公诉可以要求检察院退回补充侦查，有可能无罪的，可以直接要求检察院撤回起诉。该法条确定了人民法院的公诉审查行为的法律效力，一定程度上威慑了检察机关的不当公诉。

特别是庭前程序中的全面贯彻还没有完全实现，短期内刑事庭前程序所蕴含的司法审查原则在我国现有的司法体制和社会结构背景下也不大可能有所突破，这些司法场景如果不能得到改善，刑事庭前程序的完善也会非常困难。

第五章

我国刑事庭前程序的完善

第一节　我国刑事庭前程序的完善路径

一　我国刑事庭前程序完善之背景

美国霍姆斯大法官曾经说过："法律的生命不在于逻辑，而在于经验。"30 多年以来，我国实际履行公诉审查职能的一直是案件的承办法官，无论这种审查是全面审查还是形式化的主要证据复印件、证据目录和证人名单的审查。原因在于只有通过庭前的卷宗审查，承办法官才能对案件事实、适用法律以及庭审的争点有大致的把握，才能有效指挥和控制正式庭审活动的进度，提高庭审质量。并且，在庭前审查过程中，审判长、合议庭组成人员和案件开庭审理日期等庭前准备事项同时得到确定，公诉审查程序与庭前准备程序合而为一。如何避免庭前预断，避免庭审走过场？可否在现有的刑事审判庭分离出专门的庭前法官？任何一项制度的存在和改进都不能与其所处的时代背景相分离，刑事庭前程序的制度完善也必须与当前的司法改革整体背景相结合。

当前，我国自上而下正在进行一场如火如荼的司法制度改革。2013年 11 月，举世瞩目的党的十八届三中全会通过了《中共中央关于全面深化改革若干重大问题的决定》（以下简称《决定》），从 "推进法治中国建设" 的战略目标出发，对深化司法体制改革，加快建设公正高效权威的社会主义司法制度，作了全方位的谋划部署和远景勾画。这其中，既有 "维护宪法法律权威"、"深化行政执法体制改革" 的宏观制度体系构建的内容，也有 "确保依法独立公正行使审判权、检察权" 等司法改革重大紧迫现实问题和具体发展路径的设定。其中，推动省以下地方法院、检察院人财物统一管理，完善司法人员分类管理制度无疑是现行司法管理体制改革的一个重要方面，将会对司法机关依法独立公正行使审判权和检察权起到重要的制度保障作用。2014 年 10 月《决定》又进一步细化了司法人员分类管理制度的改革方案，即："改革司法机关人财物管理体制，探索实行法院、检察院司法行政事务管理权和审判权、检察权相分离。建立法官、检察官逐级遴选制度。初任法官、检察官由高级人民法院、省级人民检察院统一招录，一律在基层法院、检察院任职。上级人民法院、人民检察院的法官、检察官一般从下一级人民法院、人民检察院的优秀法官、检察官中遴选。"这之后，根据中央关于重大改革事项先行试点的要求，考虑到各地经济社会发展不平衡，经中央有关部门和地方允许，中央全面深化改革领导小组决定在东、中、西部选择上海、广东、吉林、湖北、海南、青海 6 个省市先行试点，为全面推进司法改革积累经验。2014 年 7 月 12 日，在中央的统一部署和安排下，作为首批试点地区的上海，司法体制改革试点工作正式启动。具体而言，就是将司法机关工作人员分成三类：法官、检察官；法官助理、检察官助理等司法辅助人员；行政管理人员。在上海的方案中，三类人员占队伍总数的比例分别为 33%、52% 和15%，这样就确保了 85% 的司法人力资源直接投入办案工作。与此同时，实行法官、检察官单独职务序列管理，并且推行主审法官、主任检察官办案责任制。改革后，法官、检察官主要从法官助理、检察官助理中择优选任。上级司法机关的法官、检察官主要从下级司法机关中择优遴选。[①] 据了解，上海准备用 3—5 年的过渡期，逐步推行严格的司法人员分类管理制度。为贯彻党的十八大和十八届三中、四中全会精神，2015 年 2 月 26 日，最高人民法院通报的《最高人民法院关于全面深化改革的意见》（即修订后的《人民法院第四个五年改革纲要（2014—2018)》）提出："推动法院人员分类管理制度改革。建立符合职业特点的法官单独职务序列。健全法官助理、书记员、执行员等审判辅助人员管理制度。科学确定法官与审判辅助人员的数量比例，建立审判辅助人员的正常增补机制，切实减轻法官事务性工作负担。拓宽审判辅助人员的来源渠道，探索以购买社会化服务的方式，优化审判辅助人员结构。完善司法行政人员管理制度，建立法官员额制度。根据法院辖区经济社会发展状况、人口数量（含暂住人口）、案件数量、案件类型等基础数据，结合法院审级职能、法官工作

---

① 赵春燕：《上海：司法改革进行时》，载《浙江人大》2014 年第 9 期。

量、审判辅助人员配置、办案保障条件等因素，科学确定四级法院的法官员额。根据案件数量、人员结构的变化情况，完善法官员额的动态调节机制。科学设置法官员额制改革过渡方案，综合考虑审判业绩、业务能力、理论水平和法律工作经历等因素，确保优秀法官留在审判一线。健全初任法官由高级人民法院统一招录，一律在基层人民法院任职机制。推动省级以下法院人员统一管理改革。配合中央有关部门，推动建立省级以下地方法院人员编制统一管理制度。推动建立省级以下地方法院法官统一由省级提名、管理并按法定程序任免的机制。合理确定法官、审判辅助人员的工作职责、工作流程和工作标准。"透过以上的顶层设计和实践探索，可以看出司法人员的分类管理，特别是在法院内部实行法官员额制，将原有的法院司法工作人员分为法官、审判辅助人员、司法行政人员已经成为改革的大势所趋，不可逆转。

与此同时，《最高人民法院关于全面深化改革的意见》还提出："改革案件受理制度。变立案审查制为立案登记制，对人民法院依法应该受理的案件，做到有案必立、有诉必理，保障当事人诉权。"该项决定的目的在于保障广大民众的诉权，在自身的权利受到侵害时，能够及时畅通地寻求法律救济，是党中央全面深化司法改革的必然命题。立案登记制并非一个简单的诉状登记问题，立案导致后面的审理难。实务中，大量的刑事案件涌入基层人民法院，我国基层法院已经不堪重负，特别是刑民交织的案件，案件开庭前的管理和分流尤为重要。在这之前，根据 2013 年最高人民法院、最高人民检察院、公安部等六部委颁布实施的《关于实施刑事诉讼法若干问题的规定》第 25 条的规定，对于人民检察院提起公诉的案件，只要起诉书中有明确的指控犯罪事实并且附有案卷材料、证据的，人民法院应当决定开庭审判，不得以上述材料不充足为由而不开庭审判。如果人民检察院移送的材料中缺少上述材料的，人民法院可以通知人民检察院三日内补充材料，公诉审查等于不审查。况且正式开庭后，即使证据不足，检察机关因内部绩效考核的规定也往往不愿撤回公诉（出庭后撤回公诉检察官会在年终考核被扣分），此时法院亦无权驳回公诉，法院只能在有罪判决与冤案可能性之间反复权衡最终选择"疑罪从轻"。对于证据不足情形下做出"疑罪从轻"的判决，法院虽然有违反无罪推定原则之嫌，但却巧妙地规避了办案风险。

一方面，《决定》和《最高人民法院关于全面深化人民法院改革的意见》提出建立以审判为中心的诉讼制度，确保庭审在保护诉权、认定证据、查明事实、公正裁判中发挥决定性作用，实现诉讼证据质证在法庭、案件事实查明在法庭、诉辩意见发表在法庭、裁判理由形成在法庭。"以审判为中心"必须避免庭前审查和准备活动中法官对案件判断的"先入为主"，最好设置专门的人员主持庭前程序，与正式的庭审法官分开设置，科学合理地分流案件以及对各项庭审事务和可能出现的突发状况做出大致的估计。在这方面，山东省高密市法院曾经在 2002 年 8 月做出过有益的尝试。该院被联合国开发计划署确定为"审前程序与预审法官制度"司法改革开发项目试点法院。该院在项目组的帮助和指导下，将庭前准备工作上升为审前程序，并赋予了其新的内涵，将庭前准备法官界定为预审法官，赋予了其新的职责和权限。① 高密法院在立案庭配备民事、行政、刑事三类 16 名预审法官，并且在五处人民法庭配备 18 名预审法官。其职权范围包括：一是送达法律文书、保全财产和证据、调查取证、指导诉讼和指导举证、证据交换等程序性工作；二是处理管辖异议、不予受理通知、庭前调解等实体性工作；三是排期开庭、分流案件等事务性工作。同时，在立案庭和人民法庭设置了专门的审前准备室，由预审法官主持证据交换、进行庭前调解。为搞好审前准备工作与庭审的衔接，实行了"案件准备质量监督卡"制度，由预审法官填写主要事实、争议焦点、举证与查证情况等 16 项内容，审前质量监督员检验合格后，流转到审判庭，由审判庭质监员对准备质量进行监督验查，不符合开庭要求的，退回预审法官补充调查，庭审法官与预审法官认识不一致提交审监庭裁判，以保证审前准备工作质量。制定了《审前准备工作考核办法》进行百分制考核，通过审前准备质量质监员初检、审判庭质监员的复检，以及审判监督庭总检，对预审法官的准备质量进行考核，考核结果与办案补助和预审法官的任职资格挂钩。高密市法院预审法官的职位设置和职责安排可以为我国庭前法官的改革探索提出一个大致的思路。

　　另一方面，党中央和最高人民法院又强调以审判为中心必须以法官的精英化为重心，全面推进法院人员的正规化、专业化、职业化建设。到 2017 年年底，初步建立分类科学、分工明确、结构合理和符合司法职业特点的法院

---

　　① 潍坊市中级人民法院、高密市人民法院：《关于高密法院"预审法官制度"改革的调查报告》，载《山东审判》2005 年第 5 期。

人员管理制度，即在法院内部实行法官员额制，将原有的法院司法工作人员分为法官、审判辅助人员、司法行政人员三类。目前，我国已经开始实行司法人员的分类管理体制，上海等各个试点正在积极地探索，法官的队伍将向精英化和专业化的方向发展，原来的司法辅助人员和司法事务管理人员将从法官中被分离出来，法官的数量已经受到严格的控制并且在逐渐减少，法院内部正在通过民主测评、业务考核、竞争上岗等方式缩减法官的数量。实践中的情况是，我国目前大部分的刑事案件都集中在中基层人民法院，而这部分法官的待遇往往不高，特别是实行员额制后，现有的青年业务骨干可能会被分流为审判辅助人员，现有的待遇可能会被降低，这些人可能辞职去做律师，造成基层审判人才的流失。如此，现有的法官争取留任的指标都非常紧张，再设置独立的庭前法官不现实也不可行。

二　我国刑事庭前程序完善之路径

目前，在我国法官员额制改革的司法背景下，设置独立的庭前法官短期内非常不现实。但是，我们的确需要专门的司法人员来解决庭前的公诉审查、认罪协商、证据展示和争点整理等问题，这些人员必须具有专业化的审判知识、实际经验和一定的审判事务处理权限，但是鉴于庭前程序的技术操作难度一般比不上正式的庭审程序，所以这部分工作实践中往往由助理审判员完成，这就给我国庭前程序主持人的设置提供了启示，庭前程序可否由助理审判员主持进行？事实上，自司法人员的分类管理改革进行以来，无论是中央全面深化改革领导小组 2014 年 6 月通过的《关于司法体制改革试点若干问题的框架意见》，还是最高人民法院 2015 年 2 月发布的《最高人民法院关于全面深化改革的意见》（《人民法院第四个五年改革纲要（2014—2018）》）等政策导向文件，以及上海、湖北、广东、吉林、海南、青海、贵州等省市试点，关注的重心主要是法官入额的筛选机制和比例，对于原来的助理审判员的职业前途则较少涉及，而这部分人员的安置和职业发展前途恰是改革成败的关键点。截至 2014 年年底，我国地方各级人民法院共有在编人员 341785 名，其中法官 198863 人，法官比例为在编人员的 58%。[①] 实行员额制之后，法官员额比例不得超过法官、

---

① 杨建文：《法院人事管理制度改革的现状及前景》，载《中国党政干部论坛》2015 年第 4 期。

司法辅助人员和行政管理人员总数的 39%，这也就意味着近乎一半的法官可能被从法官序列分离出去，成为司法辅助人员或者行政管理人员。就助理审判员而言，其入额的机会本身就很少，未来很可能被归为司法辅助人员，实际上这部分人原来都是具有法官职称的。从立法上来看，在员额制改革开始之前，我国审判权实际上是由审判员和助理审判员共同行使的。1954 年的《人民法院组织法》第 34 条规定："各级人民法院按照需要可以设助理审判员。地方各级人民法院助理审判员由上一级司法行政机关任免。最高人民法院助理审判员由司法部任免。助理审判员协助审判员进行工作。助理审判员，由本院院长提出经审判委员会通过，可以临时代行审判员职务。"1983 年 9 月修改的《人民法院组织法》的规定："各级人民法院按照需要可以设助理审判员，由本级人民法院任免。助理审判员协助审判员进行工作。助理审判员，由本院院长提出，经审判委员会通过，可以临时代行审判员职务。"2006 年 10 月第十届全国人民代表大会常务委员会第二十四次会议修改的《人民法院组织法》第三章 "人民法院的审判人员和其他人员" 中第 33 条规定："有选举权和被选举权的年满二十三岁的公民，可以被选举为人民法院院长，或者被任命为副院长、庭长、副庭长、审判员和助理审判员，但是被剥夺过政治权利的人除外。人民法院的审判人员必须具有法律专业知识。"第 36 条也规定："各级人民法院按照需要可以设助理审判员，由本级人民法院任免。助理审判员协助审判员进行工作。助理审判员，由本院院长提出，经审判委员会通过，可以临时代行审判员职务。"1995 年《法官法》第 2 条规定："法官是依法行使国家审判权的审判人员，包括最高人民法院、地方各级人民法院和军事法院等专门人民法院的院长、副院长、审判委员会委员、庭长、副庭长、审判员和助理审判员。"其第 11 条规定人民法院的助理审判员由法院院长任免。第 15 条还规定助理审判员与普通法官同样的任职回避条件。2002 年的《法官法》第 2 条规定："法官是依法行使国家审判权的审判人员，包括最高人民法院、地方各级人民法院和军事法院等专门人民法院的院长、副院长、审判委员会委员、庭长、副庭长、审判员和助理审判员。"其第 11 条也规定人民法院的助理审判员由法院院长任免。其第 16 条还规定助理审判员和普通审判员一样要实行任职回避。根据上述法条的体系解释，可以看出助理审判员的身份应当属于级别最低的审判人员，需要具有与审判员一样的专业法律知识。从实践中的操作情况来看，各地法院基于自我利益的需要，往往均设置了一定数量的助理审判员，不过由于对其行使审判权的程序性控制、人事任免和权力范围的界定则非常随意，没有形成明确的规则，所以助理审判员的职权范围非常广泛，甚至可以代行审判长的职权，助理法官的审判能力不容小觑。

首先，根据前面法律的规定，助理审判员代行审判员职务需要履行严格程序，即由本院院长提出，并经审判委员会通过。但实践中鲜有法院严格遵从该法定程序：有的制定院内规范文件规定代行，有的通过会议简单告知，有的任命之后自然代行，等等。其次，在助理审判员的任命上，由于《人民法院组织法》和《法官法》规定不统一，司法实践比较混乱：有的由院长直接任免，有的提交党组任免，有的提交审判委员会任免，如此等等，不一而足。[1] 最后，助理审判员的职权范围有时甚至超过了审判员。基于前述法律的规定，助理审判员的职权只能小于或者等于审判员的职权，然而实践中却恰恰相反。最高人民法院 2000 年通过的《人民法院审判长选任办法》第 2 条规定："审判长一般由审判员担任。优秀的助理审判员被选为审判长的，应当依法提请任命为审判员。"也就是说，优秀的助理审判员可以先被任命为审判长，再被任命为审判员。此规定一方面违背了"先有审判员资格，然后才能担任审判长"的法律规定，[2] 另一方面也会导致部分被同级人大常委会依法任命的审判员不可以担任审判长，而本级人民法院自行任命的助理审判员却可以担任审判长的怪现象。助理法官一旦担任案件的审判长，[3] 就比未担任审判长的审判员具有更大更多的职权，比如主持庭审活动，主持合议庭评议，审核、签发诉讼文书等。[4] 而且很多法院推行了独任法官（或独任审判员）制度，满足一定学

---

[1]　王庆廷：《法官分类的行政化与司法化——从助理审判员的"审判权"说起》，载《华东政法大学学报》2015 年第 4 期。

[2]　参见陈卫东、石献智《审判长选任制的缺陷刍议》，载《法商研究》2002 年第 6 期。

[3]　比如北京市高级人民法院 2000 年发布的《北京市高级人民法院关于审判长、独任审判员选任办法的实施细则（试行）》第 6 条第 2—4 款规定："高级人民法院和中级人民法院的助审员具有法律本科以上学历和学士以上学位，担任法官职务从事审判工作满 5 年的，亦可参加选任该院的审判长。城近郊区人民法院的助审员具有法律本科以上学历和学士以上学位，担任法官职务从事审判工作满 3 年的，亦可参加选任该院的审判长。远郊区县人民法院的助审员具有法律本科学历，担任法官职务从事审判工作满 3 年的，亦可参加选任该院的审判长。"

[4]　王庆廷：《法官分类的行政化与司法化——从助理审判员的"审判权"说起》，载《华东政法大学学报》2015 年第 4 期。

历和年限条件的助理审判员均有选任资格。助理审判员担任独任审判员享受独任审判员岗位津贴；德才表现优秀且工作业绩突出的，给予表彰奖励，并优选考虑晋职晋级。[①]

实行员额制后，原来的助理法官将会从法官编制中分离出来，成为司法辅助人员。目前，司法辅助人员除了现有的助理审判员，还包括法院的书记员、速录员、辅助文员、司法警察等，这部分人编制比较复杂，大致分为公务员编制、事业编制、合同制和聘任制。如何解决助理审判员的编制问题目前学术界和实务界并没有明确的结论，而这部分人往往是青年业务骨干，处在事业上升期，职业发展前途的不明朗甚至是待遇降低将会使这部分人才流失，折损改革的既有成果。

员额制改革没有开始之前，我国助理审判员隶属于法官序列，年龄一般在30岁左右，大多刚刚走出法学院，历经司法考试、公务员考试的层层选拔才跨进法院这个看上去高大上的门槛，对法官职业抱有极高的心理期待。然而理想与现实之间往往存在着巨大的反差。一方面，这些刚毕业的法学本科生、硕士甚至是博士必须从最基本工作做起，通常是担任助理审判员，从助理审判员成为正式的法官往往要经过数年；另一方面，一线审判的工作量往往非常巨大，通常一个基层法院的法官一年大约审理300起案件，除去开会、参加活动等，平均每天要审理两三起案件，几乎每个星期都有3—4天需要加班。除去繁重的工作量，年轻的法官还要面临涉诉信访问题的压力。一个案件，不但要考虑根据法律如何作出判决，还需要考虑判决做出后，当事人会不会信访。而且，部分案件在审理过程中还不得不面对来自法院内部和外部的多方干扰，很难做到独立自主地裁决，然而却要在判决书上签上自己的名字。[②] 一旦案件将来被发现存在问题，年轻的法官往往要承担直接的责任。所以，年轻助理审判员的职业压力和

[①] 比如2000年海南省高级人民法院通过的《海南省基层人民法院独任审判员选任暂行规定》第4条第2款规定任助理审判员二年以上，且取得法律专业大专以上学历；或者任助理审判员五年以上可以担任基层人民法院的独任审判员。第13条规定："独任审判员享受下列待遇：（一）享受独任审判员岗位津贴；（二）德才表现优秀且工作业绩突出的，给予表彰奖励，并优选考虑晋职晋级。"

[②] 参见王子伟、严蓓佳《从"心"开始：法官流失之风险预控——基于心理契约视角的实证研究》，载2015年4月8日《全国法院第二十六届学术讨论会论文集：司法体制改革与民商事法律适用问题研究》，第363页。

风险往往是巨大的。特别是在员额制的司法队伍改革背景下，助理审判员的身份非常微妙，按照我国员额制的设计方案，竞争不上法官的助理法官很有可能成为司法辅助人员，但是我国法律界目前对司法辅助人员的人事待遇、职责定位普遍还不明朗，法院又不能够提供足够的职级调整空间和职业上升途径，这无疑会造成相当多的青年法官离职，法院的审判人员严重流失。故而，如何给予助理审判员应有的职级、人事待遇，以及赋予其清晰明朗的职责则是当前司法改革不可忽视的一个重要问题。

2015 年 7 月，上海市出台了司法体制改革的最新方案。上海市法院设 5 年左右过渡期，逐步推行严格的分类管理制度，优化队伍结构，达到员额比例。其以 2013 年 12 月 31 日（含 31 日）为节点，之前进入司法系统的在编人员按照"老人老办法"原则实行人员分类定岗和等级套改。具体方法步骤是：凡具有法官职务的人员，先套定等级再分类定岗；凡不具有法官职务的人员，先分类定岗再套定等级。2013 年 12 月 31 日（不含 31 日）之后进入的人员按"新人新政策"原则执行。目前，全市法院审判员、助理审判员大部分在审判业务部门工作，也有部分在综合管理部门工作。研究制定法官考核定岗方案，各院根据法官岗位职责及核定的各审判业务部门法官员额，进行分类定岗。根据现有岗位类别区分如下：审判员职务，在法官岗位工作的人员：经考核符合法官留任标准的，计入法官员额；经考核不符合标准或本人自愿调离法官岗位的，由组织另行安排岗位，转入新岗位职务序列；具有助理审判员职务，在法官岗位工作的人员：经考核符合法官留任标准的，计入法官员额。经考核不符合标准或本人自愿调离法官岗位的，由组织另行安排岗位，转入新岗位职务序列；具有助理审判员职务，在非法官岗位工作的人员：本人申请转入法官岗位的，经考核符合标准，可择优选任转岗计入法官员额；经考核不符合标准、因工作需要或本人自愿留在原岗位工作的，计入原岗位职务序列。上海市司法改革进一步将法官助理定位为经所在法院院长任命，协助法官履行审判职能的人员，具有公务员身份，应具备法律职业资格。法官助理基本职责是在法官指导下审查诉讼材料、组织庭前证据交换、接待诉讼参与人、准备与案件审理相关的参考资料、协助法官调查取证、保全执行、进行调解、草拟法律文书、完成法官交办的其他审判辅助性工作，以及与审判相关的调研、督查、考核、宣传等工作。法官助理应当在审判业务部门或综合管理部门相应岗位履行职责。透过上海市法院的司法改革方案，可以看出助理审判员从事的大部分工作是在正式的庭审程序开始之前，包括在法官的指导下审查诉讼材料、组织庭前证据交换、接待诉讼参与人、准备与案件审理相关的参考资料、协助法官调查取证等工作，目的是保障庭审工作的顺利进行，实现庭审的实质化。上海市法院作为全国司法系统人员分类管理的典型试点，其助理审判员的改革方案应当可以代表助理审判员的未来职业定位和前途。除了上海市法院，目前，全国司法体制改革首批试点之一湖北省也已经在全省范围内开展法院、检察院人员分类改革工作。从审判权的科学运行规律而言，法官是审判权的行使主体，其职责是对案件进行审理和裁判。法官助理的主要职责在于承法官之命，协助法官办理诉讼业务。法官助理的工作侧重于与实体审理与裁判密切相关的程序和法律问题，包括审查与整理诉讼材料、准备裁判所需的参考资料和法律意见、草拟法律文书等。① 所以，目前比较务实和可行的是，我国刑事庭前程序可以由助理审判员主持，为其设立科学合理的绩效考核体系。不过，需要说明的是，鉴于一方面在全案移送制度的背景下，我国庭审法官主持的庭前公诉审查、庭前准备活动包括刑事庭前会议一直难以避免庭前预断，庭前程序与正式的庭审法官合而为一；另一方面我国刑事诉讼程序一直强调惩罚和打击犯罪的敌人刑法意识，公安机关和检察机关的卷宗材料往往会被法官照单全收，而且即使公诉材料有问题，庭审中检察官还可以补充或者重新调查证据。整个刑事诉讼进程中被告人力量弱小，除了查阅案卷，常常被动地接受刑事审判，真正的抗辩式审判还没有实现。而且短期内我国强职权主义的诉讼流程不会有大的变动。所以，我国庭前程序由助理审判员主持进行，与庭审法官分离，才真正地避免庭前预断，符合司法公正原则和《刑事诉讼法》对人权保障的价值追求。而且，案件必须先经过庭前法官的公诉审查，之后才能为正式的庭审准备活动筛选出真正需要开庭审理的案件，所以公诉审查阶段和庭前准备阶段要互相分离。只有如此的制度设计，才有可能彻底割断庭前预断，保

---

① 薛永慧：《从台湾法官与司法辅助人员的关系看大陆法官员额制改革》，载《台湾研究集刊》2015 年第 6 期。

障审判公正，同时，庭前程序中所包含的若干必要内容诸如证据调查、证据展示、庭前认罪、庭前裁断等又使得正式的庭审程序集中高效地进行。当然，为了避免庭审法官无法有效组织庭审过程，助理审判员在庭前程序结束后应当以书面方式列出庭前程序取得的成果，主要包括案件争点、认罪协商结果、证据和证人名单等庭审程序运作的关键性问题。

另外，刑事庭前程序的运作需要庭前法官对检察官的公诉材料进行合法性审查，对其搜集的证据材料进行一定程度的排除，将会对现有宪法规定的检察机关和法院分工负责、互相配合、互相制约的设置原则和检察机关的诉讼监督权形成冲击。我国目前法院和检察院的关系是平起平坐、分工负责的，"配合工作"的情况要远多于"互相制约"的规定，并且检察机关有权对整个诉讼过程监督，实行庭前审查之后，将会牵涉到现有法检关系的变动以及司法审查原则在刑事司法中的设置，未来会对刑事司法的构造造成比较大的影响。鉴此，我国刑事庭前程序的立法完善目前可以在不触动现有宪法规定的司法体制前提下进行技术性的处理，充分利用现实的司法资源，由助理审判员主持庭前程序。① 在此基础上，进一步完善和增加其相关的必要内容，包括以下几个方面：（1）完善庭前的公诉审查程序。改庭前形式化的公诉审查为全面审查，公诉审查的案件限于三年以上的重罪案件，赋予庭前法官驳回公诉的权力，庭前审查中合理限定公诉事实的范围和确定审判对象；（2）在立法上设置独立的庭前程序，并且将公诉审查的区间和庭前准备活动的区间分开，避免二者适用阶段上的相互覆盖；（3）进一步完善和充实刑事庭前会议的相关内容。比如赋予三年以上的刑事案件控辩双方的庭前会议启动权，赋予庭前会议一定的非法证据排除和争点整理功能，确立其法律效力等；（4）在刑事庭前程序中引入被告人认罪协商机制，同时由庭前法官对被告人认罪的自愿性、合法性进行审查，这也与《决定》提出的"完善刑事诉讼中的认罪认罚从宽处理制度"一致；（5）进一步完善刑事庭前程序运作的相关内容，包括规范检察官起诉书的记载内容和方式，限制公诉变更进而实现审判中心主义，与《决定》提出的"推进审判为中心的诉讼制度改革"步伐一致。

---

① 当然，未来随着司法人员分类管理改革的成功，我们还可以设置专门的庭前法官。

第二节　我国刑事庭前程序完善的具体建议

一　助理审判员主持公诉审查和庭前准备程序

在庭前卷宗的移送方式上，我国重回 1979 年《刑事诉讼法》确立的全案移送制度，即检察机关提起公诉时，需要将全部案卷和证据材料一并提交法院审查，只要检察机关的起诉材料满足了形式上的要求，人民法院就得无条件地开启审判程序。显而易见的是，我国目前的公诉审查程序流于形式，开庭前的审查只是程序化的审查，达不到对起诉条件进行严格把关的目的，无法排除庭前预断，也会进一步影响后续的庭前准备程序的效果。鉴于设置独立的公诉审查机制已经成为国际刑事诉讼制度的发展趋势，未来我国庭前程序的改革方向也在于设置专门的公诉审查法官和审查程序，审查法官不参与正式的庭审程序。①与此同时，我国庭前会议法官兼任合议庭法官，也有庭前预断的嫌疑，庭审结论恐难以被当事人信服。就我国目前的实际司法体制而言，由助理审判员担任庭前审查法官和庭前准备程序法官对现有司法体制的冲击不大，改革成本较低，节省司法资源。助理审判员可以先对控方公诉的合法性进行全面的实质审查，之后再主持庭前会议，如此的制度设计既提高了庭前程序的运作效率，又有效避免了庭前预断，这样的庭前程序设计会促进法官职责划分的进一步科学化，产生庭前法官的雏形，给我国法官职务体系的改革创造契机。

二　全案移送主义下的公诉审查程序之完善

（一）全案移送制度是我国刑事庭前程序的必然选择

2013 年我国新适用的《刑事诉讼法》第 172 条将庭前的卷宗移送制度改回 1979 年《刑事诉讼法》确立的全案移送制度。根据该法条的规定，检察机关向人民法院提起公诉时，需要将所有的证据材料及相关案卷移送人民法院。全案移送制度的回归是符合我国国情的现实选择。因为从

---

① 庭前预审法官主导案件的公诉审查程序，指导预审听证，审查公诉的提起是否符合法定的标准，将达不到公诉条件的案件排除在正式的审判程序之外，从而一方面对公诉权的行使进行规制，另一方面保障人权，避免无辜的被告人受到错误的刑事追诉。

刑事司法运作的宏观场景而言，我国民众一直信奉国家正义和敌人刑法的意识形态，追求社会秩序的稳定和安全，对刑事司法赋予了过多的打击犯罪、维护安定的期望。与此同时，我国传统的等级式官僚模式一直根深蒂固，刑事诉讼程序被设计为由司法官员追究惩罚犯罪和执行国家政策所组成的程序，该种诉讼程序偏重于"让人民群众在每一个司法案件中都感受到公平正义"①。故而在刑事诉讼模式的选择上，我国仍然类似于大陆法系国家的职权主义诉讼模式，强调司法官员依职权查明案件事实真相的义务以及司法权力的顺畅运作。从微观刑事司法的具体制度而言，我国社会还未普及当事人主义的诉讼意识，正式的庭审程序言词辩论不发达，法官既有量刑权又有定罪权，地方和上级干预司法的现象在一定范围内还将长期存在，这与英美国家的法官消极裁判、陪审团听审、集中对抗式的听审模式是格格不入的。基于此，大陆法系国家的全案移送制度较易为我国所用。事实上也的确如此，据笔者在某市基层法院、律师事务所所作的问卷调查，法官、律师们普遍赞同恢复全案移送制度。法官认为为了有效地组织庭审，庭前阅卷在我国刑事开庭审判中一直就不可避免，1996年确立的"主要证据复印件"主义的公诉方式使庭前法官不便阅卷，合议庭评议时检察官还是要移送全部案卷材料显然增加了审理案件不必要的成本；刑事辩护律师认为全案移送制度有助于充分保障辩护方的阅卷权。

在我国目前的政权组织、意识形态和刑事司法模式下，全案移送制度的恢复是必然选择。我国刑事庭前程序的构建必须以此为起点，随后才能对案件的公诉材料进行全面的审查以及为正式的庭审程序做好充分的准备。况且，如前文分析，基于公诉审查本身的需要，避免其形式化，欧美国家在公诉审查程序都采用全案移送制度。庭前准备阶段，大陆法系国家基于与我国类似的职权主义诉讼传统和文化，仍然采用全案移送制度。英美国家则基于当事人主义的陪审团审判、控辩平等对抗和集中化的言辞审理的需要而采用起诉状一本主义的卷宗移送制度。我国的刑事司法制度与英美国家截然不同，况且起诉状一本主义的卷宗移送制度还需要诉因制度②、控

---

①　参见党的十八届三中全会通过的《中共中央关于全面深化改革若干重大问题的决定》第九部分"推进法治中国建设"。

②　诉因制度来源于英美法系的罪状制度。该制度要求将起诉状分为两个部分：犯罪事实和法律评价。犯罪事实一般是指符合犯罪构成要件的事实，不允许控方随意罗列与构成要件无关的事实，扩大公诉事实的范围。

辩双方的庭前证据交换等庭前制度相配合，相比较而言，我国并不具备培植起诉状一本主义卷宗移送方式的土壤。

（二）全案移送主义下公诉审查程序之构建

基于上述分析，可以看出采用全案移送制度是我国庭前程序的必然合理选择。问题是全案移送制度一直有庭前预断的顽疾，特别是我国一直欠缺独立完整的公诉审查程序，只要检察机关的起诉材料满足了形式上的要求，人民法院就得无条件开启审判程序。可见，这样的立法内容仍然沿袭了我国 1979 年以来"庭前查明事实，庭审核实验证"的诉讼传统。[①] 由于庭前移送全部案卷和证据材料，庭前预断仍然难以避免。无论我们采用何种卷宗移送制度，如果没有公诉审查这样一个介于起诉和审判之间的中间程序，卷宗移送制度就一定不能良性地运行。我国的全案移送主义、主要复印件主义的案卷移送制度一直无法克服庭前预断的病因就在这里。同理，如上所述，日本二战后虽采用起诉状一本主义的案卷移送制度，但是由于废除了预审制度，导致庭前无法确立控辩双方的争议焦点，进而庭审效率低下。鉴此，未来我国刑事诉讼庭前程序的改革必须应以设立独立的公诉审查程序为重点，同时，公诉审查程序的进行应以全面查阅案卷材料为必要条件。[②] 具体框架大体如下：

（1）公诉审查程序的启动：我国的公诉审查程序应当由检察官向立案庭法官提出，至于被害人认为检察机关应当对犯罪嫌疑人提起公诉而检察机关却不提起的，被害人可以转而自诉，直接向人民法院提起自诉。（2）审查范围：通观域外现代法治国家，大多都将起诉审查程序作为重罪案件的必经程序。由于我国司法资源非常有限，故我国刑事庭前审查的案件范围宜为重罪案件，具体可以我国刑罚体系法定刑的幅度为基础，凡是有可能判处三年以上有期徒刑的犯罪均为重罪，必须经过公诉审查程序。（3）审查方式宜以书面审查为原则。鉴于公诉审查以全面查阅案卷为前提，检察官提起公诉后，一切证据材料和案卷均已移交法院，该阶段再要求检察官传唤证人、提出证物，实乃叠床架屋，浪费司法资源。而且，证人或者被告人将会面临两次出庭，徒增其讼累，也不符合我国的现

[①] 刘晶：《刑事庭前准备程序的反思与重构》，载《东方法学》2014 年第 3 期。

[②] 蔡杰、刘晶：《刑事卷宗移送制度的轮回性改革之反思》，载《法学评论》2014 年第 1 期。

实国情。当然，如果涉及重大疑难案件或者被告人强烈申请证据调查或者提出异议，则可以采取言词辩论的方式进行，增强诉讼的对抗性。（4）证明标准：我国刑事诉讼提起公诉的证明标准和法院做出有罪判决的证明标准都是"证据确实充分"，二者并无实质区别。然而现代刑事诉讼的发展趋势乃是审判中心主义，庭前审查程序不过是对公诉方的证明材料是否达到定罪条件的审查，其与正式的庭审程序不能采用同一证明标准。我国庭前审查制度的证明责任应由控方承担，证明标准可以定为"被告是否有成立犯罪的可能"，即根据检察官的起诉材料和举证，能够证明被告人的犯罪行为有符合犯罪构成要件的可能。[1]（5）公诉审查程序在诉讼阶段上应当具有独立性，启于检察官正式向法院提起公诉之日，且应有期间限制，不容许在适用时段上覆盖庭前准备程序，以便完成各自的预定功能。（6）驳回起诉的效力：驳回起诉的裁定一旦做出，即具有实体上禁止再诉的效果。除非有新事实、新证据，不得再行起诉，否则不予受理。[2]（7）在公诉事实达到了法定的公诉门槛的条件下，庭前法官具有变更公诉事实和罪名的权力，但是变更后的公诉事实和原公诉事实必须属于一个案件的自然发生进程。

三　以庭前会议的既有内容为基础，进一步完善其相关内容

目前，虽然我国刑事庭前准备程序在相关必要内容上还有所缺失，但是我们并不主张完全效仿域外国家设置专门的证据展示、认罪协商和庭前调查等制度。我国刑事庭前准备程序问题的根本还是在于控辩平等、司法审查、限制公诉权的滥用等现代国际社会通行的刑事司法理念在我国还没有被全面采纳并贯穿于刑事诉讼的全部诉讼阶段。短期内，我国刑事司法的整体场景将不会有太大的变化，况且，新的《刑事诉讼法》刚刚适用，短期内不易再发生较大的立法变动。故而，温和地、渐进性地以刑事庭前会议的既有内容为基础，进一步完善其庭前准备程序的相关功能或许是构建我国刑事庭前准备程序的可行性路径。具体来说，大致分为以下几个

---

[1]　另外，法官进行庭前审查时，不必遵循严格的证明法则，关于证据资格、刑事实体法中的违法性阻却事由等问题可以放到正式的庭审程序中解决，预审法官只审查证据总量上是否达到符合犯罪构成要件的可能性。

[2]　蔡杰、刘晶：《刑事卷宗移送制度的轮回性改革之反思》，载《法学评论》2014 年第 1 期。

方面：

（一）增加庭前会议的具体内容

最高人民法院的《司法解释》第 184 条规定了可以召集庭前会议的情形：（1）是否对案件管辖有异议；（2）是否申请有关人员回避；（3）是否申请调取在侦查、审查起诉期间公安机关、人民检察院收集但未随案移送的证明被告人无罪或者罪轻的证据材料；（4）是否提供新的证据；（5）是否对出庭证人、鉴定人、有专门知识的人的名单有异议；（6）是否申请排除非法证据；（7）是否申请不公开审理；（8）与审判相关的其他问题；等等。其中的第三、四、五项类似于证据展示程序，值得肯定。笔者认为以上情形远远不能满足司法实践的需要，还应当增加一些具体情形，以使庭前会议真正地发挥功能。比如被告方在该阶段能否选择适用简易程序或者刑事和解程序，从而实现该程序案件分流，节省诉讼成本的功能？以及控辩双方能否协商确定开庭时间以及是否延期审理？当被告方被违法采取刑事强制措施、非法审讯的，能否向庭前法官提出？当被告人没有辩护律师时，能否适用庭前会议？如果法院应该召开庭前会议而没有召开，有没有问责机制？在审判延误期间应当主动对被告人应变更强制措施，等等。

（二）庭前会议以控辩双方合意为基础，法官拥有最终的裁判权

庭前会议中对于双方达成一致意见的程序问题（比如开庭时间、和解，附带民事诉讼赔偿、简易程序、未成年人刑事案件开庭的时间和地点等）以及有关定罪量刑的实体性问题（主要是双方对证据适用范围、无异议的事项）应当赋予其法律效力，不允许其在正式的庭审程序中违反双方协议。对于回避、管辖异议及非法证据的排除等需要做出实质性调查的程序性事项，我们主张由立案庭的审判人员调查后作出决定。

（三）庭前会议必须由律师参加，同时赋予被告人相关的诉讼权利

庭前会议涉及案件的程序和实体方面的问题，需要运用专业的法律知识，直接关系到被告人的合法权益，如果没有辩护人参加，被告人很难理解由此产生的实体后果和程序后果，必然会影响司法公正。因此，庭前会议必须有辩护人的参与。同时，应当赋予参加庭前会议的被告人实际的诉讼权利，具体而言，包括对回避的申请权、对非法证据排除的申请权、举证权、质证权以及辩论权。

（四）规范庭前会议的程序

既然庭前会议制度是三方主体参与的程序，具备了诉讼构造的基本特

征，可以将其设计为初步开庭程序。法院应在 3 日内将召开会议的时间、地点通知公诉人、当事人、辩护人和诉讼代理人；如果被告人未被羁押，应在法院设立的专门会议室进行，如果已被羁押，则应在看守所设立的专门会议室进行为宜；如果应当参加会议的人员未出席会议的，则此次会议不能举行；会议次数原则上只召开一次，而在被告人为多人的共同犯罪案件中，应分别召开，不应集中召开；在审判人员的主持下，应就与审判相关的程序问题依次听取各方的意见，对会议情况应制作全程记录，经核对后由参加会议的全体人员签名。

四　庭前认罪机制之构建

（一）我国实行庭前认罪机制的必要性和可行性

1. 我国实行庭前认罪机制的必要性

从刑事司法的效率来看，我国司法机关处理的刑事案件每年都以较高的比例上升。据笔者在湖北省某市一个基层法院所做的调查，该基层法院有刑庭法官 5 名，每年审理案件将近 1300 件，每名法官平均每天审理 2—3 件刑事案件，最多的时候一个法官一天审理过 10 个案件。司法机关及其工作人员迫切希望采用简便的程序审结案件，加快办案速度。① 另一方面，对被告人而言，一个大的刑事案件，从立案侦查到审判结束，除了花费大量的费用和时间，被告人还要经受等待审判的精神折磨。由此可见，人少案多、难以在法定期限内结案和司法成本之高的问题将会严重制约着我国刑事司法改革。在这一问题上，西方国家的庭前认罪机制为我们提供了有益的启示。如果被告人在庭前会议中通过证据展示和交换，获知其极有可能被定罪而选择认罪，就可以很快与被害人协商赔偿数额，抚慰被害人的心理并取得被害人谅解，检察官也不必浪费过多的人力、物力、财力去调查取证，缩短审理案件的时间。总之，借鉴和实施庭前认罪机制，将会在很大程度上减少积案，降低诉讼成本，提高刑事司法效率。

2. 我国实行庭前认罪机制的可行性

从目前的立法状况来看，我国刑事诉讼制度的个别立法已经为庭前认罪机制的合理运行提供了条件。首先，我国的辩护和代理制度不断发展完善为辩诉认罪提供了有利条件。根据我国新《刑事诉讼法》规定，犯罪

---

① 参见陈俊敏《辩诉交易之合理性与可行性分析》，载《法学杂志》2008 年第 5 期。

嫌疑人在被侦查机关第一次讯问后或者采取强制措施之日起，可以聘请律师为其提供法律咨询、代理申诉、控告。律师提前介入到刑事诉讼中来，被告人的利益得到了保障。其次，被害人可以在审查起诉阶段委托诉讼代理人，帮助自己进行有关诉讼行为，而法律援助制度的建立，为一些无法聘请律师的被害人提供了帮助，这些被害人的利益也可以得到保障。再次，根据我国刑事诉讼法的相关规定，检察院可以自由裁量是否对被告人提起公诉或者做出不起诉的决定。另外，检察机关已有的量刑建议权已经作为"量刑规范化"改革的一个重要内容得到最高人民法院的肯定，各地检察院也已经进行了积极有益的探索，这些改革和实践体现出检察机关裁量权的逐步拓展的趋势，为检察机关启动认罪交易提供了依据。最后，我国新《刑事诉讼法》有关刑事和解和简易程序的立法规定为刑事协商制度的发展提供了法律依据。刑事和解适用的条件为犯罪嫌疑人、被告人真诚悔罪，向被害人赔偿损失、赔礼道歉力图获得被害人谅解，被害人自愿和解。美国的辩诉交易制度与我国今年刑事诉讼法中规定的刑事和解制度较为相似，二者都是通过协商方式达成协议解决刑事案件，都为双方自愿协商，加害人都会因接受协议而获得从宽处理。[①] 在两种不同的制度下，双方协商的动力，都是出于利益最大化的考虑，从而避免"零和博弈"[②] 的结果。简易程序适用的条件即案件事实清楚、证据充分，被告人承认自己所犯罪行，对指控的犯罪事实没有异议的，对适用简易程序也没有异议。另外，2014 年 6 月 23 日，最高人民法院、最高人民检察院向第十二届全国人大常委会第九次会议提请审议《关于授权在部分地区开展刑事案件速裁程序试点工作的决定（草案)》的议案。据此决定，中国已经在部分地区开展刑事案件速裁程序试点。刑事速裁程序适用于案件事实清楚、证据充分，适用法律没有争议，量刑可能在一年以下有期徒刑、拘

[①] 　参见陈光中、葛琳《刑事和解初探》，载《中国法学》2006 年第 5 期。

[②] 　"零和博弈"是博弈论的术语，是指对弈双方的收益，如果一方所得正是另一方所失，双方所得之和为零，则称为"零和博弈"。诉讼是一种"博弈"，为规避风险降低成本可以实行和解与妥协的观念。辩诉交易更是一种典型博弈。在进入审判前，控辩双方可能的战略组合有两个：选择正式审判或者选择辩诉交易。参与人的收益如果量化的话，正式审判的收益要么是100%，要么为 0，这种选择的结果正是"零和博弈"；而辩诉交易的收益虽然达不到100%，但它可以避免出现收益为 0 的风险，从而实现控辩双方的"双赢"，节省司法成本。参见龙宗智《正义是有代价的——论我国刑事司法中的辩诉交易兼论一种新的诉讼观》，载《政法论坛》2002 年第 6 期。

役、管制或者单处罚金的案件，要求被告人选择速裁程序；法官要当庭确认被告人自愿认罪才能迅速裁判，如果被告人主动退赃退赔、赔偿损失，取得了被害方谅解的，法官量刑时要从宽处理。可以看出，刑事和解、简易程序和刑事速裁程序都是一种通过被告人主动认罪形式来解决案件的处理方式，认罪的前提都是主体自愿选择认罪程序、认罪内容合法。

从司法实践方面来看，我国已有类似庭前认罪的做法，如 2002 年 4 月 11 日，面对一起证据收集困难的刑事案件，黑龙江省牡丹江铁路运输法院第一次适用美国辩诉交易制度审结了一起刑事案件①。刑事和解、简易程序以及速裁程序的主体合意制度也为我国引进庭前认罪机制提供了实践经验。况且，实践中我国"坦白从宽"刑事政策中以"坦白"换取"从宽"做法也与认罪协商中的交易精神不谋而合。由此看来，在我国现行法律制度中，庭前认罪机制存在着适用的广泛可能性，只是尚没有以法律的形式予以明确。

（二）中国式庭前认罪机制的具体构建

1. 案件范围

从国外实际情况看，庭前认罪协商案件的适用范围有两种立法例。一是不限制范围，如美国，90% 的案件通过辩诉交易解决，无论轻罪、重罪都可以适用。二是限制范围，如意大利，只限于可以判处 3 年以下有期徒刑或者罚金的轻微刑事案件，② 对于重罪案件当事人没有处分权。事实上，对严重犯罪不得适用认罪协商已经是一项国际通行准则，1994 年 9 月 10 日在里约热内卢召开的国际刑法协会第 15 届代表大会上通过的《关于刑事诉讼法中的人权问题的决议》第 23 条也明确规定："严重犯罪不

---

① 该案的基本案情是：被告人孟广虎在与被害人王玉杰发生争吵后，纠集同伙将被害人打成重伤。此后除孟广虎外，其余几名犯罪嫌疑人均在逃，公诉机关以故意伤害罪先行起诉孟广虎。孟广虎的辩护人认为：由于多名犯罪嫌疑人在逃，无法确定被害人的重伤后果是何人所为，因此本案事实不清，证据不足。为此，辩护律师向公诉机关提出了诉辩交易申请。经控辩双方协商：辩方同意认罪，并自愿承担民事责任；控方同意建议法院对被告人适用缓刑从轻处罚。牡丹江铁路运输法院收到该辩诉交易申请，对其进行严格审查后，予以受理。开庭前，合议庭组织被告人和被害人就附带民事赔偿进行调解，达成赔偿人民币 4 万元的协议。法庭仅用 25 分钟进行了审理，法庭当庭宣判被告人孟广虎犯故意伤害罪，判处有期徒刑 3 年缓刑 3 年。郭毅、王晓燕：《国内辩诉交易第一案审结》，《法制日报》2002 年 4 月 19 日第 3 版。

② 参见徐静村《21 世纪中国刑事程序改革研究》，法律出版社 2003 年版，第 473 页。

得实行简易审判, 也不得由被告人来决定是否进行简易审判。"① 我国刑事诉讼法第 277 条专门对刑事和解适用的案件范围做了规定, 限于两类案件: 一是因民间纠纷引起, 涉嫌刑法分则第四章、第五章规定的犯罪案件, 可能判处三年有期徒刑以下刑罚的; 二是除渎职犯罪以外的可能判处七年有期徒刑以下刑罚的过失犯罪案件。可以看出被告人有可能判处 3 年, 7 年以下的有期徒刑为我国刑事和解程序选择案件的标准。至于简易程序, 我国新法并没有规定案件的可能判处的刑罚幅度。结合域外法治国家认罪协商的案件范围以及通行的国际刑事诉讼趋势, 我国刑事协商的案件范围划分的标准一方面要保持现有和解案件范围不变, 因为我国目前刑事和解的适用率还比较低,② 实践中关于其 "花钱买刑" 的争议较多, 暂时不宜扩大范围, 另一方面刑事程序的设计应当注重案件的庭前分流, 减轻案件积压的压力。我国庭前认罪的案件范围可以以 7 年以下的有期徒刑作为标准, 这样也不会违背严重犯罪不得适用认罪协商的国际准则, 也不会与现有的刑事和解和简易程序的立法规定相矛盾。另外, 被告人庭前认罪的前提条件必须是案件不存在事实和法律上的争议。

2. 庭前认罪协商的内容限于量刑

我国刑法将 "罪刑法定" 作为基本原则之一, 基于我国现实情况考虑, 应禁止罪名协商原则。如果允许控辩双方对罪名进行交易, 则会出现相同行为不同定性的情况, 损害了 "罪刑法定" 原则。美国辩诉交易中之所以存在罪名交易, 很大程度上是由于美国法律对罪名的规定十分细化, 比如杀人罪分为预谋杀人罪 (murder)、非预谋杀人罪 (manslaughter) 和其他的杀人罪 (杀父罪、杀母罪、杀婴罪等)。其中预谋杀人罪分为一级谋杀罪和二级谋杀罪。其中一级谋杀罪分为预谋恶意谋杀 (murder with malice aforethought)、重罪谋杀 (felony murder) 罪; 二级谋杀罪分为临时起意杀人罪和轻率谋杀罪; 非预谋杀人罪分为非预谋故意杀人 (voluntary manslaughter) 和过失杀人 (involuntary manslaughter)。因此, 我国应将罪名交易排除在交易内容之外。

---

① 参见陈瑞华《刑事审判原理》, 北京大学出版社 1997 年版, 第 409 页。

② 据我国学者宋英辉教授为首的课题组 2008 年对华东四个较大的城市的基层检察院 2008 年所作的调研统计, 基层人民检察院适用刑事和解的案件数量较少, 平均每年约为 9 件, 而平均每年发生的刑事案件约为 560 件, 适用率仅为 1.7%。参见宋英辉《我国刑事和解实证分析》, 载《中国法学》2008 年第 5 期。

3. 协商中的控辩平等

对于检察官，我国可以增强检察院的起诉裁量权并运用公诉审查机制对检察官滥用起诉裁量权进行限制。一方面要增强检察机关的起诉裁量权，如应赋予检察机关自主决定与共同犯罪案件中某个被告人进行认罪协商以及放弃对其起诉权利；另一方面，应通过辩护律师在庭前程序中的参与权防止检察官欺骗被告人的行为发生。应当切实地保障辩护律师的在场权、会见权、通信权以及一定的调查取证权的实现，同时建立完善的辩护律师阅卷制度或证据展示制度，① 使辩护律师全面掌握控方的证据，给犯罪嫌疑人、被告人做出是否庭前认罪以及如何协商的机会。

4. 庭前认罪协商机制中法官的主导权

我国刑事司法的制度设计与实务运作一直以司法官员的职权调查和追究犯罪职责为主，在诉讼传统、诉讼文化和诉讼构造上与英美国家存在天然的差异，我国辩护方的防御能力远远低于公诉方，从来在诉讼地位上就没有实现过真正的平等。故而，英美国家控辩双方主导辩诉交易的类型并不适合我国。相较而言，大陆法系国家的审辩协商制度才是符合我国刑事庭前程序改革方向的理性选择。由法官来对辩护方庭前认罪的自愿性和合法性进行审查，一方面能够对公诉权形成有效的制约和监督，另一方面也能保证庭前认罪的公正性以及较易为民众所接受。故而，在庭前认罪机制的制度设计方面，我国应该扩大法官的司法审查范围，加强法官的司法审查，特别是事实审查，保证辩诉双方的庭前协商真实，并有事实依据；同时由法官确认被告人认罪是否真实自愿，确认协议内容有无违反事实和法律，即审查被告人认罪的"自愿性"和"合法性"。

第三节　我国刑事庭前程序相关制度之完善

一　规范公诉书的记载方式和内容

刑事卷宗一直是我国刑事诉讼进程的书面载体，公诉书对案件事实和罪名的记载客观上确定了公诉范围和控辩审三方在庭前程序开启后的

---

① 参见陈光中《辩诉交易在中国》，中国检察出版社 2003 年版，第 46 页。

诉讼策略和诉讼活动。可以说，整个庭前程序，诸如公诉审查、证据交换、争点整理以及认罪协商等机制都是围绕着公诉书的记载内容而进行的。公诉书记载的内容和方式将会影响到整个庭前程序的运作方式和进程。鉴此，我国庭前程序的构建还必须注意公诉书记载方式和内容的规范。

根据《人民检察院刑事诉讼规则》第 393 条的规定，人民检察院起诉书的主要内容包括："1. 被告人的基本情况，包括姓名、性别、出生年月日、出生地、身份证号码、民族、文化程度、职业、工作单位及职务、住址，是否受过刑事处罚……；2. 案由和案件来源；3. 案件事实，包括犯罪的时间、地点、经过、手段、动机、目的、危害后果等与定罪量刑有关的事实要素。起诉书叙述的指控犯罪事实的必备要素应当明晰、准确。被告人被控有多项犯罪事实的，应当逐一列举，对于犯罪手段相同的同一犯罪可以概括叙写；4. 起诉的根据和理由，包括被告人触犯的刑法条款、犯罪的性质、法定从轻、减轻或者从重处罚的条件，共同犯罪各被告人应负的罪责等。"从整体上看，《人民检察院刑事诉讼规则》对起诉书记载的内容和格式规定的全面而详细，没有重大的遗漏缺失。但是上述规定在理论研究与制度设计方面，还存在着一定的缺陷和问题。第一，我国起诉书关于被告人民族、文化程度、职业、工作单位及职务、住址，是否受过刑事处罚的记载，如果与正在审理中的刑事案件无关，很容易使法官形成先入为主的偏见，导致庭前预断。第二，根据上述法条第 3 项的规定，被告人被控有多项犯罪事实的，应当逐一列举，对于犯罪手段相同的同一犯罪可以概括叙写。与此相呼应，各地检察院关于起诉书格式的要求规定对于只有一个犯罪嫌疑人的案件，犯罪嫌疑人实施多次犯罪的犯罪事实通常逐一列举，同时触犯数个罪名的犯罪嫌疑人的犯罪事实则按照主次顺序分类列举；对于共同犯罪的案件，则在写明犯罪嫌疑人的共同犯罪事实及各自在共同犯罪中的地位和作用之后，按照犯罪嫌疑人的主次顺序，分别叙明各个犯罪嫌疑人的单独犯罪事实。透过这些书写方式和内容，可以看出现行公诉书对每一项犯罪事实本身应该如何记载并没有明确，具体涉及如何记载犯罪构成要件、罪名、证据之间的对应关系并没有相关规定和清晰的做法。检察院的起诉书事实记载部分实际上是以单个的刑事案件为单位，只要属于同一个刑事案件，便可在一份起诉书中记载为审判对象。这种混合罗列式的案件事实记载办法既不利于形成条理清楚、证明有力的指控，也不利于辩护方确立防御对象，在一定程度上也降低了整个庭前程序的效率，浪费了司法资源。第三，对控辩审三方各自的诉讼活动和开展策略而言，公诉书的记载内容极为重要，整个庭前程序乃至审判程序的运作都是围绕着公诉书的记载内容进行，并且牵涉到控辩审三方的诉讼策略和方向，如此重要的事项在我国刑事诉讼法中并没有专门规定，仅在《人民检察院刑事诉讼规则》中有所规定。看来我国实务界一直对公诉书记载问题缺乏足够的重视，似乎只要简单罗列全部案件相关的事实就一定能够实现打击犯罪的刑事目标，这种做法在实践中难免会有一定的偏差，刑事冤案的造成就可能与此相关。理论界对该问题的研究目前也处于空白状态，相关的论文也不多见。[①]

起诉书的记载问题非常重要，如果起诉书对被告人的任何相关的罪行都详细罗列的话，法官与民众势必会得出被告人有罪的结论，被告人的防御活动也无法得到有效的开展，法官的审理范围也不好确定。所以，当前我国庭前公诉方式的改革不能忽略起诉书的记载这一看似不起眼的小问题。在这一点上，我们可以借鉴英美国家诉因的记载制度。诉因来源于英美法系的罪状制度。在采用诉因制度的国家里，起诉状对一个犯罪的控诉分为两个部分：犯罪事实和法律评价，其中犯罪事实一般是指符合犯罪构成要件的事实，主要的记述方式为某人在何时何地以什么手段实施了犯罪。除此之外，不允许控方将似乎与犯罪有关的任何随意性事实列进去，扩大公诉事实的范围。法律评价就是犯罪行为触犯的罪名。具体内容如下：（1）首先运用诉因记载要素规范起诉书关于犯罪事实的记载方式，突出犯罪事实的构成要件、必要的非构成要件要素、罪名、证据材料之间的对应、证明关系；（2）必要的非构成要件要素是使诉因特定化之事实，通常是以时间、地点和其他特定的方法加以补充构成要件的相关必要的犯罪事实；（3）一诉因上只能记载一罪，防止诉因的复合记载。原因在于同一诉因上记载几个罪，不同罪的特定构成要件事实很难明确区别出来，被告人也很难通过诉因区分出被指控的各个犯罪的事实，从而对公诉方的指控进行有针对性的防御；（4）数个犯罪行为的公诉事实具有同一性或者具有实质上的一罪或裁

---

① 涂龙科、蔡晨宇、高宇：《论诉因在我国公诉制度中的应用》，载《政治与法律》2008年第 11 期。

断上的一罪的关系，并且被告人犯罪的具体手段、行为方式或者犯罪事实多样化时，可以采取诉因的备用或者选择记载；（5）起诉书的记载遵循诉因（构成要件事实和非构成要件要素）——罪名适用——证据材料的递进式逐层记载方式，环环相扣，逐层推进，能够形成闭合的证据锁链，从而确定清清楚楚的公诉范围；（6）在被告人的基本信息部分，只记载被告人的姓名、身份证号和年龄，其他身份信息一般不得记载，除非是出于案件审理的必要，比如职务犯罪中被告人的工作单位和职务信息；（7）影响量刑的一些因素，包括法定从轻、减轻或者从重处罚的条件等。

二　严格限制庭审中的公诉变更

刑事庭前程序如果要得到良性的运作，发挥其预期的立法目的，案件公诉事实的范围就必须在庭前程序中得到确定。否则，如果庭审中的公诉范围可以随意变更，那么采用何种形式的卷宗移送制度都没有意义，整个庭前程序也将成为尤本之木，无源之水。在这一点上，现代法治国家都有着清醒的认识。但是，案件事实随着诉讼程序的进行，证据材料、主观认识、案件的客观事实均有可能呈现出与公诉书记载的内容不一致的情况，合理地变更公诉范围也存在着一定的必要性。此种情形下，仍然要科学合理地规制公诉范围的变更，将其纳入法治的规范渠道。在此意义上而言，庭前公诉范围的确定是相对的，科学合理的变更公诉范围才能不违背刑事庭前程序设置的初衷。在这一点上，大陆法系与我国的刑事诉讼模式较为相近，其中的德国和我国台湾地区的公诉事实同一性原则或许可以为我国公诉范围的相对确定提供明确的界限。

德国刑事诉讼制度对于公诉事实的扩张并不是无原则的，限于"所有的对裁判具有意义的事实、证据"，实际上要求扩张的公诉事实与原犯罪事实具有同一性，即二者具有相互通融的密切关系，从而导致审判对象可以发生变更，提高诉讼的效率。德国联邦法院在二战后通过判例确立了公诉事实同一性的标准："自然的历史过程说"，即"只要行为人的整体举止，根据自然的观点，足以合成为一个相同的生活过程，或者更白话的说，成为一个故事时，便是一个诉讼法上的犯罪事实，关键在于其间紧密的整理关联性，尤其是行为时间、行为地点、行为客体以及攻击目的。二次世界大战之后，德国刑事司法的实务界又进一步肯定了"自然的生活历程说"①。联邦最高法院强调，在必要的时候，法院可以按照主要审判程序的结果改变起诉事实，法院可以将中间程序内没有提到的被告作为或者不作为一并在判决之内加以评价，只要以一般的生活观察方式，可认为其与起诉所涉及的过去事件构成自然的同一体，同属于一犯罪事实的领域内。② 我国台湾地区学者将公诉事实分为单一性公诉事实和同一性公诉事实。对于单一事实的公诉范围，我国台湾地区实务界对其公诉范围的扩张持肯定意见，认为如果起诉的犯罪行为与起诉范围以外的犯罪行为，具有实质上一罪或者裁判上一罪的关系，行使刑罚权的主体单一，在法律上为单一案件，按照审判不可分原则，法院应当一并加以审判。③ 理论界也有学者赞同该观点，并且进一步将其解释为单一性公诉事实即一个刑罚权所涵盖的犯罪范围，在刑事诉讼法上即是一个审判对象的单元，特指特定行为人所谓在刑法上属于一罪（包括单纯一罪与法律上的一罪）之全部事实，此一犯罪经起诉作为法院之对象时，成为一案件，案件之所以会有单一之性质，毋宁是因刑罚权单一使然。④ 除此之外，对于公诉事实不具有单一性，但是仍然需要变更公诉范围的案件，台湾地区也采用德国的公诉事实同一性标准来限定公诉变更的范围。

　　实践中，大陆法系国家注重庭前公诉范围的确定，通过公诉事实的同一性标准限定公诉范围的任意变更来保障刑事庭前程序的顺利运作已经成为不争的事实。我国目前的刑事诉讼程序仍然体现出一种浓厚的"超职权主义"色彩，只要在案件最终的审判结果确定之前，检察机关对刑事被告人的数量、公诉事实以及罪名均可以主动变更。例如，2013 年《最高人民法院关于适用〈中华人民共和国刑事诉讼法〉的解释》241 条第 2 项规定："起诉指控的事实清楚，证据确实、充分，指控的罪名与审理认定的罪名不一致的，应当按照审理认定的罪名做出有罪判决"。第 243 条

　　① 林钰雄：《变更起诉法条与突袭性审判》，载林山田编《刑事法理论与实践》，台湾学林文化事业公司 2000 年版，第 14 页。
　　② 参见杨云骅《刑事诉讼程序的犯罪事实概念——以所谓单一性之检讨为中心》，载《月旦法学杂志》2004 年第 114 期。
　　③ 台湾地区最高法院 2002 年上字第 1863 号判例说明：检察官所起诉之行为，与其起诉范围以外的行为，如果具有刑法第 74 条或 75 条之情形，在法律上本视为单一事件，按照审判不可分之原则，法院应一并审判。
　　④ 刘秉均：《刑事诉讼上不告不理的"告"在第一审的意义与法律效果》，载《月旦法学教室》2009 年第 83 期。

规定："审判期间，人民法院发现新的事实，可能影响定罪的，可以建议人民检察院补充或者变更起诉。"与此同时，最高人民法院、最高人民检察院、公安部、国家安全部、司法部、全国人大常委会法制工作委员会同时期适用的《关于实施刑事诉讼法若干问题的规定》第 30 条也规定："人民法院审理公诉案件，发现有新的事实，可能影响定罪的，人民检察院可以要求补充起诉或者变更起诉，人民法院可以建议人民检察院补充起诉或者变更起诉。"透过以上三条的规定，可以看出我国允许变更公诉、改变罪名以及追加起诉。我国《刑事诉讼法》放任法院可以"先判后审"，即法院在庭审进程中如果发现控方起诉有所遗漏，则"应当建议人民检察院变更或追加起诉"。与此相呼应，《人民检察院刑事诉讼规则》在第 458 条规定："在人民法院宣告判决前，人民检察院发现被告人的真实身份或者犯罪事实与起诉书中叙述的身份或者指控犯罪事实不符的，或者事实、证据没有变化，但罪名、适用法律与起诉书不一致的，可以变更起诉；发现遗漏的同案犯罪嫌疑人或者罪行可以一并起诉和审理的，可以追加、补充起诉。"公诉变更的任意扩张将会导致庭审范围的不确定，同时也会导致公诉审查程序的设置毫无意义，滥用公诉的现象将会大量发生，新《刑事诉讼法》尊重和保障人权的目标成为空中楼阁，审判中心主义的司法改革目标也难以实现。鉴此，大陆法系国家的公诉事实同一性原则或许可以为我国公诉范围的合理限定提供一定的启示。

三 规范媒体的庭前案件报道范围

在我国目前的刑事司法实践中，除了传统的"媒体公诉"，近些年还出现了一些律师利用博客发表的"自媒体公诉"现象。故而，案件往往在没有正式开庭审理之前，公众已经通过大众媒体获知有关案件的偏向性信息，特别是在一些具有轰动效应的官员贪污腐败案件、涉黑案件、名人涉案案件以及具有典型意义的案件更是如此。在我国一直强调判决的法律效果和社会效果相统一的审判权运作背景下，法官的裁判权行使难免会考虑民众舆情，实践中的确存在媒体审判的效应。

在这一方面，现代法治国家均对案件庭前报道的范围作了严格的限制，庭前阶段限制新闻媒体对案件的公开报道。庭前法官、律师、警察等均不得在庭审开始前泄露案件的相关信息，记者也可能因为侵害调查秘密而构成犯罪，依此来避免公众受到误导形成庭前预断。例如，根据英国的

《1980 年治安法院法》第 4 条增加的规定，被指控者和公众均有在场的权利，并且对新闻界也开放。虽然媒体可以报道移交程序的范围，但是不可避免地会给出一幅被扭曲成被告人有罪的案件画面。故而《1980 年治安法院法》欲保护被指控者的利益，该法第 8 条限制了媒体报道移交程序的范围。媒体只可以报道案件发生的关键细节，如当事人各方和证人的姓名、年龄、住址和职业，法院的名称，审查法官及辩护律师的姓名，被指控的犯罪事实、保释和法律援助等，否则相关责任人将会受到惩罚。不过，司法实践中也存在被指控者希望公开的情形，特别是辩护方的证人可以前来支持的案件。如果只有一名被指控者而他提出解除媒体报道的限制条件，则审查法官必须解除。如果是两名指控者，其关于案件是否公开报道以及报道的范围有争议，则需要法官衡量公开报道是否违背于正义原则而做出决定。《1981 年藐视法院法》第 4 条授权法院审查法官命令媒体推迟报道案件的部分或者全部内容，如果同步报道会影响该案本身或者其他即将进行的程序时。即使审查法官根据《1980 年治安法院法》第 8 条解除了媒体报道的限制，仍然可以根据《1981 年藐视法院法》对报道重新作出全部或者部分的限制。两部关于新闻媒体庭前报道范围的法律在某种情形下还存在着同时适用的情况：比如被指控者（或者共同犯罪中的其中一名被指控者）需要一个公开的手段使证人激励出来，但是控方的部分案件内容确实是令人震惊或者敏感，可能导致公众对他（或者其中一名被指控者）的歧视，审查法官这时可以先根据《治安法院法》签发解除限制报道的禁令，然后根据《1981 年藐视法院法》进一步命令推迟对令人震惊的和敏感的材料的报道。在法国，预审法官本身负有保守秘密的义务，如果预审法官泄露涉案的犯罪事实，即使该事实已经为人所知，仍然有可能构成轻罪；警察公务员不得转移文件，记者也可以因为侵害调查秘密而犯罪；律师不得向任何人传达有关刑事诉讼程序的情况，但其顾客为准备辩护的需要时，不在此限，否则律师将因侵害职业秘密罪受到惩处。

我国刑事庭前程序各项功能的实现需要规范媒体庭前对案件的报道范围，《决定》中也有"规范媒体对案件的报道，防止舆论影响司法公正"的内容。对于刑事案件，媒体的报道范围应该是具有客观性的案件简单经过、当事人大致的年龄、住址和职业、法院的名称、被指控的犯罪事实、刑事强制措施和法律援助等，除此之外，其他事项严格禁止报道，以防止

"舆论审判"。与此同时，对于违反庭前报道范围规定的相关责任人要追究其行政、民事责任。律师违反该规定的，可以按照律师法和相关执业规范加以惩戒。

另外，我国刑事庭前程序在实践中运作不太理想的原因除了其本身的立法定位和必要内容缺失、相关配套制度不完善之外，刑事司法运作场景有待优化也是一个重要的影响因素。我国刑事审判一直奉行卷宗式的书面审理，重大、复杂和疑难的案件还要请示上级或者审委会，偏重惩罚犯罪的刑事司法理念，控辩平等、公诉权规制、司法审查等现代刑事诉讼理念并没有全面地贯彻到庭前阶段中，审判中心主义还未实现。所以，优化我国刑事司法的运作场景也是完善刑事庭前程序的一项配套措施。

结　语

　　自 1979 年我国《刑事诉讼法》颁布实施以来，刑事司法改革的热点问题一直集中在侦查、起诉和审判程序三大诉讼阶段上，传统观点认为刑事庭前程序无关紧要，幻想实现"一步到庭"的审判运作模式。在这样的立法气候下，刑事庭前程序成为边缘程序，相关问题的研究往往管中窥豹，头痛医头，脚痛医脚。比如，对于刑事庭前卷宗的移送方式上，孤立地看问题，认为"全案移送主义"即等于庭前预断，而"起诉状一本主义"则可排除预断，对该问题的研究缺乏刑事庭前程序的整体性反思。该观点导致我国 30 多年以来关于刑事卷宗移送方式的改革一直限于主义之争。另外，整个庭前程序成为层递性的公诉材料移交程序，人民法院有材料必收，有诉必审，有审必判。刑事案件开庭之前，被告人往往无所作为，其所谓的权利仅限于收到公诉书副本和传票、告知开庭时间和地点等程式化的事宜，对保障实质化的控辩平等基本上不起任何作用。这种庭前程序的运作样态与刑事错案的产生有着密切的关系。固然刑事庭审程序是定罪量刑的最后阶段，但是一个为人所不争的事实是庭前程序中控辩双方关于证据材料的质和量的掌握已经固定，真正的庭审程序不过是这些材料的论证阶段。况且，我国刑事审判一直奉行卷宗式的书面审理，重大、复杂和疑难的案件还要请示上级或者审委会，以及案件在没有正式开庭之前媒体已经给予了相当广泛的报道，究竟庭审程序是否能够实现集中化的公正审理恐怕还有待探讨。所以，从另外一个视角而言，完善我国刑事庭前程序的相关内容未尝不是实现实质化庭审的一项重要司法改革措施。

　　20 世纪 70 年代，刑事庭前程序在域外国家就已经形成系统的学术理论和案例实践。学术界普遍认识到庭前程序在公诉权规制、人权保障、案件分流、庭前准备等方面的作用，相关的立法内容也相当完备。大致分为公诉审查程序、证据展示和争点整理、认罪协商、审前裁决以及庭前准备等程序，并且每一阶段都把被告人的辩护权落实到实处，被告方还有程序启动的权利。所以，案件在没有正式进入审判程序以前，不合法的公诉已经被驳回起诉，控辩双方的认罪协商也已经进行完毕，仅这两项程序就能分流掉一半以上的刑事案件；公诉审查程序促使警察、检察官小心谨慎地搜集证据材料，否则案件将会被驳回起诉，影响其工作实效之考评等级；庭前的证据调查、证据展示和整点整理能够充分归纳控辩双方的意见，使得正式的庭审程序集中高效地进行；有罪预断、非法证据在庭前程序可能就已经得到排除，根本不会影响正式的庭审法官的自由心证，从而保障审判程序的公正进行；甚至刑事案件的庭前报道限度或者公诉范围的确定都有相关具体的立法或者案例实践等，不一而足。

　　我国 2013 年适用的新《刑事诉讼法》对庭前程序的内容做出了较大幅度的修改，主要集中在庭前卷宗移送方式重回全案移送主义；只要起诉书中有明确的指控犯罪事实，法院就得开庭审判，公诉审查流于形式；增设刑事庭前会议制度。上述内容的修改反映了庭前程序的完善开始成为我国刑事司法改革的边缘话题。但是，我国刑事庭前程序的实务运作状况非常不理想，主要原因在于立法理念滞后、功能设置单一、公诉审查形式化、庭前准备主要内容缺失、相关制度不配套、司法运作仍然偏重于打击犯罪等问题。未来我国刑事庭前程序的制度设计短期在于采用设置独立的公诉审查程序，由助理法官担任庭前法官，对检察官移送的全部案卷材料进行实质化的审查，赋予庭前法官驳回公诉的权力，公诉审查程序完成后才能进入庭前准备程序；基于避免庭前预断和改革成本的考虑，庭前准备阶段可以由庭前法官继续主持庭前会议，赋予庭前会议法律效力以及完善其证据展示、争点整理以及程序分流的功能。庭前准备程序结束后，庭前法官就庭前准备阶段中取得的成果和庭审中需要注意的事项要以书面方式呈递给案件的承办法官；与此同时，我国刑事庭前程序的完善还需要设置被告人的庭前认罪协商程序。庭前的认罪协商机制需要在控辩双方全面了解和掌握对方证据材料的情况下自愿地选择适用该程序。可以适用庭前认罪程序的案件范围以 7 年有期徒刑以下的刑罚作限，且限于量刑协商，庭前法官要对庭前认罪程序的自愿性和合法性进行审查；长期在于改变 30 多年以来庭前程序附属于庭审程序、庭前报道的范围没有边界以及过于偏重惩罚犯罪的刑事司法理念，并且将控辩平等、公诉规制、司法审查等现代刑事诉讼理念全面地贯彻到庭前阶段中，进而实现审判中心主义。

附　录

认罪认罚从宽制度应当缓行
刘　晶[①]

中文摘要：认罪认罚制度违背审检分离、职权调查以及无罪推定等刑事程序原则，与控辩平等、交叉询问、陪审团审判等当事人主义的诉讼机制关系密切。我国民众心理上对其抵制，基层司法机关缺少适用动力，特别是职权主义的诉讼构造对其强烈排斥，如：无法界定证明标准和适用范围；没有强制律师帮助等保障协商平等的机制；重罪案件法官独任审查或合议庭审查都有负面效应；仅能就量刑协商，等等。我国简易程序、刑事和解程序以及速裁程序基本可以实现认罪认罚制度的功能，认罪认罚制度应当缓行。

关键词：认罪认罚、辩诉交易；简易程序；刑事和解；速裁程序

2014年10月，中共中央十八届四中全会通过的《中共中央关于全面推进依法治国若干重大问题的决定》提出，"完善刑事诉讼中认罪认罚从宽制度（为行文方便，以下简称"认罪认罚制度"）。"2015年2月26日，《最高人民法院关于全面深化人民法院改革的意见——人民法院第四个五年改革纲要（2014—2018）》指出，"明确被告人自愿认罪、自愿接受处罚、积极退赃退赔案件的诉讼程序、处罚标准和处理方式，构建被告人认罪案件和不认罪案件的分流机制，优化配置司法资源。"[②] 2016年7月22日，中央全面深化改革领导小组审议通过《关于认罪认罚从宽制度

---

① 作者简介：刘晶（1978—　），女，湖北大学政法与公共管理学院，副教授，主要研究方向为诉讼法学与司法制度，湖北武汉，430062。本文为2012国家社会科学基金青年项目《刑事程序法的功能研究》，项目编号【12CFX044】的阶段性研究成果。

② 最高法发布全面深化人民法院改革的意见，载新华网：http://news.xinhuanet.com/legal/ttgg/2015-02/26/c_127520462.htm，最后访问时间：2016年11月5日。

改革试点方案》，该方案指出，完善刑事诉讼中认罪认罚制度，要明确法律依据、适用条件，明确撤案和不起诉程序，规范审前和庭审程序，完善法律援助制度。2016 年 11 月，最高人民法院、最高人民检察院会同公安部、国家安全部、司法部制定了《关于在部分地区开展刑事案件认罪认罚从宽制度试点工作的办法》（以下简称《试点办法》），确定试点地方为北京、天津、上海、重庆、沈阳、大连、南京、杭州、福州、厦门、济南、青岛、郑州、武汉、长沙、广州、深圳、西安，试行期为 2 年。至此，认罪认罚制度在我国正式开始实施。一些学者从近些年案件数量激增，司法资源紧张的背景出发，主张扩大认罪认罚制度的适用，从而使得法院集中审理那些重大、复杂、疑难的刑事案件，实现十八届四中全会提出的"以审判为中心的诉讼制度改革"目标，因此对该制度给予较多肯定和期许。① 甚至还有学者据此将未来的刑事程序区分为两大类型：被告人不认罪案件的诉讼程序和告人认罪案件的诉讼程序。② 认罪认罚制度鼓励控辩双方在刑事诉讼中特别是法官开庭前达成认罪协议，被告方认罪服判，法官集中审理那些有必要开庭的重大、疑难、复杂案件，节省司法资源，是诉讼公正与诉讼效率妥协的产物。不过，鉴于认罪认罚本质上违背控诉原则、法官裁判原则、职权调查原则等刑事程序基本原则，因此该制度能否发挥预期的立法效果恐怕还需要进一步探讨，特别是我国基层司法机关和被告人是否迫切需要该制度，以及域外国家及我国台湾地区的相关经验。

一　认罪认罚制度产生的背景

从宏观层面而言，司法改革顶层设计者提出完善认罪认罚制度的改革举措，旨在建立和缓宽容、繁简分流的刑事司法制度，与十八届四中全会提出的"以审判为中心的诉讼制度改革"目标相呼应。从微观层面而言，我国 2013 年适用的《刑事诉讼法》增加了当事人和解的公诉

---

① 这方面的文章很多，比较具有代表性意义的有陈卫东：《认罪认罚从宽制度研究》，载《中国法学》2016 年第 2 期；朱孝清：《认罪认罚从宽制度的几个问题》，载《法治研究》2016 年第 5 期；陈光中、马康：《认罪认罚从宽制度若干重要问题探讨》，载《法学》2016 年第 8 期。

② 参见陈瑞华《"认罪认罚从宽"改革的理论反思——基于刑事速裁程序运行经验的考察》，载《当代法学》2016 年第 4 期；张湘军、顾永忠、陈瑞华：《检察环节认罪认罚从宽制度的适用与程序完善》，载《人民检察》2016 年第 9 期。

案件诉讼程序、扩大了简易程序的案件范围。这两种程序适用的前提均要求犯罪嫌疑人、被告人自愿承认自己所犯的罪行，以换取最终的从宽处罚。随后，2014 年 6 月，第十二届全国人民代表大会常务委员会表决通过了《关于授权最高人民法院、最高人民检察院在部分地区开展刑事案件速裁程序试点工作的决定》。据此，中国已经在北京、天津、上海、重庆、沈阳、大连等城市开展刑事案件速裁程序两年多。刑事速裁程序适用于案件事实清楚、证据充分，被告人自愿认罪，对适用法律没有争议，量刑可能在一年以下有期徒刑、拘役、管制或者单处罚金的案件。显然，刑事和解、简易程序和速裁程序都是一种通过被告人主动认罪形式来解决案件的处理方式。据此，犯罪嫌疑人、被告人认罪认罚制度已经具备了一定程度的实践基础。

另外，《中共中央关于全面推进依法治国若干重大问题的决定》在提出认罪认罚制度的同时，还提出"改革法院案件受理制度，变立案审查制为立案登记制"。立案登记制微观上是当事人诉权的保障，满足了人民群众对于司法的需求，宏观上有利于解决各类社会纠纷和矛盾。但是，该制度导致人民法院受理案件数量激增。据了解，2015 年 5 月 4 日，《最高人民法院关于人民法院登记立案若干问题的规定》实施后的首日，北京市朝阳区立案接待量增长六成。① 试点立案登记近一个月以来，江苏省海安县人民法院开发区发区法庭立案大厅受理各种民商事、行政案件、刑事自诉案件 894 件，受案量同比增长 17%。② 2015 年，全国法院新收案件近 1800 万件，新收、审执结案件同比增幅均创新高，新收、审执结案件的同比增幅均是 2014 年的 3 倍多，也是近 10 年来的最高水平，新收一审案件数量首次突破千万件，同比增幅接近 2014 年的 3 倍。③ 与此同时，我国正在进行如火如荼的法官员额制改革，各地法官的中央政法专项编制要从 58% 左右压缩到 39% 以下，案多人少的矛盾可能会更加突出，原来法官的事务性工作负担可能会更重，每一名法官每周阅读多份卷宗是"司法的不能承受之重"，审判的质量也将无

---

① 石岩、曹璐：《朝阳法院：多举措"备战"立案登记制改革》，载《中国审判》2015年第 10 期。

② 丁国锋：《海安法院降低门槛有诉必理》，载《法制日报》2015 年 1 月 28 日第005 版。

③ 最高人民法院网站 http：//www.court.gov.cn/，2016 年 3 月 21 日访问。

法保证。① 如果要使我国刑事司法制度真正实现以审判为中心，必须科学合理地设置庭前分流机制，否则将会引发整个刑事审判系统的瘫痪，认罪认罚制度就是一种庭前分流机制。

二　我国学者关于认罪认罚制度认识的误区

（一）没有客观评价辩诉交易的实际效果

认罪认罚与欧美国家的认罪交易类似，以美国的辩诉交易制度为代表，通常适用于开庭审理前，当控方的证人不可靠或者整个有罪证据较为薄弱，而被告具有较强的辩护人或者将得到陪审员的同情时，检察官会做出让步，向被告人承诺以较少的罪数、较轻的罪名或较轻的处罚追诉，换取被告人的有罪答辩。目前，在美国许多司法区，90%—95%的有罪判决都是通过有罪答辩做出的；② 2002 年，有学者在一年的研究期间，调查到92%的有罪判决是通过有罪答辩取得的。③ 辩诉交易制度自 20 世纪 60 年代盛行于美国司法系统，之后被德国、意大利等国家审慎地效仿改良。我国台湾地区也在 2002 年 6 月引入了该制度。

---

①　以上海市为例，虽然入额的法官均被充实到一线审判工作上，每个审判团队、每名法官均人尽其才，司法资源得到最大化的利用，但是员额制改革只扩充了 10% 的审判力量到一线，而上海市 2015 年各级法院受理的案件数有较大幅度增加，达到 60 万件左右。上海市的市人大代表丁浩算了一笔账，以现在入额的法官数量来计算，2015 年每个法官要审理 270 多个案子。他认为法官的工作量太大，在如此大的压力下，要保证案件质量存在难度。上海市的人大代表在审议两院报告时，建议通过引入多元化的纠纷解决机制，从源头减少法院的案多问题。其中，刑事案件引入公诉审查、和解、认罪答辩等庭前案件筛选机制未必不是一个好的选择。参见胡新桥、刘志月《湖北做强审判团队办案模式》，载《法制日报》2016 年 1 月 15 日第 3 版；陈颖婷、金豪：《解决"案多人少"，不能只靠员额制——人大代表审议"两院"报告》，载《上海法治报》2016 年 1 月 29 日第 A02 版。

②　1970 年，据估计，90% 甚至 95% 的有罪判决是通过有罪答辩取得，其中 70%—85% 的重罪有罪判决通过有罪答辩取得，参见 Brady v. United States，397 U. S. 752（1970）；1986 年，ABA 也注意到了在某些地区，90% 的刑事案件以辩诉交易形式处理，参见 ABA，Standards for Criminal Justice 14 – 4（2d ed. Supp. 1986）。

③　Thomash H. Cohen & Brain A. Reaves，U. S. Dep't of Justice，Felony Defendants in Large Urban Counties，2002，at 8 tbl. 7 & 10 tbl. 8（2006）. The report is based on data collected from the nation's 75 most populous counties in 2002. Id. These 75 counties account for 37% of the United States population，and about 50% of all reported serious violent crimes and 42% of all reported serious property crimes in the United States，according to the FBI's 2002 Uniform Crime Reports. Id.

　　表面上看，认罪交易似乎成为了现代法治国的必然潮流。鉴于此，我国相当多的学者主张借鉴该制度。① 但是，令人遗憾的是，我国学者几乎所有有关辩诉交易的争论都基于这样一种思维定式：即认罪交易花费的时间和精力远远少于正式审判系统耗费的时间和精力。事实上，认罪交易仅仅缩减了法庭调查和辩论程序，法官仍然需要对认罪协商的自愿性、合法性进行审查，特别是重大、疑难和复杂的刑事案件中，要被告方完全认罪认罚可能需要很长的时间和足够分量的有罪证据，这无疑会增加控诉方的工作量。显然，认罪交易并不意味着必然提高诉讼效率，节省司法资源。并且，辩诉交易也绝非美国刑事司法运作的重要基石。虽然，联邦最高法院首席大法官沃伦·厄尔·伯格在 20 世纪 70 年代曾说："如果有罪答辩率从 90% 降到 80%，美国司法系统将要增加两倍的法官、书记官、法警、办事员、陪审员和法庭来对付。相应地，降低到 70% 会增加三倍的上述资源。"② 上述说法有些夸大其词。一方面，大法官伯格关心的不是辩诉交易本身而是认罪率。目前还不清楚辩诉交易在所有认罪案件（包括简易程序、刑事和解程序等）中的比率；另一方面更重要的是，美国现存的司法资源被专门用来审判，没有法官、书记官、法警、陪审员和法庭进行认罪程序，认罪程序主要在检察官和被告人之间进行。所以，辩诉交易在整个刑事案件中的比重一直也是不确定的。事实上，在美国大城市中，适用辩诉交易的案件占整个刑事案件的比率有着很大的差异。1970 年，底特律和休斯敦的适用率在 80%—90%、洛杉矶是 47%、巴尔的摩仅有17%。③ 1966 年，匹兹堡适用辩诉交易的案件仅有 35%。1972 年，辩诉

---

　　① 参见征汉年《惩治贿赂犯罪引入辩诉交易可行性研究》，载《广西社会科学》2016 年第7 期；李本森《我国刑事案件速裁程序研究——与美、德刑事案件快速审理程序之比较》，载《环球法律评论》2015 年第 2 期；詹建红《论诉讼经济原则的司法实现——一种控辩协商合意的制度立场》，载《河北法学》2012 年第 3 期；廖明《辩诉交易：美国经验与中国借鉴》，载《法治论坛》2009 年第 4 期；冀祥德《域外辩诉交易的发展及启示》，载《当代法学》2007 年第 3期；陈卫东《从建立被告人有罪答辩制度到引入辩诉交易——论美国辩诉交易制度的借鉴意义》，载《政法论坛》2002 年第 6 期等。

　　② Warren E. Burger, State of the Judiciary—1970, American Bar Association Journal, Vol. 56, Issue 10 (1970), p. 931.

　　③ See McIntyre & Lippman, Prosecutors and Early Disposition of Felony Cases, 56 A. B. A. J. 1154, iis6 (1970). These figures give the guilty plea rate as a percentage of all dispositions on the merits. If dismissals and nol pros cases were included in the total number of all dispositions, the guilty plea rates would be even lower.

交易占费城重罪案件的 36%。①

事实上，自 20 世纪 60 年代辩诉交易在美国盛行以来，理论界和实务界质疑之声一直不绝于耳，主要原因在于辩诉交易与生俱来的一些隐患：1. 对被告一方而言，若不接受协商，有可能在审判后被判处更重的刑罚。据统计，纽约市的被告经过审判程序被判处的宣告型，通常较接受协商者的宣告刑重 136%。② 鉴此，无辜的人可能趋利避害选择认罪；2. 通过量刑交易而判处过轻的刑罚，影响了犯罪特殊预防价值的实现；3. 辩诉交易易滋生冤假错案，同时增加了犯罪调查的难度；4. 从诉讼构造的角度来看，辩诉交易中检察官权力的提升导致其成为刑事司法系统的核心人物，这种情形将会危害到司法公正；③ 5. 辩诉交易有放纵犯罪之嫌。一些犯罪人，特别是重刑犯表面上会认罪，实际上是为了换取较轻的刑罚，并没有真诚地悔悟犯罪，甚至存在再犯的危险；6. 对于犯同样罪状的被告，检察官有时会提供不同的认罪协商条件，产生不同的刑期轻重效果，降低司法的公信力。

（二）对辩诉交易制度的运作环境关注不够

在美国，辩诉交易的成功运作与其社会意识形态、当事人主义的诉讼模式以及案件数量剧增有着密切的关系。首先，20 世纪初，美国资本主义经济完成了由自由时期向垄断时期的转变，实用主义的哲学思想在美国有着广阔的市场。在这之前，资产阶级契约自由的法则已经深入人心，在整个社会关系的调控中发挥着主要的作用。辩诉交易被认为是被告方自认其罪、放弃法庭审理，检察官从轻起诉的一种双方的权利义务"契约"。在资本主义缓慢地向垄断主义发展的进程中，由于经济的压力、社会资源的争夺，实用主义的思维和行为方式开始渗透到社会领域的各个方面，并最终成为美国人的性格特征，即以是否有用作为衡量一件事物的价值标准。美国人认为司法的目的在于定纷止争而非追求绝对的正义，理想的正

① *See* M. Levin, urban politics and the criminal courts 80 (1977); 1972 Annual report of the philadelphia common pleas & municipal courts (1973). Again, these percentages are based on adjudications and thus do not include dismissals and nol pros cases.

② Zeisel, The Offer that Cannot Be Refused, in F. Zimring & R. Frase, The Criminal Justice System: Materials on the Administration and Reform of the Criminal Law 558, 561 (1980).

③ Mirjan Damaska, Negotiated Justice in International Criminal Courts, Journal of International Criminal Justice, Vol. 2 (2004), p. 1028.

义是空中楼阁，刑事司法制度要能够为当事人和这个社会带来现实选择的最佳利益。对检察机关来说，辩诉交易避免了陪审团审判的不可预测性，降低了败诉风险；被害人能够尽早地获得赔偿，早日投入到正常的生产生活；被告人也能尽早地摆脱诉讼官司带来的痛苦；对于审判机关来说，既解决了刑事纠纷，又节约了司法资源，提高了诉讼效率。

其次，当事人主义审判模式也是辩诉交易产生的前提条件。首先，在当事人诉讼模式下，控辩双方地位平等，被追诉者的合法权益得到保障。在美国，检察官虽然代表国家追诉犯罪，但其诉讼地位仍仅是当事人，当事人的诉讼身份使其能够自由裁量是否撤销或者减少对被追诉人的指控。检控方通常也希望能够与被追诉人达成某种程度的"妥协"从而减轻工作考核的压力；而被追诉人与检察官一样是地位平等的当事人，拥有程序选择权和处分权，能够影响诉讼进程。同时，法官处于消极的中立地位，不告不理。在双方平等对抗的诉讼构造下，控辩双方就有了"讨价还价"的余地，辩诉交易有了可能；其次，在美国，检察机关在刑事诉讼中的自由裁量权很大，美国检察官可以决定是否起诉、起诉的对象和罪名以及送交审查的证据，还可以在审判前随时撤回公诉，对于不起诉或撤回公诉，检察官无须说明理由，这种情形更加促使了辩诉交易的产生；再次，在当事人主义的诉讼模式下，控辩双方还要平等地进行庭前证据展示，控辩双方可以预测着自己的胜诉机会，掂量谈判的筹码；再其次，在美国，还有完善的律师帮助制度，有专业律师帮助被告人判断证据资格、证明力的强弱，评估辩诉交易的风险与收益，告知被告人享有的诉讼权利，进一步促使辩诉交易的产生；最后，被告人享有沉默权，不得被强迫自证其罪，这就保障了被告人认罪交易的自愿性。

最后，刑事案件的数量急剧增加与司法资源的有限性之间的矛盾导致了辩诉交易制度在司法实践中的盛行。二战之后，美国进入垄断资本主义经济的高速发展时期，各种社会矛盾和冲突加剧，刑事案件的数量呈现出爆炸式的增长。有资料表明，1998 年财政年度，美国 50 个州的各级法院共办理各类案件 8905.5 万件，然而各州法院系统共有法官 16000 余名，还有 9000 余名非职业的治安法官，法院年人均办案 3500 余件。这一年，联邦地区法院共办理各类案件 181.6 万件，而全美国仅有 1131 名各级联邦法官（此尚含 359 名可以享受退休待遇但仍在办案的资深法官），以及

837 名事务性法官，每个法官年均办案千件。① 然而，美国民众一直奉行程序正义的理念，正当程序不仅在美国被明确规定在宪法第五和第十四修正案中，而且被全面地贯彻到美国司法制度的各个领域。正当程序势必赋予犯罪人相当多的对抗国家司法机关的诉讼权利，以实现控辩双方平等的武装和地位。与此同时，此种做法显然增加了司法机关办案的成本，影响了其控制犯罪的能力。有人统计，美国人每年花去 260 亿美元与犯罪作斗争，然而斗争却一直失败。② 鉴此，美国社会中各种辩诉交易开始盛行。

（三）大陆法系国家移植辩诉交易的实际效果并不理想

二战后，欧洲国家面临着案件数量大幅度增加的审判压力。以意大利为例，二战后因为旧的诉讼过程繁杂冗长，导致案件积压甚多，相当多的案件不能及时结案，有的案件甚至经过十年还未结束，欧洲人权法院甚至提出警告。③ 鉴此，意大利国会在 1988 年 9 月以美国制度为主要参考蓝本，将其刑事诉讼制度改为两造对抗制度，加强被告人程序上的保护，维护审判公正的形象。同时，修法者又允许被告人认罪，增加了量刑交易制度，以期做好案件的庭前分流工作，提高审判质量。再以德国为例，在慕尼黑的一个基层法院，一名法官一个月内一般要处理 30—50 个案件。④ 在此情形下，愈来愈多的刑事诉讼程序在调查阶段或甚至于在审判程序中经由协议（商谈、和解、谈判）而告终结，久之演变成为一种"与正义的交易"。1994 年，德国刑事诉讼法第 407 条专门规定了轻罪案件的处罚令程序。对轻罪案件，只要被告人认罪，经检察官书面申请，法官可以不经审理直接量刑。⑤ 2009 年 5 月 28 日，德国联邦议会又通过了名为《刑事程序中的协商规定》的议案，正式确立了认罪协商的合法性。不过，鉴于职权调查原则的保留，德国认罪协商的主导权掌握在法院手中，在审判长与被告人之间进行，与美国充分尊重当事人意思自治明显不同。

但是，无论欧洲国家怎样修改其刑事程序，辩诉交易毕竟是当事人主义诉讼模式的产物，其本身违反言辞审理、无罪推定、法官中立、法官裁

① 冀祥德：《借鉴域外经验，建立控辩协商制度》，载《环球法律评论》2007 年第 4 期。

② ［美］特德·杰斯特：《我们同犯罪作斗争一直失败》，载《国外法学》1982 年第 3 期。

③ William T. Pizzi & Luca marafloti, The New Italian Code of Criminal Procedure: The Difficulties of An Adversarial Trial System on A Civil Law Foundation, 17 YALEJ. INTLL. 1, 6 (1992).

④ 许美君：《德国辩诉交易的实践与启示》，载《法学家》2009 年第 2 期。

⑤ 李昌珂：《德国刑事诉讼法典》，中国政法大学出版社 1995 年版，第 153 页。

判等诉讼原则，会对整个欧洲大陆的刑事程序形成全盘的冲击，并且这些国家的律师辩护制度不如美国发达，不能为被告人提供恰当的帮助，法官心理上也仍坚守其传统追求司法正义的角色，而不愿与被告人妥协。因此欧洲各国均采取较为稳妥的渐进主义改革路线，将可以量刑协商的案件限于宣告刑为罚金或轻罪案件，且不得就罪名及罪数进行协商，协商范围较窄。因此，该制度的适用效果有限，一直没有足够的说服力。目前，在德国，以"审辩协商"处理的案件大约占全部刑事案件的 20% —30% ，主要适用于大而复杂的白领犯罪、逃税罪、毒品犯罪和环境犯罪案件。[1] 至1993 年，意大利的量刑协商比率也从未超过 8% 。[2]

（四）台湾地区认罪协商的实际效果也不理想

2002 年，我国台湾地区采用"改良式当事人进行主义"的司法改革路线，规定控方承担举证责任，引入交叉询问制度，导致进入审判程序的案件所需要的人力及处理时间大幅度增加。在这样的司法场景下，为了疏减刑事案源，2004 年，台湾地区参考美国及意大利的协商制度，在刑事诉讼法中增加了协商程序。[3] 2002 年之前，台湾地区的刑事司法模式与我国类似，均采用职权主义为主的立法原则，实践中侦控审一体化，法官与检察官的角色混淆不清，法官接续检察官主动搜集犯罪证据，刑事程序演变成为打击犯罪人的国家利器。由上文所述，辩诉交易的成功运作与当事人主义的司法模式有着很大的关系，按照预想，台湾地区在引入当事人主义若干成分后，认罪协商制度应当有较大的实效。然而实际运作情况却背道而驰，根据 2006 年其司法部统计的数据，认罪协商制度实施至 2006年，地方检察署以起诉所终结的案件，并无明显的减少，维持在 17% —18% 左右。地方法院第一审刑事案件中，以简易程序终结的案件，约占全

---

① Joachim Herrmann, Bargaining Justice —A Bargain for German Criminal Justice? 53. *U. Pitt. L. Rev.* (1992), pp. 755 –776.

② 吴巡龙：《我国协商程序实务问题的探讨》，载《月旦法学教室》2004 年第 22 期。

③ 该法第 455—2 条规定："除所犯为死刑、无期徒刑、最轻本刑三年以上有期徒刑之罪或高等法院管辖第一审案件者外，案件经检察官提起公诉或声请简易判决处刑，于第一审言词辩论终结前或简易判决处刑前，检察官得于征询被害人之意见后，径行或依被告或其代理人、辩护人之请求，经法院同意，就下列事项于审判外进行协商，经当事人双方合意且被告认罪者，由检察官声请法院改依协商程序而为判决：一、被告愿受科刑之范围或愿意接受缓刑之宣告；二、被告向被害人道歉；三、被告支付相当数额之赔偿金；四、被告向公库或指定之公益团体、地方自治团体支付一定之金额。"

体案件总量的50%以上。在以普通程序结案的案件中，以简式审判程序结案又占了大宗，约为43%，以交叉询问程序终结的案件，则不超过20%。至于以协商程序终结的案件，虽有逐年增加趋势，但占普通程序整体终结案件的比例，仅占6.15%，其他程序占30.87%。并且，采用交叉询问方式审判的第一审案件，平均结案日数约223日。相较之下，采用简式审判的案件，案件终结日数平均为77日；采用协商程序的案件，案件终结日数平均为86日，较简式审判程序长。至于采用简易程序的案件，案件终结日数更短，平均为27日。① 这些数据明显与协商制度的精神明显违背。原因有三：一是在于台湾地区的认罪协商制度是起诉后的协商制度，协商时机太晚，并未节省到侦查阶段所耗费的诉讼资源。如果被告一开始坚决不认罪，检察官因而传唤了二三十个证人，或是耗费相当大的警力调查证据，以证明被告的罪行。到了起诉阶段，被告才要求认罪协商，此时被告犯罪证据确凿，实无与被告协商的必要。因此对检察官的利益极大化的追求方面而言，认罪协商制度所能发挥节省资源的功能，实不如侦查程序中已存在的其他正式或非正式协商形式，例如污点证人制度、不起诉、缓起诉②制度，协商程序对检察官的选择诱因太小；二是在其庭前准备程序的进行中，如被告自己坦白犯罪，法院可以自己决定适用简易判决处刑（几乎所有类型的刑事案件均可以适用），案件不进行证据调查和言辞辩论程序。③ 另外，对于被告对案情、证据均无争执的非重罪案件，2003年台湾创设了简式审判程序④，该程序可以不经过严格的证据调查程

---

① 王皇玉：《认罪协商程序之法社会学考察：以台湾刑事司法改革为例》，载《台大法学论丛》2008年第4期。

② 根据台湾地区刑事诉讼法第253条的规定，微罪事件（被告所犯为死刑、无期徒刑或最轻刑在三年以上有期徒刑之外的罪行）中，如果被告愿意认罪，且与被害人达成和解，或愿意给付金钱给公益团体或对公益团体提供义务劳务（例如犯罪的医生提供义诊）的话，则可以获得缓起诉的待遇。

③ 我国台湾地区现行《刑事诉讼法》第449条第2项规定："检察官依通常程序起诉，经被告自白犯罪，法院认为宜以简易判决处刑者，得不经通常审判程序，径以简易判决处刑。"1997年12月，台湾地区修法将简易程序的适用范围从"轻微案件"扩展到所有刑事案件。

④ 根据我国台湾地区现行《刑事诉讼法》第273条的规定："除被告所犯为死刑、无期徒刑、最轻本刑为三年以上有期徒刑之罪或高等法院管辖第一审案件者外，庭前准备程序进行中，被告先就被诉事实为有罪之陈述时，审判长得告知被告简式审判程序之旨，并听取当事人、代理人、辩护人及辅佐人之意见后，裁定进行简式审判程序。"

序而做出判决，以达到明案速判的目的；三是就程序选择而言，如果是简易案件，被告自白认罪，如果检察官声请简易判决处刑，可以不必到庭。因此对检察官而言，简易程序节省的劳力、时间与资源，实较协商程序来得大，从理性计算与追求利益极大化的观点来看，如果认罪协商与简易程序均可采用，当然是优先采取简易处刑程序；对法官而言，协商程序中所提供的简化判决书制作机制，固然是提供法官快速疏减案件的诱因，也是提供法官追求利益极大化的一个选项。但实际分析法官的行为与态度，会发现法官并不认为协商程序是减少负担的首要选项。因为，为了达到诉讼经济与解除负担的程序选项中，有可选择的简式审判程序与简易处刑程序，而且这两种程序，可维护被告上诉的权利，能平衡刑事程序发现真实与人权保障之价值。此外，尽管大多数的法官认为协商程序中，以笔录代替判决书是减轻负担的重要诱因。但是这项利益是看得到却得不到。因为是否声请协商程序结案，决定权与发动权在于检察官，大多数的法官都会基于审检和谐与尊重检方之权限，不主动介入协商程序的发动与谈判。由于制度设计上的限制颇多，从追求利益的极大化观点来看，法官多会退而采取既有的简易处刑程序或是简式审判程序。所以，即使台湾地区引入当事人主义的若干成分，但是其认罪协商制度的运作远远不尽如人意，除了协商时间太晚，主要原因还是在于其本土已有的简易程序、简式程序等已经能够发挥认罪协商的功能。

三　认罪认罚制度与刑事诉讼基本原理的冲突

（一）违背司法公正原则

认罪认罚制度可能会损害司法公正。只要检察官和辩护律师就定罪量刑达成辩诉交易，被告人在法庭上作出有罪供认，并发誓其认罪出于"自愿"，这样一起刑事案件就审理完了，但对于有隐情的复杂案件，案件真相和罪犯的隐情可能永远得不到发现。实践中难免存在被告自白出于后悔或者为获从宽处罚的，或者为亲友顶罪的情形，更常见的情形是犯罪集团中幕后大哥胁迫或者利诱小弟顶罪的情形。另外，认罪认罚制度还可能导致罚不当罪，同案不同判的现象发生。因为认罪协议的达成，很大程度上也取决于控辩双方各自所掌握的各种资源的博弈，包括证据材料的数量和质量，双方谈判时的手段和技巧，被告人的社会地位和辩护能力等，这就使得定罪量刑与案件实际真相的关系减弱，有可能出现无罪的被告人因为害怕被重判而认罪；被指控犯罪事实大致相同的被告人可能会获得截然不同的刑事判决，罚不当罪的案例也可能频繁发生。总之，认罪认罚制度在保证案件的公正判决方面是有缺陷的。

（二）抵触审检分离原则

现代刑事诉讼采用审检分离原则，检察官主导侦查程序，法官专司审判程序。被告人是否有罪或者刑罚轻重必须经过证据调查，法庭辩论，事实材料整理后才能形成被告人有罪的心证。在审检分离的结构下，检察官必须形成有犯罪嫌疑的心证后才能起诉，检察官的起诉门槛，与法官的有罪判决门槛有一定的距离，此距离一般是通过一审程序的证据调查来填补的。但是，在认罪认罚程序中，法官不能主动调查案件事实，只能讯问了解被告人的认罪是否出于自愿，有罪判决要严格以控辩双方协商的犯罪事实和罪名为限。这种制度设计，无疑扩大了检察官的权限，缩小了法官的审判空间，侵害了检察官负责追诉、法官负责审理案件的诉讼结构。

（三）违背无罪推定原则与被告不自证己罪原则

被告人是否构成犯罪应当由检察官承担证明责任，认罪认罚程序要求被告用自白犯罪与检察官交易换取刑罚上的优惠，若法院接受协商合意，则被告在未经过庭审证据调查程序之前，就被认为有罪，而检察官愿意跟被告协商，也是基于认为被告有罪。如此一来，审、检都是基于被告有罪的前提下进行协商程序，将大大违反无罪推定原则。另外，该制度要求被告先认罪，再谈刑罚上的优惠，此种做法不仅造成被告惧怕不认罪而招致不利益而只好认罪，违背自白任意性规则，而且会明显加深刑事程序对自白的倚重，与刑事司法改革的基本目标即公正、人权保障的目标相违背。

（四）形成报复性侦审

检察官为了达到认罪协商目的，往往会以过度追诉的方式，预留与被告人或者辩护人讨价还价的筹码，或是追诉被告过多的犯罪，以形成迫使被告认罪的压力。如果被告坚持不认罪，检察官有可能因此认为被告态度不老实而加重提起公诉的刑罚。在审判过程中，如果被告不认罪，最后如果不是无罪判决，则法官往往会对其加重刑罚。因此，被告人的认罪协商可能会违背自己的意愿，甚至会承认自己没有犯过的罪，使刑法的罪责刑相适应原则被彻底破坏。

四　我国社会缺乏认罪认罚制度成功运作的条件

（一）基层司法机关适用该制度的需求不强烈

我国认罪认罚制度的适用是一种自上而下的改革，该制度最终能否扩大适用还要看基层司法机关是否存在着适用该制度的内在需求，特别是，能在相当程度上减少法官、检察官的工作量，以及利于他们的绩效考核。需要注意的是，一方面，我国刑事庭审活动一直奉行"案卷笔录中心主义"，认罪认罚的案件主要是通过宣读案卷笔录进行法庭调查，无法凸显该制度繁简分流、提高诉讼效率的优越性；另一方面，对于有期徒刑超过三年的案件，属于比较严重的犯罪案件，应当对该类案件认罪认罚制度的适用进行严格地合法性审查，持谨慎适用的态度。如此，法官和检察官的工作量并没有明显地减少。况且，认罪认罚制度究竟是由法官独任审判，还是合议庭裁判，我国目前均无这方面的规定。如此，基层司法机关并没有积极适用该制度的动力。

（二）民众心理上不易接受认罪认罚制度

我国社会正经历从传统封闭的农业社会向现代开放的工业社会变迁和发展的过程。社会经济、治理方式、贫富价值观转型浓缩、急剧，风险大，[①] 刑事案件的数量也急剧增长。据统计，2014 年，全国法院刑事一审收案 104 万件，比 2013 年上升 7.09%，审结 102.3 万件，上升 7.24%；判决生效被告人 118.5 万人，上升 2.24%。[②] 2015 年，全国法院新收刑事一审案件 1126748 件，上升 8.29%；审结 1099205 件，上升 7.45%；判决生效被告人 1232695 人，上升 4.06%。[③] 即便案件数量的急剧增长和司法资源存在巨大的差距，但是，我国民众心理上仍然不会接受美国的实用主义哲学，允许刑事犯罪达成"契约"。发现实体真实、有罪必罚的绝对正义追求，始终被认为是刑事诉讼程序颠扑不破的真理之一。在美国，认罪协商的正当性虽然备受批评，但因美国采用陪审制度以及交叉询问制度，十分耗费司法资源，认罪协商成为该诉讼制度下不得不承受的代价。

---

① 宋林飞：《中国社会转型的趋势、代价及其度量》，载《江苏社会科学》2002 年第 6 期。

② 袁春湘：《依法惩治刑事犯罪　守护国家法治生态——2014 年全国法院审理刑事案件情况分析》，载《人民法院报》2015 年 5 月 7 日。

③ 最高人民法院研究室：《2015 年全国法院审判执行情况》，载《人民法院报》2016 年 3 月 18 日。

相比之下，我国并不采用陪审制度，在未经充分讨论以及民意的支持下就决定扩大采用协商制度，可能会滋生流弊并进一步摧毁司法的公信力，不符合我国社会的需要。况且，我国法律对法官如何具体裁量刑罚并没有具体客观的标准，实际上，对于具体个案，处以何种刑罚才能公正地惩罚行为人、防止其再犯，并有效地矫正受刑人，每个执法者因生活经验及教育背景不同，可能有不同看法，因此，案件事实、情节相同或者类似的案件很难实现统一量刑的目的。甚至同一执法者，对案情类似的被告，也可能因自己的情绪或者经验转变，而处以极为不同的刑罚。况且每个被告人成长的背景、犯罪原因及犯罪手法可能都不相同，故而，即使相同的犯罪，具体量刑也不同。但是，我国法律没有对认罪认罚的从宽幅度制定具体客观的标准，完全由检察官建议从轻、减轻处罚，被告人对量刑没有较为确定的期待，可能会受到司法黄牛的欺诈。

（三）职权主义的诉讼模式将导致认罪认罚制度举步维艰

我国职权主义的诉讼制度与英美国家的当事人主义诉讼模式存在着实质上的差异，将会导致认罪认罚制度举步维艰，甚至给我国刑事司法带来诸多负面效应：第一，我国刑事诉讼一直采用职权调查原则，强调司法机关依职权主动地追究犯罪和查明案件事实，检察机关一直是社会正义的代表，拥有专业的司法队伍和办公设备，控辩双方实力相差悬殊。在被告人认罪认罚案件中，没有强制律师帮助制度，来帮助被告人判断证据证明力的强弱，准确评估认罪的恰当时机、可获得的从宽量刑幅度，以及告知被告人享有的各项诉讼权利。此种情形下，我国实行认罪认罚制度就会导致部分案件在事实不清、证据存在瑕疵的情况下，检察官为了早日结案，完成绩效考核目标威胁、利诱被告人认罪，而且，被告人一旦认罪认罚，案件判决后是不能上诉的。如此，检察机关将成为无冕之王，滋生更多的刑事冤案。虽然，法院需要对被告人认罪认罚内容的合法性和自愿性进行审查，但是在我国"案卷笔录中心主义"的审判模式下，以及审、检天然的同僚关系，法院的审查恐怕不能及时有效地发现认罪认罚程序中的问题；

第二，在美国，协商的案件往往是部分事实清楚，且有相应证据支持，但部分事实却没有证据证实或者证据不够充分的案件。对于事实清楚、证据确实充分的刑事案件，就不能适用辩诉交易，以"罚当其罪"维护司法公正。但是在我国，如果疑罪也可以"认罪从宽"，部分检察官可能会在公诉材料达不到定罪的证明标准的情况下，强迫被告人认罪，制造刑事冤案。所以，我国部分学者主张适用认罪认罚程序的案件必须符合事实清楚、证据确实充分的证明标准。① 然而，到底公诉方的卷宗材料是否达到了这一证明标准，必须由法院审查确认。对于简单轻微的刑事案件，法庭审理可以直接省略法庭调查、辩论环节。而对于可能判处较重刑罚的案件，即使控辩双方协商一致，由于案件涉及较重的刑罚，法院仍需要在被告人及其辩护人、检察官同时在场的情形下，对案件进行审查、询问，确保公诉方的卷宗材料达到定罪量刑的标准，才能确定从宽量刑的基点。此种情形下，相较于普通的刑事案件而言，法官的工作量可能并没有减少，认罪认罚制度预期的提高诉讼效率的目标并没有实现。况且，重罪案件被告人认罪的合法性、自愿性由法官一人审查，恐怕存在操作上的难度，如果由合议庭审查，那么法院实际的工作量可能与普通程序差不多，这又违背了认罪认罚制度设立的分流案件、节省司法资源，进而实现审判中心主义的初衷。如果将认罪认罚制度的案件范围限于轻罪案件，简易程序完全可以代替其发挥既定的功能；

第三，我国基于职权调查原则追求实体真实的需要，认罪认罚制度仅限于刑罚的轻重协商，不允许控辩双方就罪名或者罪数进行协商。而美国的认罪协商采用当事人进行主义，被告人和检察官是地位平等的当事人，协商内容充分尊重当事人意思自治，控辩双方除了就刑期协商，还可以就罪名（即起诉之罪名的犯罪构成要件，范围上包含另一刑期较轻之罪名的构成要件，被告同意就较轻刑期之罪名认罪，检察官同意不追究原重刑之罪）或者罪数协商（即检察官以数罪起诉被告，被告人同意就其中一罪或者数罪认罪）。② 故而，我国认罪认罚制度可以发挥作用的空间非常有限；

第四，我国刑事审判由职业法官主导和指挥，开庭前法官已经审查过全部案卷材料，法官在庭审中还可以依职权调查和搜集证据。因此，审判的结果对于控辩双方来说是可以预测的，控辩双方协商的内心动因不强

---

① 参见朱孝清《认罪认罚从宽制度的几个问题》，载《法治研究》2016 年第 5 期；陈光中、马康：《认罪认罚从宽制度若干重要问题探讨》，载《法学》2016 年第 8 期；刘金林：《认罪认罚从宽制度仍应坚持常规证明标准》，载《检察日报》2016 年 8 月 25 日第 3 版。

② Wayne R. LaFave，Jerold H. Israel，and Nancy J. King，Criminal Procedure，3rd ed. St. Paul，West Group Publishing Company，2000，pp. 956.

烈，认罪认罚制度绝非解决我国刑事案件积压问题的灵丹妙药。在美国，控辩双方能够达成协议，则与其采用陪审团审判有很大的关系。陪审团来自于普通民众，没有受过专业的法律训练，司法理性不足，听审时完全根据其朴素的正义观甚至直觉断案，容易被控辩双方的法庭辩论技巧所迷惑，审判的结果具有不可预测性。因此，控辩双方具有较强的动机进行认罪交易；

第五，我国庭前程序中缺乏平等协商机制。根据《刑事诉讼法》第182条第2款关于庭前会议的规定，开庭前，审判人员可以召集控辩双方对回避、非法证据排除、证人名单等与审判相关的问题发表意见。被告方则没有申请启动庭前会议的权利，并且，最高人民法院关于适用《中华人民共和国刑事诉讼法》的解释第183条将可以启动庭前会议的案件范围限于非法证据排除、重大复杂、社会影响重大的案件。鉴此，控辩双方仅可以就这三类案件交流意见。并且，控辩双方的庭前协议特别是非法证据排除意见并没有法律效力，仅限于"了解情况、听取意见"，不允许做出具有任何裁决性意义的结论，庭前会议更像是一个"见面会"、"通气会"。如此，庭前会议仅仅是对回避、出庭证人名单和非法证据排除等问题提出意见，实际上并不解决任何问题，庭前程序缺乏控辩双方平等协商的对话机制。而在美国，该阶段有审前动议（Pretrial Motions）制度，是指当事人双方对证据的可采性或证明力涉及的问题在庭前程序中的分歧较大，向治安法官提出申请，要求法官居中裁决的一项制度。审前动议具有法律效力，对证据的可采性、证明力的判断具有很强的影响力，在此基础上，辩护方才能制定合理的诉讼策略进而决定是否进行认罪交易；

第六，我国认罪认罚程序缺乏律师的有效参与，不能保证被告人认罪的自愿和合法性。在我国，相较于民商事、经济案件而言，刑事案件辩护风险大，取证难度也大，经济效益一般较低，相当多的辩护律师不愿意代理刑事案件。另外，一些被告人基于贫穷，也不会聘请律师。据相关媒体报道或研究成果，各地律师辩护率大致在20%左右。[①] 认罪认罚牵涉到被告人的实体利益，原则上，应当由律师根据案卷材料和调查取证的情况，

---

① 马静华：《刑事辩护率及其形成机制研究——以刑事一审为中心》，载《四川大学学报（哲学社会科学版）》2011年第6期；丘源源：《刑事辩护仅两成人请律师》，载《法制日报》2005年10月20日第9版；

告知其认罪的法律意义以及大致可期待的从宽处罚。只有这样，才能保证被告人的认罪是自愿的，认罪的内容是控辩双方平等协商的结果。但是，《关于认罪认罚从宽制度改革试点方案》、《试点办法》并没有明确认罪认罚案件需要律师参与，仅有《试点办法》在第 5 条第 4 款规定认罪认罚的案件符合应当通知辩护的条件的，依法通知法律援助机构指派律师为其提供辩护。也就是说，认罪认罚案件没有设置专门的法律援助制度，再加上我国刑事辩护率本来就较低，认罪认罚的公正性很容易受到质疑。相较而言，美国的庭前程序则特别注重保障被指控人的辩护权，如果被追诉者未获得律师的帮助，原指控和审判将会无效；判决将会被撤销，案件将会发回重审。[①] 事实上，如果被告人贫穷，治安法官还要告知他有权获得指定律师的权利。对于被告人贫穷且以重罪被指控的案件，在所有司法辖区，他们都有权获得指定律师。在此类案件中，治安法官通常至少负有启动指定律师程序的责任。据统计，在美国 75 个最大的县进行的关于重罪被告人的抽样调查表明，他们中近 80% 的人得到了法院指定的律师。在约占全国人口 70% 的县，律师帮助主要由国家和州政府的辩护人机构提供；约占全国 25% 的县，主要依靠指定的律师系统提供。数量较少的县，其人口占全国不到 10%，主要依靠合同系统提供的指定律师，在此系统下，私人法律事务所，私人营业律师组织或者非营利机构（如律师协会）签订合同以期为大量的贫穷被告人提供持久的代理。

五　简易程序、刑事和解和速裁程序可以发挥认罪认罚制度的功能

根据我国刑事诉讼法第 208 条的规定，基层人民法院管辖的案件，只要案件事实清楚、证据充分的；被告人承认自己所犯罪行，对指控的犯罪事实没有异议的；被告人对适用简易程序没有异议的；就可以适用简易程序。人民检察院在提起公诉的时候，可以建议人民法院适用简易程序。简易程序与认罪认罚制度在适用前提和最终目的上具有异曲同工之效：均要求被告人提前认罪；最终目的都是为了简化甚至省略判决程序，分流刑事案件。实践中，虽然法院对可能判处有期徒刑超过三年的案件，适用简易程序尚持谨慎态度。但是，整体而言，简易程序的适用率还比较高。以东北 L 省 D 市法院为例，虽然该院 2013—2014 年对可能判处三年有期徒刑

---

① Coleman v. Alabama 399 U. S. 1, 90 S. Ct. 1999, 26 L. Ed. 2d 387（1970）.

以上刑罚的案件,简易程序适用率仅为 3%,但是简易程序在整个刑事司法程序中的所占的比重达到了 57%；J 省各基层法院 2013 年刑事简易程序平均适用率为 40.67%,2014 年刑事简易程序的平均适用率为 38.29%；H 省 2013 年基层法院刑事简易程序平均适用率为 45.9%。①

　　我国刑事诉讼法第 277—279 条还规定了刑事和解制度,即因民间纠纷引起,涉嫌刑法分则第四章、第五章规定的犯罪案件,可能判处三年有期徒刑以下刑罚的；以及除渎职犯罪以外的可能判处七年有期徒刑以下刑罚的过失犯罪案件,犯罪嫌疑人、被告人真诚悔罪,通过向被害人赔偿损失、赔礼道歉等方式获得被害人谅解,被害人自愿和解的,双方当事人可以和解。对于达成和解协议的案件,公安机关可以向人民检察院提出从宽处理的建议。人民检察院可以向人民法院提出从宽处罚的建议；对于犯罪情节轻微,不需要判处刑罚的,可以作出不起诉的决定。人民法院可以依法对被告人从宽处罚。而《试点办法》第 7 条规定:"办理认罪认罚案件,应当听取被害人及其代理人意见,并将犯罪嫌疑人、被告人是否与被害人达成和解协议或者赔偿被害人损失,取得被害人谅解,作为量刑的重要考虑因素。"显然,刑事和解与认罪认罚制度基本类似:被告人悔罪认罪是适用前提；最终目的是为了简化或者省略庭审调查、辩论程序,分流案件,以及被告人得到从宽处罚。不同的是,刑事和解还体现了刑事司法的宽容和歉抑性,节约了司法资源,基本上消除了犯罪人再次犯罪的心理暗示,最大程度上抚慰了被害人的心理创伤和恢复了被犯罪行为所破坏的社会关系。在我国,可以适用刑事和解的案件一般是可能判处三年以下有期徒刑的人身伤害和盗窃、抢夺等轻微刑事案件以及一般的过失犯罪案件,这些案件在刑事司法程序中还是占有相当大的比例的,完全可以通过庭前和解将这部分案件分流出去,以使得正式的庭审程序集中高效地审理重大、复杂、社会影响大的刑事案件,保障庭审中心主义的实现。目前,对于犯罪人和被害方和解的刑事案件,检察院一般会起诉到人民法院,同时提出从宽处罚的建议。刑事和解在一定程度上已经发挥着认罪认罚制度的功能,我国刑事和解未来还有较大的发展空间。比如 2010 年至 2011 年,珠三角地区的和解率平均为 14.3%,未成年人犯罪的和解率为

---

　　① 谢登科:《论刑事简易程序扩大适用的困境与出路》,载《河南师范大学学报(哲学社会科学版)》2015 年第 2 期。

17.96%；粤北地区的和解率平均为 16.75%，未成年人犯罪的和解率为 20.05%；粤西地区的和解率平均为 18.1%，未成年人犯罪的和解率为 13.43%；粤东地区的和解率平均为 21.5%，未成年人犯罪的和解率为 33.77%。[①]

我国已经在北京、天津、上海、重庆、沈阳、大连等城市开展刑事案件速裁程序两年。刑事速裁程序适用于案件事实清楚、证据充分，被告人自愿认罪，对适用法律没有争议，量刑可能在一年以下有期徒刑、拘役、管制或者单处罚金的案件。可以看出，简易程序、刑事和解和速裁程序都是一种通过被告人主动认罪形式来解决案件的处理方式，其中简易程序可以适用于所有的刑事案件，即只要案件事实清楚、证据充分的，被告人承认自己所犯罪行，就可以适用。另外，根据《试行办法》第 16 条和第 18 条的规定，基层人民法院管辖的可能判处三年有期徒刑以下刑罚的案件，事实清楚、证据充分，当事人对适用法律没有争议，被告人认罪认罚并同意适用速裁程序的，可以适用速裁程序；对于基层人民法院管辖的可能判处三年有期徒刑以上刑罚的案件，被告人认罪认罚的，可以依法适用简易程序审判。所以，现有的简易程序、刑事和解、速裁程序完全可以实现认罪认罚制度的功能，不需要再画蛇添足另行制定专门的认罪认罚程序，增加司法成本。

总之，认罪认罚制度的设计是一项系统工程，我国司法改革一直贯穿的是自上而下的模式，设计理念主要是为了建立和缓宽容、繁简分流的刑事司法制度，理想是很美好的，但是对该制度良性运作的背景及相关配套制度却关注不够。认罪认罚制度的设计必须具有全球化眼光，对欧美国家认罪程序的运作机理做全面和客观的剖析，特别是美国的辩诉交易制度，一些学者过于夸大了其实际功能。认罪协商机制除了在美国，在大陆法系国家和我国台湾地区的运作都是不成功的。究其原因，就在于职权主义的诉讼体系强烈抵制辩诉交易成分，这些国家或者地区已有的简易程序、刑事和解等机制已经实现了认罪协商制度的主要功能。我国认罪程序的设计应当立足于现有刑事和解、简易程序和速裁程序的对接和完善，而不是盲目效仿美国。总之，认罪认罚制度应当缓行。

[①] 将石平：《刑事和解的法制化建构》，中国政法大学出版社 2015 年版，第 24 页。

The system of leniency based on peccavi should be postponed

Abstract: The system of leniency based on peccavi violates basic principles of criminal procedure such as separation of the prosecution and the judiciary, authority survey, presumption of innocence, and or so. It has great relation to prosecuting and defending equality, cross – examination, jury trial in the adversary system. Our country public psychologically resist to it, grassroots judicial organs also lacks motivation, especially inquisitorial system resists it firmly, such as unable to define proof standard and range of application, no mandatory lawyers to help ensure equal consultation mechanism, neither judge alone nor collegiate bench reviewing felony cases unreasonable, limited to sentencing negotiations, and or so. Because summary procedure, reconciliation procedure and fast – track sentencing procedure can realize its function mainly, so it should be postponed.

Keywords: leniency based on peccavi; plea bargaining; summary procedure; reconciliation procedure; fast – track sentencing procedure;

主要参考文献

一 中文文献

（一）著作类

1. 将石平：《刑事和解的法制化建构》，中国政法大学出版社 2015 年版。
2. 郎胜：《中华人民共和国刑事诉讼法修改与适用》，新华出版社 2012 年版。
3. 孙春雨：《刑事和解办案机制理论与实务》，中国人民公安大学出版社 2012 年版。
4. 邓正来：《哈耶克社会理论》，复旦大学出版社 2009 年版。
5. 林俊益：《刑事诉讼法概论》（上下册），新学林出版股份有限公司 2009 年版。
6. 种松志：《中国刑事审前程序制度构建》，中国人民公安大学出版社 2009 年版。
7. 林钰雄：《检察官论》，法律出版社 2008 年版。
8. 林钰雄：《严格证明与刑事证据》，法律出版社 2008 年版。
9. 宋英辉、孙长永、刘新魁等：《外国刑事诉讼法》，法律出版社 2006 年版。
10. 罗结珍：《法国刑事诉讼法典》，中国法制出版社 2006 年版。
11. 王兆鹏：《美国刑事诉讼法》，北京大学出版社 2005 年版。
12. 林钰雄：《刑事诉讼法》（上下册），中国人民大学出版社 2005 年版。
13. 王梅芳：《舆论监督与社会正义》，武汉大学出版社 2005 年版。
14. 林山田：《刑事程序法》，台湾五南图书出版股份有限公司 2004 年版。
15. 陈卫东：《刑事诉讼法》，中国人民大学出版社 2004 年版。
16. 陈卫东：《刑事审前程序研究》，中国人民大学出版社 2004 年版。
17. 徐静村：《刑事诉讼法学》，法律出版社 2004 年版。

18. 邓云：《刑事诉讼行为基础理论研究》，中国人民公安大学出版社 2004 年版。

19. 李学军：《美国刑事诉讼规则》，中国检察出版社 2003 年版。

20. 陈瑞华：《问题与主义之间——刑事诉讼基本问题研究》，中国人民大学出版社 2003 年版。

21. 陈瑞华：《刑事审判原理论》，北京大学出版社 2003 年版。

22. 徐静村：《走向法治的思考》，法律出版社 2003 年版。

23. 王兆鹏：《当事人进行主义之刑事诉讼》，台北元照出版有限公司 2002 年版。

24. 卞建林：《外国刑事诉讼法》，人民法院出版社 2002 年版。

25. 彭勃：《日本刑事诉讼法通论》，中国政法大学出版社 2002 年版。

26. 陈卫东：《刑事诉讼法实施问题调研报告》，中国方正出版社 2001 年版。

27. 中国政法大学刑事法律研究中心组织编译：《英国刑事诉讼法选编》，中国政法大学出版社 2001 年版。

28. 龙宗智：《刑事庭审制度研究》，中国政法大学出版社 2001 年版。

29. 宋英辉、吴宏耀：《刑事审判前程序研究》，中国政法大学出版社 2001 年版。

30. 徐静村：《刑事诉讼法学》（上、下册），法律出版社 1999 年版。

31. 左卫民、周长军：《刑事诉讼的理念》，法律出版社 1999 年版。

32. 宋英辉：《日本刑事诉讼法》，中国政法大学出版社 1999 年版。

33. 卞建林：《加拿大刑事法典》，中国政法大学出版社 1999 年版。

34. 王泰升：《台湾日治时期的法律改革》，台湾联经出版事业公司 1999 年版。

35. 李海东：《日本刑事法学者》（下），法律出版社 1999 年版。

36. 赵秉志：《澳门刑法典澳门刑事诉讼法典》，人民大学出版社 1999 年版。

37. 林俊益：《程序正义与诉讼经济——刑事诉讼法专题研究》，台湾元照出版公司 1997 年版。

38. 罗德立、赵秉志：《香港刑事诉讼程序法纲要》，北京大学出版社 1997 年版。

39. 陈朴生：《刑事证据法》，台湾三民书社 1979 年版。

40. 余叔通、谢朝华：《法国刑事诉讼法典》，中国政法大学出版社 1997 年版。

41. 卞建林：《美国联邦刑事诉讼规则和证据规则》，中国政法大学出版社 1996 年版。

42. 李昌珂：《德国刑事诉讼法典》，中国政法大学出版社 1995 年版。

43. 黄风：《意大利刑事诉讼法典》，中国政法大学出版社 1994 年版。

44.《刑事诉讼可否采行诉因制度研究研讨会》，台湾普林特印刷有限公司 1994 年版。

45. 李心鉴：《刑事诉讼构造论》，中国政法大学出版社 1992 年版。

46. 鲁兰：《牧野英一刑事法思想研究》，中国方正出版社 1992 年版。

47. 陈朴生：《刑事诉讼法事务》，海天印刷厂有限公司 1981 年版。

48. 陈朴生著：《刑事证据法》，台湾三民书社 1979 年版。

（二）译著类

1. ［英］冯·哈耶克：《作为一种发现过程的竞争》，邓正来译，首都经济贸易大学出版社 2014 年版。

2. ［法］孟德斯鸠：《论法的精神》（上下卷），许明龙译，商务印书馆 2012 年版。

3. ［美］理查德·波斯纳：《法律的经济分析》，蒋兆康译，法律出版社 2012 年版。

4. ［英］丹宁：《法律的训诫》，杨百揆、刘庸安、丁健译，法律出版社 2011 年版。

5. ［英］阿克顿：《自由与权力》，侯健、范亚峰译，译林出版社 2011 年版

6. ［日］田口守一：《刑事诉讼法》，张凌、于秀峰译，中国政法大学出版社 2010 年版。

7. ［美］德雷勒斯、［美］迈克尔斯：《美国刑事诉讼法精解》，魏晓娜译，北京大学出版社 2009 年版。

8. ［法］贝尔纳·布洛克：《法国刑事诉讼法》，罗结珍译，中国政法大学出版社 2009 年版。

9. ［英］约翰·斯普莱克：《英国刑事诉讼程序》，徐美君、杨立涛译，中国人民大学出版社 2006 年版。

10. ［美］阿希尔·里德·阿马：《宪法与刑事诉讼基本原理》，房保国

译，中国政法大学出版社 2006 年版。

11. 罗结珍：《法国刑事诉讼法典》，中国法制出版社 2006 年版。

12. ［日］山本佑司：《最高裁判物语：日本司法 50 年》，孙占坤、祁玫译，北京大学出版社 2005 年版。

13. ［日］松尾浩也：《日本刑事诉讼法》（上册），丁相顺、张凌译，中国人民大学出版社 2005 年版。

14. ［德］托马斯·魏根特：《德国刑事诉讼程序》，岳礼玲译，中国政法大学出版社 2004 年版。

15. ［德］罗克信：《德国刑事诉讼法》，吴丽琪译，法律出版社 2003 年版。

16. ［英］麦高伟等：《英国刑事司法程序》，姚永吉译，法律出版社 2003 年版。

17. ［美］米尔建·R. 达马斯卡：《漂移的证据法》，李学军译，中国政法大学出版社 2003 年版。

18. ［美］拉弗费（LaFave, W. R.）：《刑事诉讼法》，卞建林等译，中国政法大学出版社 2003 年版。

19. ［美］爱伦·豪切斯泰勒·斯黛丽、南希·弗兰克：《美国刑事法院诉讼程序》，陈卫东、徐美君译，中国人民大学出版社 2002 年版。

20. ［美］德肖维茨：《合理的怀疑：从辛普森案批美国司法体系》，高忠义、侯荷婷译，法律出版社 2010 年版。

21. ［美］伊斯雷尔（Israel, J. H.）、拉弗维：《刑事程序法》（影印本），法律出版社 1999 年版。

22. ［日］大木雅夫：《比较法》，范愉译，法律出版社 1999 年版。

23. ［英］丹宁：《法律的训诫》，杨百揆、刘庸安、丁健译，法律出版社 1999 年版。

24. ［英］丹宁：《法律的正当程序》，李克强、杨百揆、刘庸安译，法律出版社 1999 年版。

25. ［美］E. 博登海默：《法理学——法律哲学与法律方法》，邓正来译，中国政法大学出版社 1998 年版。

26. ［美］迈克尔·D. 贝勒斯：《法律的原则——一个规范的分析》，张文显等译，中国大百科全书出版社 1996 年版。

27. ［法］孟德斯鸠：《论法的精神》，张雁琛译，商务印书馆 1995 年版。

（三）论文类

1. 赵昕：《法官员额制是化解人案矛盾的根本出路》，载《中国社会科学报》2015年12月9日。

2. 张春波、孙若丰：《全国法院立案登记制改革视频会在京召开》，载《中国审判》2015年第8期。

3. 许尚豪、欧元捷：《有诉必案——立案模式及立案登记制构建研究》，载《山东社会科学》2015年第7期。

4. 杨建文：《法院人事管理制度改革的现状及前景》，载《中国党政干部论坛》2015年第4期。

5. 谢登科：《困境与出路：附条件不起诉适用实证分析》，载《北京理工大学学报》（社会科学版）2015年第4期。

6. 王庆廷：《法官分类的行政化与司法化——从助理审判员的"审判权"说起》，载《华东政法大学学报》2015年第4期。

7. 王子伟、严蓓佳：《从"心"开始：法官流失之风险预控——基于心理契约视角的实证研究》，载全国法院第二十六届学术讨论会论文集《司法体制改革与民商事法律适用问题研究》，2015年4月。

8. 赵春燕：《上海：司法改革进行时》，载《浙江人大》2014年第9期。

9. 刘晶：《刑事庭前准备程序的反思与重构》，载《东方法学》2014年第3期。

10. 刘晶：《卷证并送主义下公诉审查程序之构建——兼评〈刑事诉讼法〉第172条、第181条》，载《河北法学》2014年第6期。

11. 刘晶：《人权保障视角下的刑事庭前会议之构建》，载《理工大学学报》2014年第2期。

12. 蔡杰、刘晶：《刑事卷宗移送制度轮回性改革之反思》，载《法学评论》2014年第1期。

13. 黄洁：《程序复杂附条件不起诉遭冷落——北京海淀半年仅2.3%涉未嫌疑人附条件不起诉》，载《法制日报》2013年5月9日。

14. 孙长永、王彪：《刑事诉讼中的审辩交易现象研究》，载《现代法学》2013年第1期。

15. 陈卫东、杜磊：《庭前会议制度的规范建构与制度适用》，载《浙江社会科学》2012年第11期。

16. 徐松青、张华：《〈刑事诉讼法〉修正案附条件不起诉解读与应对》，载《法律适用》2012 年第 10 期。

17. 施鹏鹏：《不日而亡——以法国预审法官的权力变迁为主线》，载《中国刑事法杂志》2012 年第 7 期。

18. 张丽、关倚琴：《浅析卷宗移送制度》，载《中国检察官》2012 年第 6 期。

19. 赵志锋：《刑案不起诉率 4 年降 3%》，载《人民日报》2012 年 8 月 7 日版。

20. 陈瑞华：《案卷移送制度的演变与反思》，载《政法论坛》2012 年第 5 期。

21. 苑宁宁：《我国刑事公诉程序分流现状研究》，载《中国刑事法杂志》2012 年第 2 期。

22. 成懿萍：《刑事不起诉率偏低之实证分析》，载《中国刑事法杂志》2011 年第 8 期。

23. 刘晶：《刑事"诉因"制度的反思与本土化移植》，载《东吴法学》2012 年秋季卷，中国法制出版社 2012 年版。

24. 魏晓娜：《辩诉交易：对抗制的"特洛伊木马"》，载《比较法研究》2011 年第 2 期。

25. 张泽涛：《我国现行〈刑事诉讼法〉150 条亟须完善》，载《法商研究》2011 年第 1 期。

26. 彭小明：《刑事和解不起诉的问题与思考——以和解不起诉之实证分析为视角》，载《中国检察官》2010 年第 8 期。

27. 陈岚、高畅：《试论我国公诉方式的重构》，载《法学评论》2010 年第 4 期。

28. 闫召华：《报复性起诉的法律规制——以美国法为借鉴》，载《法学论坛》2010 年第 2 期。

29. 刘秉均：《刑事诉讼上不告不理的"告"在第一审的意义与法律效果》，载《月旦法学杂志》2009 年第 83 期。

30. 肖晋：《刑事被指控人程序性权利研究》，载《河北法学》2009 年第 7 期。

31. 施业家、谭明：《论公诉权的规制》，载《法学评论》2009 年第 5 期。

32. 章礼明：《日本起诉书一本主义的利与弊》，载《环球法律评论》2009 年第 4 期。

33. 纵博、郝爱军：《台湾地区公诉权制约机制及其借鉴意义》，载《台湾研究集刊》2009 年第 4 期。

34. 许美君：《德国辩诉交易的实践与启示》，载《法学家》2009 年第 2 期。

35. 张千帆：《司法审查与民主——矛盾中的共生体?》，载《环球法律评论》2009 年第 1 期。

36. 宋英辉：《关于刑事和解的几个理论问题》，载《刑事和解与刑事诉讼法完善研讨会（2009 年 1 月 10—11 日，中国·北京）会议材料》。

37. 王志峰：《起诉审查制度研究》，硕士学位论文，内蒙古大学，2009 年。

38. 叶青：《刑事审前程序诉讼化问题研究》，博士学位论文，中国政法大学，2008 年。

39. 涂龙科、蔡晨宇、高宇：《论诉因在我国公诉制度中的应用》，载《政治与法律》2008 年第 11 期。

40. 施鹏鹏：《法国庭前认罪答辩程序评析》，载《现代法学》2008 年第 5 期。

41. 宋英辉：《我国刑事和解实证分析》，载《中国法学》2008 年第 5 期。

42. 单晓云、李旺城：《检察机关撤回起诉适用"危机"及改革出路——对北京市近年来检察机关撤回起诉案件情况的实证研究》，载《北京联合大学学报》2008 年第 3 期。

43. 潘金贵：《预审法官制度考察与评价》，载《河南师范大学学报》（社会科学版）2008 年第 2 期。

44. 王亚民、黄悦、常玉海：《存疑不起诉决定书应作为刑事赔偿决定书》，载《检察日报》2008 年 2 月 14 日。

45. 陈瑞华：《刑事诉讼制度改革的若干问题》，载《国家检察官学院学报》2007 年第 6 期。

46. 李赟、张凤军：《不起诉案件的实证分析》，载《国家检察官学院学报》2007 年第 5 期。

47. 冀祥德：《借鉴域外经验，建立控辩协商制度》，载《环球法律评论》2007 年第 4 期。

48. 谢佑平、江涌：《从治罪到维权：我国刑事诉讼构造之重构》，载《江海学刊》2007 年第 3 期。

49. 闵春雷：《刑事庭前程序研究》，载《中外法学》2007 年第 2 期。

50. 宋英辉：《日本刑事诉讼制度最新改革评析》，载《河北法学》2007 年第 1 期。

51. 王兆鹏：《台湾刑事诉讼法的重大变革》，载汤德宗、王鹏翔主编《2006 两岸四地法律发展（下册）》，台湾"中央研究院"法研所筹备处，2007 年。

52. 谢启大：《台湾地区的司法状况及法律改革》，载崔敏主编《刑事诉讼与证据运用》（第三卷），中国人民公安大学出版社 2007 年版。

53. 邵文、华厦：《北高市长选举追踪——台联党参选人称遭谢长廷威胁》，载《福建日报》2006 年 11 月 26 日。

54. 黄翰义：《从实证法论我国起诉审查制度之存废》，载《月旦法学杂志》2006 年第 135 期。

55. 李良义、刘蜜：《也论刑事审前程序裁判权之主体》，载《法学评论》2006 年第 5 期。

56. 刘磊：《起诉书一本主义之省思》，载《环球法律评论》2006 年第 2 期。

57. 韩红兴：《刑事公诉案件庭前程序研究》，博士学位论文，中国人民大学，2006 年。

58. 林钰雄：《新刑法总则与新同一案件——从刑法废除牵连犯、连续犯论诉讼上同一案件概念之重构》，载《月旦法学杂志》2005 年第 122 期。

59. 王立德、李旺城：《对北京市顺义区近三年公诉阶段公安机关撤回案件的实证研究》，载《中国刑事法杂志》2005 年第 6 期。

60. 宋英辉、刘兰秋：《日本 1999 至 2005 年刑事诉讼介评》，载《比较法研究》2005 年第 4 期。

61. 刘晓兵：《日本诉因制度与我国公诉方式改革》，载《贵州警官职业学院学报》2005 年第 3 期。

62. 顾永忠、薛峰、张朝霞：《日本近期刑事诉讼法的修改与刑事司法制度的改革——中国政法大学刑事法律中心赴日考察报告》，载《比较法研究》2005 年第 2 期。

63. 杨云骅：《刑事诉讼程序的犯罪事实概念——以所谓单一性之检讨为中心》，载《月旦法学杂志》2004 年第 114 期。

64. 林俊益：《准备程序之进行与内容》，载《台湾本土法学杂志》2004年第56期。

65. 黄朝义：《当事人主义与起诉卷证不并送制度》，载《月旦法学杂志》2004年第20期。

66. 杨杰辉：《英美法中诉因记载的法定要求及其借鉴意义》，载《西南政法大学学报》2004年第6期。

67. 姚莉、詹建红：《论价值维度中的检察官追诉裁量权》，载《法商研究》2004年第6期。

68. 陈卫东、韩红兴：《初论我国刑事诉讼中设立中间程序的合理性》，载《当代法学》2004年第4期。

69. 刘少军：《日本诉因制度评介》，载《中国刑事法杂志》2004年第4期。

70. 谢佑平、万毅：《困境与进路：司法审查原则与中国审前程序改革》，载《四川师范大学学报》2004年第2期。

71. 王梅英：《阅卷权之限制》，载《台湾本土法学杂志》2003年第48期。

72. 周菁：《试论日本诉因制度之借鉴》，载《国家检察官学院学报》2003年第11期。

73. 李奋飞：《从"复印件主义"走向"起诉状一本主义"——对我国刑事公诉方式改革的一种思考》，载《国家检察官学院学报》2003年第2期。

74. ［英］彭妮·达比夏：《治安法官》，载［英］麦高伟等《英国刑事司法程序》，姚永吉译，法律出版社2003年版。

75. 蔡清游：《刑事诉讼法第一六一、一六三条修正后之新思维、新作为》，载《司法周刊》2002年第1067期。

76. 林俊益：《论检察官函请并办之起诉审查》，载《月旦法学杂志》2002年第88期。

77. 王兆鹏：《起诉审查——与美国相关制度之比较》，载《月旦法学杂志》2002年第88期。

78. 陈运财：《起诉审查制度研究》，载《月旦法学杂志》2002年第88期。

79. 杨云骅：《刑事诉讼法起诉审查制若干异议之检讨》，载《台湾本土法学杂志》2002 年第 36 期。

80. 林钰雄:《鸟瞰二〇〇二年一月刑事诉讼之修正》,载《台湾本土法学杂志》2002 年第 33 期。

81. 林钰雄:《论中间程序——德国起诉审查制的目的、运作及立法论》,载《月旦法学杂志》2002 年第 9 期。

82. 马海音、陆双祖:《浅谈起诉书中犯罪事实部分的制作》,载《甘肃政法学院学报》2002 年第 62 期。

83. 谢佑平、万毅:《刑事控审分离原则的法理探析》,载《西南师范大学学报》2002 年第 3 期。

84. 刘妙香、白恒晶、任嵘:《英法意三国预审制度比较研究》,载《北京市政法管理干部学院学报》2002 年第 2 期。

85. 陈卫东、李奋飞:《刑事庭前审查程序研究》,载樊崇义主编《诉讼法学研究》第 2 卷,中国检察出版社 2002 年版。

86. 陈卫东、石献智:《审判长选任制的缺陷刍议》,载《法商研究》2002 年第 6 期。

87. 陈永生:《大陆法系的刑事诉讼行为理论——兼论对我国的借鉴价值》,载《比较法研究》2001 年第 4 期。

88. 曾民:《律师出家》,载《南方周末》2001 年 6 月 14 日。

89. 《台湾地区立法院公报》,载《院会记录》,91 卷 10 期,2001 年 2 月 2 日。

90. 徐美君:《对存疑不起诉者不应予以刑事赔偿》,载《上海市政法管理干部学院学报》2001 年第 1 期。

91. 苏彩霞:《从对国家赔偿法的理解看存疑不起诉的赔偿》,载《上海市政法管理干部学院学报》2001 年第 1 期。

92. 陈运财:《论起诉事实之同一性——评最高法院八十六年度台非字第一八七号刑事判决》,载《月旦法学杂志》2000 年第 62 期。

93. [英] 安德鲁·桑达斯、[英] 瑞恰德·扬:《起诉》,载江礼华、[加拿大] 杨诚主编:《外国刑事诉讼制度探微》,法律出版社 2000 年版。

94. 张中秋、王静:《价值的追求:古典自然法学派评析》,载《江苏社会科学》2000 年第 5 期。

95. 陈卫东、郝银钟:《我国公诉方式的结构性缺陷及其矫正》,载《法学

《研究》2000 年第 4 期。

96. 陈华：《析存疑不起诉的刑事赔偿》，载《上海市政法管理干部学院学报》2000 年第 3 期。

97. 王兆鹏：《当事人进行主义之评议》，载王兆鹏《搜索扣押与刑事被告的宪法权利》，台湾翰芦图书出版公司 2000 年版。

98. 林钰雄：《变更起诉法条与突袭性审判》，载林山田编《刑事法理论与实践》，台湾学林文化事业公司 2000 年版。

99. 柯耀程：《职权进行与当事人进行模式之省思——我国刑事诉讼修正应思考的方向》，载林山田《如何建立一套适合我国国情的刑事诉讼制度》，台北学林文化事业出版公司 2000 年版。

100. 王梅英：《刑事诉讼法改革对案系列研讨会之六：刑事审判之集中审理》，载《月旦法学杂志》1999 年第 55 期。

101. 龙宗智：《刑事诉讼庭前审查程序研究》，载《法学研究》1999 年第 5 期。

102. 孙常永：《审判中心主义及其对刑事程序的影响》，载《现代法学》1999 年第 4 期。

103. 赵朝、李忠诚、岳礼玲、陈瑞华：《英国刑事诉讼制度的新发展——赴英考察报告》，载《诉讼法论丛》1998 年第 2 期。

104. ［日］松尾浩也：《关于裁量起诉主义》，载西原春夫主编《日本刑事法的形成与特色》，李海东等译，法律出版社、成文堂 1997 年版。

105. 莫丹谊：《论日本刑事诉讼中的预断排除原则》，载《现代法学》1996 年第 4 期。

106. 《世界刑法学协会关于刑事诉讼法中人权问题的决议摘要》，载《人民检察》1995 年第 4 期。

107. 曹鸿阑：《刑事诉讼行为之理论基础》，载陈朴生主编：《刑事诉讼法论文选辑》，台湾五南图书出版公司 1984 年版。

108. 埃贝哈德·斯密特：《西德刑事诉讼程序概述》，载《法学译丛》1979 年第 5 期。

二 外文文献

（一）著作类

1. Andrew Ashworth and Mike Redmayne, *The Criminal Process*, Oxford Univ-

ersity Press, 2005.

2. Wayne R. LaFave, Jerold H. Israel, and Nancy J. King, *Criminal Procedure*, *3rd ed. St*, *Paul*, MN: West Group Publishing Company, 2000.

3. Mirjan Damask, *Faces of Justice and State Authority*, Newhaven and London: Yale University Press, 1986.

4. Micheal D. Bayles, *Principles for Legal Procedure*, *Law and Philosophy*, D. - Reidel Publishing Company, 1986.

　（二）论文类

1. Lissa Griffin, Federal Criminal Appeals § 2: 6: Orders that are immediately appealable—Release and bail, *Federal Criminal Appeals Database*, 2 (2014).

2. John W. Gergacz, Attorney – Client Privilege: Inadvertent Disclosure and a Proposed Construction of Federal Rule of Evidence 502, *Federal Courts Law Review*, Vol. 5, Issue 1 (2011).

3. Thomash H. Cohen & Brain A. Reaves, Felony Defendants in Large Urban Counties, *U. S. Dep't of Justice*, 2002, at 8 tbl. 7 & 10 tbl. 8 (2006).

4. Andrew Ashworth and Mike Redmayne, The Criminal Process Oxford, *University Press* (2005).

5. Suzanne Roe Neely, Preserving Justice and Preventing Prejudice: Requiring Disclosure of Substantial Exculpatory Evidence to the Grand Jury, *American Criminal Law Review*, Vol. 39, Issue 1 (2002).

6. Ken Armstrong & Maurice Possley, The Verdict: Dishonor, 1/10 *Chi. Trib* (1999).

7. Brain A. Reaves, Felony Defendants in Large Urban Counties, *U. S. Dep't of Justice*, 1994.

8. Joachim Herrmann, Bargaining Justice —A Bargain for German Criminal Justice? 53 *Universyty of Pittsburgh Law Review* (1992).

9. Robert E. Scott、William J. Stuntz, Plea Bargaining as Contract, *Yale Law Journal*, Vol. 101, Issue 8 (1992).

10. Stephen J. Schulhofer, Is Plea Bargaining Inevitable, *Harvard Law Review*, Vol. 97, Issue 5 (1984).

11. Albert W. Alschuler, Implementing the Criminal Defendant's Right to Trial:

Alt ernateratives to the Plea Bargaining System, *University of Chicago Law Review*, *Summer* （1983）.

12. Peter Arenella, Reforming the Federal Grand Jury and the State Preliminary Hearing to Prevent Conviction without Adjudication, *Michigan Law Review*, Vol. 78, Issue 4 （1980）.

13. Timothy V. Coffey, Criminal Procedure – Public Trial – The Public Has No Constitutional Right to Attend Pretrial Suppression Hearing. Gannett Co. v. DePasquale, *Texas Tech Law Review*, Vol. 11, Issue 1 （1979）.

14. P. Raymond Lamonica, Pretrial Criminal Procedure, *Louisiana Law Review*, Vol. 39, Issue 3 （1979）.

15. Anne M. Heinz、Wayne A. Kerstetter, Pretrial Settlement Conference: Evaluation of a Reform in Plea Bargaining, *Law & Society Review*, Vol. 13, Issue 2 （1979）.

16. Sam W. Callan, Experience in Justice without Plea Negotiation, *Law & Society Review*, Vol. 13, Issue 2 （1979）.

17. John H. Langbein, Torture and Plea Bargaining, *University of Chicago Law Review*, Vol. 46, Issue 1 （1978）.

18. Moise Berger, Case against Plea Bargaining, *American Bar Association Journal*, Vol. 62, Issue 5 （1976）.

19. The［notes］, Elimination of Plea Bargaining in Black Hawk County: A Case Study, *Iowa Law Review*, Vol. 60, Issue 4 （1975）.

20. Rhoda B. Billings, Pretrial Criminal Procedure Act: Scope and Objectives. *Wake Forest Law Review*, Vol. 10, Issue 3 （1974）.

21. The［notes］, Function of the Preliminary Hearing in Federal Pretrial Procedure, *Yale Law Journal*, Vol. 83, Issue 4 （1974）.

22. Richard A. Posner, An Economic Approach to Legal Procedure and Judicial Administration, *Journal of Legal Studies*, Vol. 2, Issue 2 （1973）.

23. Honorable Bruce M. Van Sickle, Omnibus Pretrial Conference, *North Dakota Law Review*, Vol. 50, Issue 1 （1973）.

24. Lynn M. Mather, Some Determinants of the Method of Case Disposition: Decision – Making by Public Defenders in Los Angeles, *Law & Society Review*, Vol. 8, Issue 2 （1973）.

25. Warren E. Burger , State of the Judiciary—1970, *American Bar Association Journal*, Vol. 56, Issue 10 (1970).

26. Gary L. Adnerson, Preliminary Hearing—Better Alternatives or More of the Same, *Missouri Law Review*, Vol. 35, Issue 3 (1970).

27. The [notes] , Preliminary Hearing—An Interest Analysis, *Iowa Law Review*, Vol. 51, Issue 1 (1965).

28. Leonard Dieden and Chris Gasparic, Psychiatric Evidence and Full Disclosure in the Criminal Trial, *California Law Review*, Vol. 52, Issue 3 (1964).

29. Brennan, William J. Jr. Criminal Prosecution: Sporting Event or Quest for Truth? 3. *Wash. U. L. Q.* (1963).

30. [comments] , Criminal Law: Attorney's Absence from Pretrial Conference Not Punishable without Hearing, *University of Florida Law Review*, Vol. 8, Issue 2 (1955).

31. Richard C. Donnellyt, *Law of Evidence*: Privacy and Disclosure, *Louisiana Law Review*, Vol. 14, Issue 2 (1954).

（三）案例类

1. Coleman v. Alabama, 527 U. S. 1008 (1999).

2. Press - Enterprise Co. v. Superior Court, 478 U. S. 1 (1986).

3. United States v. Goodwin, 687 F. 2d 44 (1982).

4. Gannett Co. v. DePasquale, 99 S. Ct. 2898 (1979).

5. State v. Franklin, 353 So. 2d 1315 (1977).

6. Brady v. United States, 397 U. S. 752 (1970).

7. Brady v. Maryland, 373 U. S. 83 (1963).

8. Mapp v. Ohio, 367 U. S. 643 (1961).

9. Costello v. United States, 350 U. S. 359 (1956).

10. Lee v. Bauer, 72 So. 2d 792 (Fla. 1954)

11. Powell v. Alabama, 287 U. S. 45 (1932).

12. Holt v. United States, 218 U. S. 245 (1910).

13. Telford Justices ex p Badhan [1991] 2 QB 78.

14. R v Arundel Justices, ex p Westminster Press Ltd. [1985] 1 WLR 708.

15. Horsham Justices ex p Reeves (1981) 75 Cr App R 236n.

16. Manchester City Stipendiary Magistrate ex p Snelson ［1977］ 1 WLR 911.

（四）网站类

1. ［英］英国立法网，http：//www. legislation. gov. uk。

2. ［美］美国联邦法院网，http：//www. uscourts. gov。

3. From Wikipedia, the free encyclopedia, last modified on 20 April 2014. http：//en. wikipedia. org/wiki/Plea_ bargain#Germany.

4. ABA, Standards for Criminal Justice 14 – 4 （2d ed. Supp. 1986）. http：//www. americanbar. org/publications/criminal_ justice_ section_ archive/crimjust_ standards_ guiltypleas_ blk. html.

5. Criminal Procedure and Investigations Act 1996. http：//www. legislation. gov. uk/ukpga/1996/25/contents.

后　记

国学大师王国维先生曾云："古今之成大事业、大学问者，必经过三种之境界。""昨夜西风凋碧树，独上高楼，望尽天涯路"，此第一境也。"衣带渐宽终不悔，为伊消得人憔悴"，此第二境也。"众里寻他千百度，蓦然回首，那人却在灯火阑珊处"，此第三境也。回首多年来求学的日子，面对图书馆卷帙浩繁的资料和诸多良师益友，常常感到自己在学问上的愚钝和痴迷，"为伊消得人憔悴"，故而多年以来唯有勤勤恳恳、兢兢业业，不敢懈怠，希望自己能够像海边拾捡贝壳的孩子，偶尔能够领略到灯火阑珊处的学术之美。

人的一生有很多选择，其中多数是船过水无痕，只有极其稀少的抉择构筑了生命中的转舵点。继续攻读法学博士是我学术航向的转机与校正，多年的高校教师生涯使我对学术研究产生了浓厚兴趣。同时，诸多良师益友的提携关爱使我倍感温暖。蔡杰老师既是我专业研究的引路人与督导，也是我求学时光中的良师。现在仍然铭记恩师蔡杰先生每次面授为人治学时的谆谆教导，导师一直勉励弟子先做人、再治学。同学刘秋显多年来一直在学术上与我互相交流、互相督促，并且力挺我，让我倍感温暖。姨妈王延枝女士总是在我面对挫折时给予正能量，让我脚踏实也、认真工作、荣辱不惊，同时善待他人。诸多良师益友让我感受到了生活的美好与人性的光辉。

最后，感谢我的父母和丈夫，多年来他们在背后物质和精神上的支持使我能够在学术研究的道路上走下去，让我体会到了平凡而又伟大的真谛，感恩他们！

刘　晶

2016 年 6 月 10 日